松亭 金赫濟 校閱

原本 小學集註

(下)

明文堂

原本小學集註卷之五

詩曰天生烝民하시니 有物有則(칙)이로다 民之秉彝라 好是懿德이로다ᄒᆞ야ᄂᆞᆯ 孔子ㅣ 曰爲此詩者ㅣ여 其知道乎ㄴ뎌 故로 有物이면 必有則이니 民之秉彝也ㅣ라 故로 好是懿德이라ᄒᆞ시니 歷傳(去聲)記ᄒᆞ며 接見聞ᄒᆞ야 述嘉言ᄒᆞ며 紀善行ᄒᆞ야 爲小學外篇ᄒᆞ노라

● 詩예ᄀᆞᆯ오ᄃᆡ 하ᄂᆞᆯ히 모든ᄇᆡᆨ셩을내시니物이이심애법이잇도다ᄇᆡᆨ셩의자밧는뎐뎐ᄒᆞᆫ거시라이아름다온德을됴히너긴다ᄒᆞ야ᄂᆞᆯ孔子ㅣᄀᆞᆯᄋᆞ샤ᄃᆡ이詩를ᄒᆞᆫ이여그도리를안뎌그러모로物이아시면반ᄃᆞ시법이잇ᄂᆞ니ᄇᆡᆨ셩의자밧는뎐뎐ᄒᆞᆫ거시라그러모로이아름다온德을됴히너긴다ᄒᆞ시니傳과記를歷ᄒᆞ며보며드른거슬接ᄒᆞ야아름다온말ᄉᆞᆷ을ᄃᆞᆺ그며어딘ᄒᆡᆼ실을긔록ᄒᆞ야小學外篇을ᄆᆡᆼᄀᆞ노라

(集說 朱子曰詩、大雅、烝民之篇、烝、衆也、物、事也、則、法也、彝、常也、懿、美也、有物、必有法、如有耳目則有聰明之德、有父子則慈有孝之心、是、民所秉執之常性也、故、人之情、無不好此懿德者、吳氏曰歷考前代之傳記、承接近代之見聞、凡言之善者則述之、行之善者則紀之、而爲小學之外篇也

外篇

嘉言第五ㅣ라

●아름다온말ᄉᆞᆷ이니ᄎᆞ례예다ᄉᆞᆺ재라

(集說)吳氏曰嘉言、善言也、此篇、述漢以來、賢者所言之善言、以廣立敎、明倫、敬身也、凡九十一章

橫渠張先生이曰敎小兒호ᄃᆡ先要安詳恭敬이니今世에學不講ᄒᆞ야男女ㅣ從幼便(변)驕惰壞了ᄒᆞ야到長益凶狠ᄒᆞᄂᆞ니只爲去聲未嘗爲子弟之事라ㅣ則於其親에已有物我ᄒᆞ야不肯屈下ᄒᆞ야病根常在ᄒᆞ야又隨所居而長ᄒᆞ야至死只依舊ㅣ니라

●橫渠張先生이ᄀᆞᄅᆞ샤ᄃᆡ져믄아ᄒᆡᄅᆞᆯᄀᆞᄅᆞ치되몬져모롬이안셩ᄒᆞ고샹심ᄒᆞ며공슌ᄒᆞ고조심케ᄒᆞᆯ디니이제세샹애혹문을강논티아니ᄒᆞ야ᄉᆞ나ᄒᆡ며계집아ᄒᆡ져브터곧교만ᄒᆞ며게을너히야ᄇᆞ려ᄌᆞ람애니르러더욱흉코강퍅ᄒᆞᄂᆞ니오직일즉子弟의일을ᄒᆞ디아니ᄒᆞᆷ을爲ᄒᆞᆫ디라곧그어버의게임의놈이며내라ᄒᆞᆷ이이셔즐겨굴복ᄒᆞ야ᄂᆞᆺ초디아니ᄒᆞ야病의불휘샹해이셔ᄯᅩ인ᄂᆞᆫ바ᄅᆞᆯ조차기러숙음애니르러도오직녜ᄀᆞᆺᄂᆞ니라

(集說)吳氏曰橫渠、地名、在鳳翔郿縣、先生、名載、字子厚、安、謂安靜、詳、謂詳

審、恭、謂恭莊、敬、謂敬畏、此四者、敎童幼之所當先也、驕惰者、矜傲怠慢之謂、凶狠者、暴悪麤戾之謂、親、謂父母也、物我、猶言彼此也、病根、卽驕惰也

爲子弟則不能安灑掃應對ᄒᆞ고 接朋友則不能下朋友ᄒᆞ고 有官長則不能下官長ᄒᆞ고 爲宰相則不能下天下之賢이니라

●子弟되야ᄂᆞᆫ 能히 灑掃應對ᄅᆞᆯ 편안히 녀기디 몯ᄒᆞ고 벋을 ᄃᆡ졉홈애 ᄂᆞᆫ能히 벋의게 ᄂᆞ리디 몯ᄒᆞ고 웃관원이 이심애 ᄂᆞᆫ能히 웃관원의게 ᄂᆞ리디 몯ᄒᆞ고 宰相이 되야 ᄂᆞᆫ能히 天下의 어딘 사ᄅᆞᆷ의게 ᄂᆞ리디 몯ᄒᆞᄂᆞ니라

(增註)安、謂安意爲之、下、謂屈己下之、此、言病根、隨所居而長也

甚則至於徇松閏反**私意ᄒᆞ야 義理都喪也ᄒᆞᄂᆞ니 只爲**去聲**病根이 不去ᄒᆞ야 隨所居所接而長이니라**

●甚ᄒᆞ면 ᄉᆞᄉᆞᆺᄠᅳ들 조차 올ᄒᆞᆫ 도리 다 업슴애 니르ᄂᆞ니 오직 病의 불휘 업디 아니ᄒᆞ야 잇ᄂᆞᆫ 배며 다ᄃᆞᆺᄂᆞᆫ 바ᄅᆞᆯ 조차 길움을 爲홈이니라

(集解)徇、以身從物之謂、(集成)葉氏曰後世、小學、旣廢、父母、愛踰於禮、恣之驕惰而莫爲禁止、病根旣立、隨寓隨長、卒至盡失其良心、蓋有自來、學者、所當察其病源、力加克治、則舊習、日消、而道心、日長矣

○楊文公家訓에曰童穉之學은不止記誦이라養其良知良能이니當以先入之言으로爲主ㅣ니라

●楊文公의家訓에골오ᄃᆡ아ᄒᆡ비홈은긔디ᄒᆞ며외오매그칠ᄲᅮᆫ이아니라ᄌᆞ연히알며ᄌᆞ연히能히ᄒᆞᄂᆞᆫ거ᄉᆞᆯ칠ᄯᅵ니맛당히몬져드ᄅᆞᆫ말로ᄡᅥ웃ᄯᅳᆷ을삼을ᄯᅵ니라

(集說)吳氏曰文公、名億、字大年、浦城人、良知者、本然之知、良能者、本然之能、愛親敬長、是也、程子曰人之幼也、知思、未有所主、則當以格言至論、日陳於前、使盈耳充腹、久自安習、若固有之者、後雖有讒說搖惑、不能入也

日記故事ᄒᆞ야不拘今古ᄒᆞᄃᆡ必先以孝弟忠信禮義廉耻等事ㅣ니如黃香의扇(平聲)枕과陸績의懷橘과叔敖의陰德과子路의負米之類를只如俗說이면便曉此道理니久久成熟ᄒᆞ면德性이若自然矣리라

●날로녯일을긔디ᄒᆞ야이제며녜에걸잇기디아니ᄒᆞᄃᆡ반ᄃᆞ시효도ᄒᆞ며손슌ᄒᆞ며튱셩되며믿브며례졀이며올ᄒᆞᆫ일이며쳥렴ᄒᆞ며븟그리ᄂᆞᆫ일ᄃᆞᆯ로ᄡᅥ몬져ᄒᆞᆯᄯᅵ니黃香의벼개부ᄎᆞᆷ과陸績의橘품음과叔敖의그윽ᄒᆞᆫ德과子路의ᄡᆞᆯ짐ᄀᆞᆺᄒᆞᆫ類를다만셰

쇽외말ᄉᆞᆷᄀᆞ쳐ᄒᆞ면곤이道理를일리니오라며오라이러너으면어던性이自然ᄒᆞᆫ드시ᄒᆞ리라

(集說)吳氏曰故事、已往之事也、善事父母、爲孝、善事兄長、爲弟、盡己之謂忠、以實之謂信、禮者、天理之節文、義者、人心之裁制、廉、卽辭讓之心、禮之發也、恥、卽羞惡之心、義之發也、黃香扇枕之類、卽孝弟等事也、德性、謂仁義禮智之性、而爲本心之德者也、講說之熟、則德性、自然而成矣、(德性雖得於天而成熟則在人涵養成就則若自然矣) ○黃香、字文强、盡心養親、暑則扇枕席、冬則以身温被、陸績、字公紀、年六歲、見袁術、術、出橘、績、懷三枚、拜辭墮地、術曰陸郞、作賓客而懷橘乎、績、跪答曰欲歸遺母、術、大奇之、叔敖、蔿委氏、名艾、爲兒時、出遊、見兩頭蛇、殺而埋之、歸而泣、母問其故、對曰聞見兩頭蛇者死、嚮者見之、恐去母而死也、母曰蛇今安在、曰恐他人、又見、殺而埋之矣、母曰吾聞、有陰德者、天報以福、汝不死也、及長、爲楚相、子路、嘗曰昔事二親、常食藜藿、爲親負米百里之外、親沒之後、爲楚大夫、從車百乘、積粟萬鍾、累茵而坐、列鼎而食、雖欲食藜藿、爲親負米、何可得也

○明道程先生이曰憂子弟之輕俊者는只教以經學念書ㅣ오不得令作文字ㅣ니라子弟凡百玩好(去聲下同)ㅣ皆奪志ᄒᆞᄂᆞ니至於書札

ᄒᆞ완於儒者事애最近이언마ᄂᆞᆫ然이나一向好著(챡)直略反이면亦自喪去聲志니라

●明道程先生이ᄀᆞᆯᄋᆞ샤ᄃᆡ子弟의부경ᄒᆞ고쥰매홈을근심ᄒᆞᆫ이ᄂᆞᆫ오직經을비화ᄀᆞᆯ외옴으로뻐ᄀᆞᆯᄋᆞ치고시러곰ᄒᆞ여곰글지이롤ᄒᆞ게ᄒᆞ니홀ᄯᅵ니라子弟의믈읫온가짓완샹ᄒᆞ야됴히너기ᄂᆞᆫ거시다ᄯᅳᆮ을안ᄂᆞ니글시며유무에니르러ᄂᆞᆫ션ᄇᆡ일에ᄀᆞ장갓갑거마ᄂᆞᆫ그러나ᄒᆞᆫᄀᆞᆯᄀᆞ치됴히너기면ᄯᅩᄉᆞᄉᆞ로ᄯᅳᆺ을일ᄂᆞ니라

(集說)陳氏曰先生、名顥、字伯淳、河南人、文潞公、題其墓曰明道先生、蓋少年之輕浮儁秀者、惟教以學經讀書、則可以収其放心、而於道、知所向、若使作文字、則心愈放而離道遠矣、奪志、謂奪其求道之志、書、習字、札、簡札、書札、固儒者之一事、若專攻乎此、亦喪其求道之志也

○伊川程先生이曰教人호ᄃᆡ未見意趣면必不樂(요)五敎反니學이且教之歌舞ㅣ니라如古詩三百篇은皆古人이作之ᄒᆞ니如關雎之類ᄂᆞᆫ正家之始라故로用之鄉人ᄒᆞ며用之邦國ᄒᆞ야日使人聞之ᄒᆞ니此等詩ㅣ其言이簡奧ᄒᆞ야今人이未易曉ᄒᆞ니別欲作詩ᄒᆞ야略言教童子灑掃應對事長之節ᄒᆞ야令朝夕歌之ᄒᆞ노니似當有助ㅣ니라

●伊川程先生이ᄀᆞᆯᄋᆞ샤ᄃᆡ사ᄅᆞᆷ을ᄀᆞᄅᆞ치되ᄠᅳᆮ이며지취ᄅᆞᆯ보디몯ᄒᆞ면반ᄃᆞ시ᄇᆡ홈

올즐기디아니ᄒᆞ리니아직놀애와춤을ᄀᆞᄅᆞ칠ᄯᅵ니라녜詩三百篇ᄆᆞᄉᆞᄐᆞᆫ이ᄂᆞᆫ다녯사ᄅᆞᆷ이지으니關雎갓ᄐᆞᆫ類ᄂᆞᆫ집을正히홈애비르슴이라그러모로ᄆᆞ올사ᄅᆞᆷ의게ᄡᅳ며나라해ᄡᅥ날로사ᄅᆞᆷ으로ᄒᆞ여곰듣게ᄒᆞ니이런詩ㅣ그말ᄉᆞᆷ이간략ᄒᆞ고깁허이제사ᄅᆞᆷ이수이아디몯ᄒᆞᆯᄊᆡ시니각별이詩ᄅᆞᆯ지어아ᄒᆡᄀᆞᄅᆞ치ᄂᆞᆫ믈ᄡᅳ리고ᄡᅳᆯ며應ᄒᆞ며對ᄒᆞ며얼운셤길졀ᄎᆞᄅᆞᆯ대강닐러ᄒᆡ여곰아ᄎᆞᆷ나죄로브르게ᄒᆞ고져ᄒᆞ노니맛당히도음이이실듯ᄒᆞ니라

(集說)陳氏曰伊川、地名、先生、名頤、字正叔、明道先生之弟、趣、指趣也、樂、喜好也、關雎、周南、國風、詩之首篇、關雎等詩、爲敎於閨門之內、乃正家之始、故、當時、上下通用之、簡奧者、辭簡約而意深奧也、以灑掃等事、編爲韻語、令朝夕詠歌之、庶見意趣而好學矣、朱子曰嘗疑曲禮、衣毋撥、足毋蹶、將上堂、聲必揚、將入戶、視必下等語、皆古人敎小兒之語也

○陳忠肅公이曰幼學之士ㅣ先要分別人品之上下ㅣ니何者ㅣ是聖賢所爲之事ㅣ며何者ㅣ是下愚所爲之事ㅣ오ᄒᆞ야向善背佩惡ᄒᆞ야去彼取此ㅣ니此ㅣ幼學所當先也ㅣ니라

●陳忠肅公이ᄀᆞᆯ오ᄃᆡ幼學읫士ㅣ몬져모롬애人品의노ᄑᆞ며ᄂᆞᄌᆞᆷ을ᄀᆞᆯ힐ᄯᅵ니어ᄂᆡ이셩인현인의ᄒᆞᄂᆞᆫ바일이며어ᄂᆡ이下愚의ᄒᆞᄂᆞᆫ바일인고ᄒᆞ야善애向ᄒᆞ고惡을背

ᄒᆞ야더ᄅᆞᆯᄇᆞ리고이ᄅᆞᆯ取ᄒᆞᆷ이이幼學이맛당히몬져ᄒᆞᆯ셰니라

(集說)吳氏曰公、名璀貫、字瑩中、號了翁、忠肅、謚也、延平人、言、所當向而取者、上品、聖賢也、所當背而去者、下品、下愚也

顔子孟子ᄂᆞᆫ亞聖也ㅣ라學之雖未至ㅣ나亦可爲賢人이니今學者ㅣ若能知此則顔孟之事ᄅᆞᆯ我亦可學이니라

● 顔子와孟子ᄂᆞᆫ버금셩인이라비화비록니르디몯ᄒᆞ나ᄯᅩ가히賢人이되리니이제비호ᄂᆞᆫ이만일能히이ᄅᆞᆯ알면안ᄌᆞ밍ᄌᆞ의일ᄋᆞᆯ나도ᄯᅩ可히비호리라

(增註)此下、言聖賢之事、當向而取也、亞、次也、學之、謂學顔孟

言溫而氣和則顔子之不遷ᄋᆞᆯ漸可學矣오過而能悔ᄒᆞ며又不憚改則顔子之不貳ᄅᆞᆯ漸可學矣리라

● 말ᄉᆞᆷ이온후ᄒᆞ고긔운이화평ᄒᆞ면顔子의옴기디아니ᄒᆞᆷ을점점가히비ᄒᆞᆯ새시오그릇ᄒᆞ고能히뉘웃츠며ᄯᅩ고팀을새리디아니ᄒᆞ면顔子의다시아니ᄒᆞᆷ을졈졈可히비호리라

(集說)朱子曰遷、移也、貳、復也、怒於甲者、不移於乙、過於前者、不復於後

知埋鬻之戲ㅣ不如俎豆ᄒᆞ고念慈母之愛ㅣ至於三遷ᄒᆞ야自幼

至老히不厭不改ᄒᆞ야終始一意則我之不動心이亦可以如孟子矣리라

● 묻으며흥졍ᄒᆞᄂᆞᆫ희롱이俎豆만ᄀᆞᆺ디몯ᄒᆞᆫ줄을알고慈母의ᄉᆞ랑홈이세번올믐에니르신줄을ᄉᆡᇰ각ᄒᆞ야어려서브터늘곰애니르히습ᄒᆞ여ᄒᆞ디아니ᄒᆞ며곤티디아니ᄒᆞ야내죵과처엄이ᄒᆞᆫ가지ᄠᅳ디면내의ᄆᆞ옴요동아니홈이ᄯᅩ可히ᄡᅥ孟子ᄀᆞᆺᄒᆞ리라

(增註)埋、墓間之事、鬻、市中之事、俎豆、學宮之事、此則三遷之敎也、不厭、謂學不倦、不改、謂守不變

若夫立志不高則其學이皆常人之事ㅣ라語及顏孟則不敢當也ᄒᆞ야其心에必曰我爲孩童이어니豈敢學顏孟哉리오ᄒᆞ리니此人은不可以語(去聲)上矣니라先生長者ㅣ見其卑下ᄒᆞ고豈肯與之語哉리오先生長者ㅣ不肯與之語則其所與語ㅣ皆下等人也ㅣ라言不忠信이◉下等人也ㅣ오行(去聲)不篤敬이下等人也ㅣ오過而不知悔ㅣ下等人也ㅣ오悔而不知改ㅣ下等人也ㅣ니聞下等之語ᄒᆞ고爲下等之事ᄒᆞ면譬如坐於房舍之中ᄒᆞ야四面이皆墻壁也ㅣ니雖欲開

明이나不可得矣리라

●만일ᄠᅳᆮ셤이놉디아니ᄒᆞ면그비홈이다샹녯사ᄅᆞᆷ의일이라ᄆᆞᆷ이顏子孟子ᄭᅴ믿ᄎᆞ면敢히當티몯ᄒᆞ야그ᄆᆞ옴애반다시ᄀᆞᆯ오ᄃᆡ내아히되엿거니엇디敢히顏孟을비호리오ᄒᆞ리니이사ᄅᆞᆷ은可히ᄡᅧ노픈것슬닐ᄋᆞ디몯ᄒᆞ리라先生이며얼운이그ᄂᆞ즘을보고엇디즐겨더블어말ᄒᆞ리오先生이며얼운이즐겨더블어ᄆᆞᆷ아니ᄒᆞ면그더블어말ᄒᆞᄂᆞᆫ배다下等ㅅ사ᄅᆞᆷ이라말ᄉᆞᆷ을듕셩되고믿비아니홈이下等ㅅ사ᄅᆞᆷ이오힝실이돈독ᄒᆞ고공경티아니홈이下等ㅅ사ᄅᆞᆷ이오그ᄅᆞᆺᄒᆞ고뉘우츨줄을아디몯홈이下等ㅅ사ᄅᆞᆷ이오뉘웃고고틸줄을아디몯홈이下等ㅅ사ᄅᆞᆷ이니下等엣말듣고下等엣일을ᄒᆞ면譬컨댄房舍ㅅ가온대안자四面이다담이며ᄇᆞ람이니비록열어뵈게ᄒᆞ고져ᄒᆞ나可히엇디못홈ᄀᆞᄐᆞ리라

(增註)此、言下愚之事、當背而去也、下等之語、下等之事、皆蔽塞人心之墻壁也、開而明之、在立志、以學聖賢而已、(集解)言僞而行薄、耻過而遂非、所聞、所行、無一不歸於下愚之習、耳目壅塞、中心昏蔽、一物無所見、一步不可行、欲求開明、何可得哉

○馬援의兄子嚴敦이並喜譏議而通輕俠(協)客ᄒᆞ더니援이在交趾ᄒᆞ야還書誡之曰吾欲汝曹ㅣ聞人過失ᄒᆞ고如聞父母之名ᄒᆞ야

耳可得聞이언뎡 口不可得言也ᄒᆞ노라

●馬援의兄의아ᄃᆞᆯ嚴과敦이다긔롱ᄒᆞ며의론ᄒᆞ기ᄅᆞᆯ즐겨경박ᄒᆞ고호협ᄒᆞᆫ손을사괴더니援이交趾예이셔유무도라보내여경계ᄒᆞ야ᄀᆞᆯ오ᄃᆡ내너희믈이ᄉᆞᄅᆞᆷ의허믈을듣고父母ㅅ일홈드롬ᄀᆞ티ᄒᆞ야귀예可히시러곰드ᄅᆞᆯᄲᅮᆫ이언뎡입에可히시러곰닐ᄋᆞ디몯ᄒᆞ과댜ᄒᆞ노라

(集說)吳氏曰馬援、字文淵、茂陵人、嚴、敦、援兄二子名、譏、譏誚、議、議論、俠、謂以權力、俠輔人

好去聲下同議論人長短ᄒᆞ며妄是非政法이 此吾所大惡(오)去聲也ㅣ니寧死ㅣ언뎡不願聞子孫이有此行去聲也ᄒᆞ노라

●사ᄅᆞᆷ의長短을즐겨議論ᄒᆞ며망녕도이정ᄉᆞ며법녕을是非홈이이내의크게아쳐ᄒᆞᄂᆞᆫ배니출하리죽을ᄯᅵ언뎡子孫이이런힝실이이심드롬을願티아니ᄒᆞ노라

(集解)好議論人長短、則招怨惡矣、妄是非政法、則犯憲章矣、寧死不欲聞此者、甚戒之之辭也

龍伯高ᄂᆞᆫ敦厚周愼ᄒᆞ야口無擇言ᄒᆞ며謙節約儉ᄒᆞ며廉公有威ᄒᆞ니 吾ㅣ愛之重之ᄒᆞ야願汝曹效之ᄒᆞ노라

●龍白高는돈독ᄒᆞ며후듕ᄒᆞ며쥬밀ᄒᆞ며근신ᄒᆞ야입에ᄀᆞᆯᄒᆞᆯ말이업ᄉᆞ며겸양ᄒᆞ며간약ᄒᆞ며존절ᄒᆞ며검박하며청념하며공번되고위엄이이시니내ᄉᆞ랑ᄒᆞ고重히너겨너희물이효측홈을願ᄒᆞ노라

(集解)伯高、名述、京兆人、敦厚、敦篤而重厚、也、周愼、周密而謹愼也、口無擇言、則言無口過矣、謙約節儉、則不爲驕奢矣、廉公有威、則不爲私褻矣、此與好議議事豪俠者、相、反、故、欲其効之也

杜季良은豪俠好義ᄒᆞ야憂人之憂ᄒᆞ며樂(洛下同)人之樂ᄒᆞ야淸濁에無所失ᄒᆞ야父喪致客에數郡이畢至ᄒᆞ니吾ㅣ愛之重之ᄒᆞ노니不願汝曹效也ᄒᆞ노라

●杜季良은豪俠ᄒᆞ고義를됴히너겨사ᄅᆞᆷ의근심을근심ᄒᆞ며사ᄅᆞᆷ의즐겨홈을즐겨ᄒᆞ야ᄆᆞᆰ으며흐린ᄃᆡ일흘배업서아비상ᄉᆞ애손을닐윔애두어고올히다니르니내ᄉᆞ랑ᄒᆞ고重히너기거니와너희물이효측홈을願티아니ᄒᆞ노라

(集說)吳氏曰季良、名保、人有憂、已亦爲之憂、人有樂、已亦爲之樂、不辨淸濁、待之皆所所失、故、父喪致客、而數郡畢至、此正通輕俠客之事、故、不欲其効之也

效伯高不得이라도猶爲謹勅(勅)之士ㅣ니所謂刻鵠(斛)不成이라도尙類

鶩木者也어니와 效季良不得ᄒ면 陷爲天下輕薄子ㅣ니 所謂畫虎不成이면 反類狗者也ㅣ니라

● 伯高를효측ᄒ야得디몯ᄒ야도오히려조심ᄒ는션비되리니닐온바鵠을사겨이디몯ᄒ야도오히려鶩ᄶᄒ려니와季良을효측ᄒ야得디몯ᄒ면ᄲᅥ디天下읫輕薄子ㅣ되리니닐온바범을그려이디몯ᄒ면도로혀개ᄀᆞᆺ홈이니라

(集解)謹敕、謂能修檢、輕薄、謂不厚重、鵠、鶩、皆鳥而畧相似、虎、狗、皆獸而大不同、故刻鵠類鶩 人猶不以爲非、畫虎類狗、則人爭笑而招辱矣、終篇、以此設喩、所以深警之也

○漢昭烈이 將終에 勅後主曰勿以惡小而爲之ᄒ며 勿以善小而不爲ᄒ라

● 漢昭烈이쟝ᄎᆞ졸ᄒ실제後主를경계ᄒ야ᄀᆞᆯᄋᆞ샤ᄃᆡ사오나온거시젹다ᄒ야ᄡᅧᄒ디말며어딘거시젹다ᄒ야ᄡᅧᄒ디아니티말라

(集解)昭烈、漢帝、名備、字玄德、勅、戒也、後主、昭烈之子、名禪、勿以惡小而爲之、謂禍之所生、不在大、勿以善小而不爲、謂慶之所積、由於小、朱子曰善必積而後成、惡雖小而可懼、亦此意也

○諸葛武侯戒子書에 曰君子之行은去聲 靜以修身이오 儉以養
德이니 非澹泊이면 無以明志오 非寧靜이면 無以致遠이니라
●諸葛武侯아ᄃᆞᆯ경계ᄒᆞᆫ글에ᄀᆞᆯ오ᄃᆡ君子의힝실은안졍홈으로ᄡᅥ 몸을닷고검박홈
으로ᄡᅥ德을칠ᄯᅵ니澹泊이아니면ᄡᅥ ᄠᅳᆮ을ᄇᆞᆰ힐이업고寧靜티아니면ᄡᅥ 먼ᄃᆡ닐윔이
업ᄉᆞ리라
(集說)吳氏曰、武侯、名亮、字孔明、諸葛、其姓也 躬耕南陽、昭烈、三顧而後、起
爲丞相、謚忠武、子、名瞻、字思遠、靜、謂安靜、儉、謂儉約、澹泊、卽儉也、寧靜、卽
靜也、言、靜則心不逐於物、而可以脩身、儉則心不泊於欲、而可以養德、非澹泊則
必昏昧而無以明其志也、非寧靜則必躁動而無以致其遠也
夫學은須靜也ㅣ오 才는須學也ㅣ라 非學이면 無以廣才오 非靜이면 無以
成學이니 慆[滔]慢則不能研精이오 險躁則不能理性이니 年與時馳
ᄒᆞ며 意與歲去ᄒᆞ야 遂成枯落이어ᄂᆞᆯ 悲歎窮廬ㅣᆫ들 將復扶于反 何及也ㅣ리오
●비홈은모롬애안졍ᄒᆞ여야ᄒᆞᆯ새시오지조는모롬애비화야ᄒᆞᆯᄯᅵ라비홈이아니면
ᄡᅥ지조ᄅᆞᆯ넙힐이업고안졍홈이아니면ᄡᅥ學을일움이업ᄉᆞ리니게으르고ᄑᆞ려디면
能히정미ᄒᆞᆫ거슬궁구티몯ᄒᆞ고험ᄒᆞ고조급ᄒᆞ면能히性을다ᄉᆞ리디몯ᄒᆞ리니라나

히시절노더불어ᄃᆞᄅᆞ며ᄯᅳᆺ이ᄒᆡ로더불어가드되여이우러ᄠᅥ러딤이되게아궁ᄒᆞᆫ집의서슬피탄ᄒᆞᆫᄃᆞᆯ장ᄎᆞᆺ또엇디밋ᄎᆞ리오

(集說)吳氏曰須、猶欲也、慆慢、猶云怠慢也、研、究也、險躁、猶云躁妄也、理、治也、枯落、猶物之枯槁搖落也、言、學須欲靜而才須欲學也、才非學、則拘於氣質而才無以廣、學非靜、則逐於物欲而學無以成、怠慢則理之精微、不能研究、躁妄則己之德性、不能理治、年與時而俱馳、意與歲而俱往、遂與草木、同枯落、而學無所成矣、雖悲歎、將復何及哉、眞氏曰孔明此書、眞格言也

○柳玭(변)蒲眠反이嘗著書ᄒᆞ야戒其子弟曰壞名災己ᄒᆞ며辱先喪家ㅣ其失尤大者ㅣ五ㅣ니宜深誌之니라 喪去聲

●柳玭이일쟉글을지어그子弟ᄅᆞᆯ경계ᄒᆞ야ᄀᆞᆯ오ᄃᆡ일홈을믈허ᄇᆞ리며몸을해ᄒᆞ며션세ᄅᆞᆯ슈욕ᄒᆞ며집을일홈이그글롬이더욱큰이다ᄉᆞ시니맛당히깁히긔디ᄒᆞᆯ띠니라

(集說)陳氏曰玭、字直淸、唐、柳公綽之孫、仲郢之子、壞、敗也、誌、記也

其一은自求安逸ᄒᆞ며靡甘澹泊ᄒᆞ야苟利於己어든不恤人言이니라

●그ᄒᆞᆫ나ᄒᆞᆫ스ᄉᆞ로편안홈을求ᄒᆞ며므러고죠홈을ᄃᆞᆯ기너기디아니ᄒᆞ야진실로몸애利ᄒᆞ거든사ᄅᆞᆷ의말을분별티아니홈이니라

(增註)此、言不勤儉之失、靡、不也、恤 憂也、

其二는不知儒術ᄒᆞ며不悅古道ᄒᆞ야懵(몽)毋總反前經而不恥ᄒᆞ고論當世而解(蟹)頤(怡)ᄒᆞ야身旣寡知오惡(오)去聲人有學이니라

●그둘재ᄂᆞᆫ션비일을아디몯ᄒᆞ며녯도리를깃거아니ᄒᆞ야녯經을아독호ᄃᆡ붓그리디아니ᄒᆞ고當世를의론ᄒᆞ야덕을프러ᄇᆞ려몸이이믜알옴이젹고ᄂᆞᆷ의學이이심을아쳐ᄒᆞᄂᆞ니라

(增註)此、言不好學之失、懵、無知貌、頤、口旁也、人笑則口旁解、言其於前聖之經、無所知而不恥、於當世之事、妄議之爲笑也

其三은勝己者를厭之ᄒᆞ고佞己者를悅之ᄒᆞ야唯樂(오)去聲戲談ᄒᆞ고莫思古道ᄒᆞ야聞人之善ᄒᆞ고嫉之ᄒᆞ며聞人之惡ᄒᆞ고揚之ᄒᆞ야浸漬(치)頗僻ᄒᆞ야銷刻德義ᄒᆞ면簪裾徒在ᄒᆞᆫ들廝(ᄉᆞ)養何殊ᄒᆞ리오

●그셋재ᄂᆞᆫ제게나으니를아쳐ᄒᆞ고제게아당ᄒᆞᄂᆞᆫ이를깃거ᄒᆞ야오직희롱엣말을즐기고녯도리를ᄉᆡᆼ각디아니ᄒᆞ야사ᄅᆞᆷ의어디롬을듣고믜여ᄒᆞ며ᄂᆞᆷ의사오나옴을듣고피워니여ᄇᆞ졍ᄒᆞ고샤특ᄒᆞᆫᄃᆡ좀기여젓ᄃᆞᆺᄒᆞ야德義를슬워ᄒᆞ야ᄇᆞ리면의관을ᄒᆞᆫ갓ᄃᆞᆫᄂᆞᆫᄃᆞᆯ廝養과엇디다ᄅᆞ리오

(集說)陳氏曰此、言不好善之失、嫉、妬也、頗僻、謂偏頗邪僻之行、浸漬、頗僻、漸尖

染於惡也、銷刻德義、喪其善也、簪裾、猶言衣冠、厮養、謂奴僕、徒、空也、殊、異也

其四ᄂᆞᆫ崇好(去聲)優游ᄒᆞ며 耽嗜麴蘖(魚例反)ᄒᆞ야 以啣盃로 爲高致ᄒᆞ고 以勤事로爲俗流ᄒᆞᄂᆞ니 習之易荒이라覺己難悔니라

●그넷재ᄂᆞᆫ놀기를슝샹ᄒᆞ야됴히너기며麴蘖을耽ᄒᆞ야 즐겨잔을먹움기로ᄡᅥ놉ᄒᆞᆫ허울을삼고일브즈런이ᄒᆞᆷ으로ᄡᅥ용속ᄒᆞᆫ뉴를삼ᄂᆞ니니김애수이거츠ᄂᆞᆫ디라ᄭᆡᄃᆞ라도이믜뉘웃기어려우니라

(增註)此、言好宴樂之失、崇、尙也、(集解)優游、閑逸自如之謂、麴、蘖、酒也、高致、謂高尙之風致、勤事、勤於事業也、言、好逸嗜酒、自以爲高、反鄙勤事者、爲流俗、此心旣荒、雖知而不能悔也

其五ᄂᆞᆫ急於名宦ᄒᆞ야匿近權要ᄒᆞ야 一資半級을 雖或得之라도衆怒羣猜ᄒᆞ야鮮有存者ㅣ니라

●그다ᄉᆞᆺ재ᄂᆞᆫ일홈난벼슬에急히너겨권셰와종요로온ᄃᆡᄀᆞ만이갓가이ᄒᆞ야ᄒᆞᆫ가지와半級을비록或어더도모다怒ᄒᆞ고물져ᄭᅴ여두어시리인ᄂᆞᆫ이젹으니라

(集說)陳氏曰此、言好奔競之失、名宦、顯仕也、匿近、陰附也、權要、有權而當要

路者、資、猶品也、猜、恨也、鮮、少也、言、雖或得官、終必失之也、

余見名門右族이 莫不由祖先의 忠孝勤儉ᄒᆞ야 以成立之ᄒᆞ고 莫不由子孫의 頑率奢傲ᄒᆞ야 以覆(福下同)墜之ᄒᆞᄂᆞ니 成立之難은 如升天ᄒᆞ고 覆墜之易ᄂᆞᆫ 如燎(料)毛ㅣ라 言之痛心ᄒᆞ니 爾宜刻骨이니라

●내 보니 일홈난 가문과 놉흔 결에 죠샹의 튱셩ᄒᆞ며 효도ᄒᆞ며 부즈런ᄒᆞ며 검박홈을 말미암아 ᄡᅧ 일워 셰우디 아니리 업고 子孫의 모딜며 경솔ᄒᆞ며 샤시ᄒᆞ며 오만홈을 말미암아 ᄡᅧ 업텨ᄇᆞ려 ᄇᆞ리디 아니리 업ᄂᆞ니 일워 셰윰애 어려옴은 하ᄂᆞᆯ애 올옴 ᄀᆞᆺ고 업텨ᄇᆞ려 ᄇᆞ림애 쉬음은 털럭ᄉᆞ롬 ᄀᆞᆺᄐᆞᆫ디라 닐으건댄 ᄆᆞᄋᆞᆷ이 알프니 너희 맛당히 ᄡᅧ의 사길띠니라

(集解)右族、族之貴者、蓋古人、以右、爲尊也、夫忠孝勤儉者、先世成家之本、頑率奢傲者、後人敗家之由、升天、喩至難、燎毛、喩至易、刻骨、欲其記之不忘也、

(增註)刻骨、猶言銘心

○范魯公質이 爲宰相이러니 從(去聲)子杲(稿)ㅣ 嘗求奏遷秩이어늘 質이 作詩曉之ᄒᆞ니라

●范魯公質이 宰相이 되엿더니 從子杲ㅣ 일즉 드리와 벼슬올림을 求ᄒᆞᆫ대 質이 글을

지어알외니라
(集解)質、字文素、大名人、周、平章事、奉宋、封魯國公、從子、兄之子、杲、名也、遷秩、陞品也

其略曰戒爾學立身ᄒᆞ노니 莫若先孝悌라 怡怡奉親長ᄒᆞ야 不敢生驕易라 戰戰復兢兢ᄒᆞ야 造次必於是ᄒᆞ라

●그대강에글오ᄃᆡ너를몸셰움비홈을경계ᄒᆞ노니孝와悌를몬져홈만ᄀᆞᄐᆞ니업ᄉᆞ니라怡怡히어버이와얼운을봉양ᄒᆞ야敢히교만ᄒᆞ고쉽살홈을내디말라저허ᄒᆞ고또조심ᄒᆞ야밧븐적이라도반ᄃᆞ시이에ᄒᆞ라

(集解)怡怡、和悅也、驕、驕傲、易、慢易、戰戰、恐懼、兢兢、戒謹、造次、急遽苟且之時、(增註)孝悌者、立身之本、是、指孝悌也

戒爾學干祿ᄒᆞ노니 莫若勤道藝라 嘗聞諸格言ᄒᆞ니 學而優則仕ㅣ라ᄒᆞ니 不患人不知오 惟患學不至니라

●너를祿구ᄒᆞ기비홈을경계ᄒᆞ노니도리와지조를브즈런이홈만ᄀᆞᄐᆞ니업ᄉᆞ니라일즉지극ᄒᆞᆫ말을드로니비홈이유여커든벼슬을홀디라ᄒᆞ니사ᄅᆞᆷ이아디몯홈으란분별말고오직내學이지극디몯홈을분별홀띠니라

(集解)道、謂當行之理、藝、則禮樂射御書數之法也、格言、至言、優、有餘力也、戒以當勤道藝、而不患人之不知也

戒爾遠(去聲)恥辱ᄒᆞ노니 恭則近乎禮라 自卑而尊人ᄒᆞ며 先彼而後己니 相(去聲)鼠與茅鴟예 宜鑑詩人刺ㅣ니라

●너를붓ᄉ그러오며슈욕을멀니홈으로경계ᄒᆞ노니공슌ᄒᆞ면禮예갓가올띠라스ᄉᆞ로ᄂᆞᆺ게ᄒᆞ고사ᄅᆞᆷ을尊히ᄒᆞ며ᄂᆞᆷ을몬져ᄒᆞ고몸을후에 ᄒᆞᆯ디니相鼠와다ᄆᆞᆺ茅鴟예맛당히詩지은사ᄅᆞᆷ의긔롱을볼띠니라

(集說)朱子曰恭、致敬也、禮、節文也、致恭而中其節、則能遠恥辱矣、陳氏曰自卑尊人、先彼後己、皆致恭之事也、相鼠、詩篇名、其辭、曰相鼠有體、人而無禮、人而無禮、胡不遄死、茅鴟、逸詩也、二詩、皆刺無禮也、鑑、照也、刺、譏諷也

戒爾勿放曠ᄒᆞ노니 放曠이 非端士ㅣ라 周孔이 垂名教ㅣ어시ᄂᆞᆯ 齊梁이 尚清議ᄒᆞ니 南朝ㅣ 稱八達ᄒᆞ야 千載穢青史ᄒᆞ니라

●너를放曠티말나경계ᄒᆞ노니放曠홈이단졍ᄒᆞᆫ선비아니니라쥬공과공ᄌᆞㅣ名教를드리워겨시거ᄂᆞᆯ齊와梁젹이청허ᄒᆞᆫ의논을슝샹ᄒᆞ니南朝ㅣ여ᄃᆞᆲ통달ᄒᆞᆫ이라ᄒᆞ야일ᄏᆞ라일쳔히예ᄉᆞ긔를더러이니라

(集說)陳氏曰放、放蕩、曠、疎曠、端士、正士也、周孔、謂周公、孔子也、齊、梁、皆都江南、故、又稱南朝、淸議、淸虛之談也、八達、謂晉胡毋轉之、謝鯤、阮放、畢卓、羊曼、桓彝、阮孚、光逸、八人、終日淸談酣飮、而爲達也、當時、雖稱之、而無禮無法、得罪名敎、其姓名、久汚史冊、亦可賤矣、古史以竹故曰靑史、(增註)名敎、謂人倫之敎、有實、有名也

戒爾勿嗜酒ᄒᆞ노니 狂藥非佳味라 能移謹厚性ᄒᆞ야 化爲凶險類ᄒᆞᄂᆞ니 古今傾敗者ᄅᆞᆯ 歷歷皆可記니라

●너ᄅᆞᆯ술즐기디말라경계ᄒᆞ노니미치ᄂᆞᆫ藥이오아름다온마시아니라能히謹厚ᄒᆞᆫ性을옴겨化ᄒᆞ야凶險ᄒᆞᆫ類ㅣ되게ᄒᆞᄂᆞ니녜며이제기우러뎌敗ᄒᆞ니를歷歷히다可히긔록ᄒᆞᆯ띠니라

(集說)陳氏曰酒能亂性、是狂藥也、古今、以之而傾覆喪敗者、多矣

戒爾勿多言ᄒᆞ노니 多言이 衆所忌라 苟不愼樞機면 災厄(一作危)이 從此始라 是非毀譽(平聲)間애 適足爲身累ㅣ니라

●너ᄅᆞᆯ말하게말라경계ᄒᆞ노니말함이모ᄃᆞᆫ의ᄭᅴᄂᆞᆫ배라진실노樞機ᄅᆞᆯ삼가디아니ᄒᆞ면ᄌᆡ화와厄이일로조차비릇ᄂᆞ니라외니을ᄒᆞ니ᄒᆞ며헐ᄲᅳ리며기리ᄂᆞᆫᄉᆞ이예다만足히몸의ᄉᆞ험을이되ᄂᆞ니라

(增註)戶之開闔、由於樞、弩之張弛、由於機、人之禍福榮辱、由於言、故、比言於樞機、以言而是非毁譽、人皆取禍召辱、秖足自累而已、(集解)毁者、稱人之惡、而損其眞、譽者、揚人之善、而過其實

擧世重交游ᄒᆞ야擬結金蘭契ᄒᆞᄂᆞ니忿怨이容易生ᄒᆞ야風波ㅣ當(去聲)時起라所以君子心이汪汪淡如水ㅣ니라

● 온셰샹이 사괴야 놀옴을 重히 너겨 金蘭ᄀᆞᄐᆞᆫ 契를 ᄆᆡᆺ노라 ᄒᆞᄂᆞ니 분로ᄒᆞ며 원망홈이 수이 나 ᄇᆞᄅᆞᆷ의 믈결이 즉시예 니러나ᄂᆞᆫ디라 ᄡᅥ 君子의 ᄆᆞᄋᆞᆷ이 汪汪ᄒᆞ야 ᄆᆞᆰ옴이 믈ᄀᆞᄐᆞᆫ 배니라

(集說)吳氏曰易、曰二人同心、其利斷金、同心之言、其臭如蘭、契、合也、風波、比忿怨、言、世人結交、多以金蘭自比、不知一言不合則忿怨之生、速如風波之起矣、汪汪、深廣貌、記、曰君子之交、如水、小人之交、如醴、君子、淡以成、小人、甘以壞

擧世好(去聲)承奉ᄒᆞ야昻昻增意氣ᄒᆞᄂᆞ니不知承奉者ㅣ以爾爲玩戲니라所以古人疾이籧(渠)篨與戚施이)(什去聲)니라

● 온셰샹이 위와 ᄃᆞᆷ을 됴히 너겨 昻昻히 ᄠᅳᆮ과 긔운을 더으ᄂᆞ니 위완ᄂᆞᆫ 이 널로ᄡᅥ 완롱ᄒᆞ야 희이 침삼ᄂᆞᆫ 주를 아디 몯ᄒᆞᄂᆞ니라 ᄡᅥ 녯사ᄅᆞᆷ의 믜여ᄒᆞᄂᆞᆫ 배 籧篨와 다ᄆᆞᆺ 戚施니라

(集說)吳氏曰疾、憎惡也、籧篨、不能俯、疾之醜者也、戚施、不能仰、亦醜疾也、世人、好承奉、自以爲得、不知人之玩弄嬉戲、不出中心之敬也、以籧篨、戚施二者、爲比、蓋深惡之也

擧世重游俠ᄒᆞ야俗呼爲氣義 爲去聲人赴急難去聲ᄒᆞ야往往陷囚繫係ᄒᆞᄂᆞ니 所以馬援書ㅣ殷勤戒諸子ㅣ니라

● 온셰샹이游俠을重히너겨시속이일ᄏᆞ라긔운젓고고올타ᄒᆞᄂᆞᆫ디라사ᄅᆞᆷ을위ᄒᆞ야急ᄒᆞ고어려운ᄃᆡ ᄃᆞ라들어잇다가 여ᄆᆡ임애ᄡᅡ디ᄂᆞ니ᄡᅥ馬援의글이殷勤히모ᄃᆞᆫ ᄌᆞ뎨ᄅᆞᆯ경계ᄒᆞᆫ배니라

(增註)游俠之徒、輕身以徇人、似乎有氣有義、而非正故、馬援之書、曰寧死、不顧聞子孫、有此行也

擧世賤淸素ᄒᆞ야奉身好華侈라肥馬衣去聲輕裘ᄒᆞ야揚揚過閭里ᄒᆞᄂᆞ니雖得市童憐이나還爲識者鄙니라

● 온셰샹이다ᄆᆞᆯ리고검소홈을쳔히너겨몸봉양홈을빗나며샤치홈을됴히너기ᄂᆞᆫ디라ᄉᆞᆯ진ᄆᆞᆯ이며가ᄇᆡ야온갓옷닙어揚揚ᄒᆞ야ᄆᆞ올희디나ᄃᆞᆫ니ᄂᆞ니비록져제ㅅ아ᄒᆡ들희괴홈을어드나도ᄅᆞ혀유식ᄒᆞᆫ니의더러이너김이되ᄂᆞ니라

(增註)揚揚、自得之意、憐、猶愛也、鄙、猶賤也

我本羈旅臣◎으로遭逢堯舜理ᄒᆞ야位重才不充이라戚戚懷憂畏ᄒᆞ야深淵與薄氷을蹈之唯恐墜ᄒᆞᄂᆞ니爾曹ㅣ當憫我ᄒᆞ야勿使增罪戾ㅣ어다閉門斂蹤跡ᄒᆞ야縮首避名勢ᄒᆞ라勢位難久居ㅣ니畢竟何足恃리오

◎나ᄂᆞᆫ본ᄃᆡ羈族의ᄉᆞ신하로堯舜의다ᄉᆞ리샴을만나벼ᄉᆞᄅᆞᆫ重코지죄ᄎᆞ디몯ᄒᆞᆫ디라戚戚히근심과저픔을품어기픈못과다ᄆᆞᆺ열운어름을ᄇᆞᆯ옴애오직ᄲᅥ러딜가두려ᄒᆞ노니너희믈이맛당히날을민망히너겨히여곰죄를더으게말올ᄯᅢ어다門닫고자최를거두어머리를움치고일홈과勢를避ᄒᆞ라셰와벼슬은오래이쇼미어려오니내종내엇디足히미드리오

(集說)陳氏曰羈、寄也、旅、寓也、理、治也、質、既相周、復之宋、故、自謂羈旅之臣、戚戚、憂畏意、若蹈淵氷、言憂畏之甚也、戾、亦罪也、戒其勿求遷秩、以增罪戾、而又欲其深自歛避也、畢竟、終也、蓋富貴無常、終不足恃也

物盛則必衰오有隆還有替니速成不堅牢ᄒᆞ고亟走多顚躓ᄒᆞᄂᆞ

니라灼灼園中花ᄂᆞᆫ早發還先萎오遲遲澗畔松은鬱鬱含晩翠라

賦命有疾徐ᄒᆞ니靑雲難力致라寄語謝諸郎ᄒᆞ노니躁進徒爲耳니라

●物이盛ᄒᆞ면반ᄃᆞ시衰ᄒᆞ고니러나미이시면도로믈허담이잇ᄂᆞ니셜리일면굼디몯ᄒᆞ고급히ᄃᆞᄅᆞ면업드롬이하ᄂᆞ니라灼灼ᄒᆞᆫ동산가온ᄃᆡᆺ고ᄌᆞᆫ일픠욤애도로몬져이울고遲遲ᄒᆞᆫ냇ᄀᆞ잇솔은뎝새ᄎᆞ러ᄂᆞᆺ도록프르몰머굼엇ᄂᆞ니라命을ᄐᆞᆷ이ᄲᆞᄅᆞ며더듸욤이이시니靑雲은힘으로닐위욤이어려우니라말ᄉᆞᆷ브텨諸郎ᄃᆞ려니ᄅᆞ노니조급히나아가려홈이속졀업시홈이라

(集說)陳氏曰隆、興也、替、廢也、亟、急也、顚躓、蹉跌也、萎、枯也、疾、速也、徐、遲也、靑雲、比名位之高顯也)躁、急也、徒、空也

○康節邵先生이誡子孫曰上品之人은不敎而善ᄒᆞ고中品之人은敎而後善ᄒᆞ고下品之人은敎亦不善ᄒᆞᄂᆞ니不敎而善은非聖而何ㅣ며敎而後善은非賢而何ㅣ며敎亦不善은非愚而何오

●康節邵先生이子孫을경계ᄒᆞ야ᄀᆞᆯ오ᄃᆡ上品엣사ᄅᆞᆷ은ᄀᆞᄅᆞ치디아니ᄒᆞ야셔어딜고中品엣사ᄅᆞᆷ은ᄀᆞᄅᆞ친後에어딜고下品엣사ᄅᆞᆷ은ᄀᆞᄅᆞ쳐도ᄯᅩ어디디몯ᄒᆞᄂᆞ니ᄀᆞᄅᆞ치디아니ᄒᆞ야셔어디롬이聖人아니오므어시며ᄀᆞᄅᆞ친後에어디롬이賢人아니

오므어시며ᄆᆞᄅᆞ쳐도ᄯᅩ어디디몯홈이어린이아니오므엳고
(集解)先生、名雍、字堯夫、康節、謚也、河南人、熊氏曰不敎而善、生而知之者也、敎而後善、學而知之者也、敎亦不善、困而不學者也

是知善也者ᄂᆞᆫ 吉之謂也ㅣ오 不善也者ᄂᆞᆫ 凶之謂也ㅣ니라

●이예어디롬은吉홈을닐옴이오어디디몯호믄凶홈을닐옴인줄을알ᄯᅵ니라
(增註)爲善者、爲吉人、爲惡者、爲凶人

吉也者ᄂᆞᆫ 目不觀非禮之色ᄒᆞ며 耳不聽非禮之聲ᄒᆞ며 口不道非禮之言ᄒᆞ며 足不踐非禮之地ᄒᆞ야 人非善不交ᄒᆞ며 物非義不取ᄒᆞ며 親賢을 如就芝蘭ᄒᆞ며 避惡을 如畏蛇蠍(갈)歇ᄒᆞᄂᆞ니 或曰不謂之吉人이라도 則吾不信也ㅣ호리라

●吉ᄒᆞᆫ이ᄂᆞᆫ눈에禮아닌빗츨보디아니ᄒᆞ며귀예禮아닌소리ᄅᆞᆯ듣디아니ᄒᆞ며입에禮아닌말ᄉᆞᆷ을닐ᄋᆞ디아니ᄒᆞ며발애禮아닌ᄯᅡ ᄒᆞᆯ ᄇᆞᆲ디아니ᄒᆞ야사ᄅᆞᆷ이어디니아니어든사괴디아니ᄒᆞ며物이올ᄒᆞᆫ거시아니어든가지디아니ᄒᆞ며어디니ᄅᆞᆯ親히호ᄃᆡ령지와란초애나아감ᄀᆞᆺ티ᄒᆞ며사오나오니ᄅᆞᆯ避호ᄃᆡ비얌과젼갈져홈ᄀᆞᆺ티ᄒᆞᄂᆞ니或ᄀᆞᆯ오ᄃᆡ吉ᄒᆞᆫ사ᄅᆞᆷ이라닐ᄋᆞ디아니ᄒᆞ야도곧나ᄂᆞᆫ믿디아니호리라

(增註)此一節、言爲善者、爲吉人

凶也者ᄂᆞᆫ 語言이 詭譎ᄒᆞ며 動止ㅣ 陰險ᄒᆞ며 好利飾非ᄒᆞ며 貪淫樂(洛)禍ᄒᆞ야 疾良善如讎隙ᄒᆞ며 犯刑憲如飮食ᄒᆞ야 小則隕身滅性ᄒᆞ고 大則覆(福)宗絶嗣ᄒᆞᄂᆞ니 或曰不謂之凶人이라도 則吾不信也호리라

●凶ᄒᆞ니ᄂᆞᆫ말ᄉᆞᆷ이詭ᄒᆞ고譎ᄒᆞ며힝디어득ᄒᆞ고싀험ᄒᆞ며니욕을즐기고그른거ᄉᆞᆯᄭᅮ미며음탕홈을貪ᄒᆞ고화란을즐겨어딘사ᄅᆞᆷ믜기ᄅᆞᆯ원슈ᄀᆞᆺ티ᄒᆞ며형벌과법을犯홈을飮食ᄀᆞᆺ티ᄒᆞ야져으면몸을업시ᄒᆞ며性을망멸ᄒᆞ고크면종족을업티며嗣ᄅᆞᆯ絶ᄒᆞᄂᆞ니或ᄀᆞᆯ오ᄃᆡ凶ᄒᆞᆫ사ᄅᆞᆷ이ᄅᆞ나ᄅᆞ디아니ᄒᆞ야두곧나ᄂᆞᆫ믿디아니호리라

(增註)此一節、言爲惡者、爲凶人

傳(去聲)에 有之ᄒᆞ니 曰吉人은 爲善호ᄃᆡ 惟日不足이어든 凶人은 爲不善호ᄃᆡ 亦惟日不足이라ᄒᆞ니 汝等은 欲爲吉人乎아 欲爲凶人乎아

●傳의이시니ᄀᆞᆯ오ᄃᆡ吉ᄒᆞᆫ사ᄅᆞᆷ은어딘일을호ᄃᆡ오직날을不足히너겨ᄒᆞ거든凶ᄒᆞᆫ사ᄅᆞᆷ은어디디아닌일을호ᄃᆡ또오직날을不足히너겨ᄒᆞᄂᆞ다ᄒᆞ니너희ᄂᆞᆫ吉ᄒᆞᆫ사ᄅᆞᆷ이되고져ᄒᆞᄂᆞ냐凶ᄒᆞᆫ사ᄅᆞᆷ이되고져ᄒᆞᄂᆞ냐

(集解)吉人爲善以下四句、今見書、泰誓篇、惟日不足、言終日爲之、而猶以爲不

足也、上旣歷陳善惡吉凶禍福之明驗、終篇則使其自擇而取舍之、其警之也、深矣

○節孝徐先生이訓學者曰諸君이欲爲君子而使勞己之力ᄒᆞ며費己之財ᄒᆞᆫ댄如此而不爲君子ᄂᆞᆫ猶可也ㅣ어니와不勞己之力ᄒᆞ며不費己之財어ᄂᆞᆯ諸君은何不爲君子오鄕人이賤之ᄒᆞ고父母ㅣ惡(去聲)之ᄒᆞᆫ댄如此而不爲君子ᄂᆞᆫ猶可也ㅣ어니와父母ㅣ欲之ᄒᆞ고鄕人이榮之어ᄂᆞᆯ諸君은何不爲君子오

●節孝徐先生이學者를ᄀᆞᄅᆞ쳐ᄀᆞᆯ오ᄃᆡ諸君이君子를되고져호ᄃᆡ히여곰내의힘을근로ᄒᆞ며내의지믈을허비ᄒᆞᆯ딘댄이러ᄐᆞ시ᄒᆞ고君子ㅣ되디아니홈은오히려可커니와내의힘을근로티아니ᄒᆞ며내의지믈을허비티아니ᄒᆞ거ᄂᆞᆯ諸君은엇디君子ㅣ되디아니ᄒᆞᄂᆞ뇨ᄆᆞ올사ᄅᆞᆷ이賤히너기고父母ㅣ아쳐ᄒᆞᆯ딘댄이러ᄐᆞ시ᄒᆞ고君子ㅣ되디아니홈은오히려可커니와父母ㅣᄒᆞ과다ᄒᆞ고ᄆᆞ올사ᄅᆞᆷ이영화도이너기거ᄂᆞᆯ諸君은엇디君子ㅣ되디아니ᄒᆞᄂᆞ뇨

(集解)先生、名積、字仲車、節孝、謚也、山陽人

又曰言其所善ᄒᆞ며行其所善ᄒᆞ며思其所善이면如此而不爲君子ㅣ未之有也ㅣ오言其不善ᄒᆞ며行其不善ᄒᆞ며思其不善이면如此而不

爲小人이未之有也ㅣ니라

●ᄯᅩ ᄀᆞᆯ오ᄃᆡ 그 어딘바ᄅᆞᆯ 닐ᄋᆞ며 그 어딘바ᄅᆞᆯ 行ᄒᆞ며 그 어딘바ᄅᆞᆯ ᄉᆡᆼ각ᄒᆞ면 이러ᄐᆞᆺᄒᆞ고 君子되디 몯ᄒᆞ리 잇디 아니ᄒᆞ고 그 어디디 아닌이ᄅᆞᆯ 닐ᄋᆞ며 그 어디디 아닌이ᄅᆞᆯ 行ᄒᆞ며 그 어디디 아닌이ᄅᆞᆯ ᄉᆡᆼ각ᄒᆞ면 이러ᄐᆞᆺᄒᆞ고 小人되디 아니리 잇디 아니ᄒᆞ니라

(集解)君子、小人之分、在乎口之所言、身之所行、心之所思而已、言行、見乎外、心思、存乎中、三者、皆善、則爲君子也、必矣、三者、皆不善、則豈不爲小人哉

○胡文定公이與子書曰立志를以明道希文으로自期待ᄒᆞ며

●胡文定公이 아ᄃᆞᆯ 주ᄂᆞᆫ 글의 ᄀᆞᆯ오ᄃᆡ ᄠᅳᆮ 셰옴을 明道와 希文으로ᄡᅥ ᄉᆞᄉᆞ로 긔약ᄒᆞ야 기ᄃᆞ리오며

(集解)公、名安國、字康侯、文定、諡也、建安人、三子、寅、字明仲、寧、字和仲、宏、字仁仲、明道、程純公也、朱子、稱其十四五歲、便學聖人、鄒文忠公浩、稱其得志、能使萬物、各得其所、藍田呂氏、稱其自任之重、寧學聖人而未至、不欲以一善、成名、寧以一物不被澤、爲己病 不欲以一時之利、爲己功、此、明道之志、希文、范文正公也、朱子稱其自做秀才時、其志、便以天下、爲己任、歐陽文忠公、稱其少有大節、於富貴、貧 、毁譽、歡戚、無一動其心、嘗曰士、當先天下之憂而憂、後天下

之樂而樂、此、文正公之志也、宜乎胡公、敎子立志、以二公、自期待焉

立心을以忠信不欺로爲主本ᄒᆞ며

●ᄆᆞᄋᆞᆷ셰욤을튱셩되고믿버소기디아니홈으로ᄡᅥ웃듬근본을삼으며

(集說)陳氏曰心者、身之主也、不欺、卽忠信之謂、人不忠信、則事皆無實、爲惡則易、爲善則難、故、立心、必以是、爲主本焉

行己를以端莊淸愼으로見操平聲執ᄒᆞ며

●몸가져ᄃᆞᆫ님을단졍ᄒᆞ며싁싁ᄒᆞ며쳥렴ᄒᆞ며삼가므로ᄡᅥ잡안ᄂᆞᆫ거슬보며

(增註)操、執、皆守也、端、正、肅、莊、淸白、謹愼、惟有守者、能之

臨事애以明敏果斷으로辨是非ᄒᆞ며

●일에다ᄃᆞ롬애ᄇᆞᆰ으며민쳡ᄒᆞ며강과ᄒᆞ며결단홈으로ᄡᅥ올ᄒᆞ며외욤을분변ᄒᆞ며

(集說)熊氏曰事有是非、惟明敏、可以立見、惟果斷、可以早決

又謹三尺ᄒᆞ야考求立法之意而操平聲縱之ᄒᆞ면斯可爲政이不在人後矣리라

●또三尺을삼가법셴ᄯᅳᆮ을샹고ᄒᆞ야求ᄒᆞ여되오며ᄂᆞ초면이可히졍ᄉᆞ홈이사ᄅᆞᆷ의뒤헤잇디아니ᄒᆞ리라

(增註)此、言爲政之方、操縱、謂本法意、原人情、而適寬嚴之宜也、(集解)三尺、
古者、以三尺竹簡、書法律、故稱法律、爲三尺

汝ㅣ勉之哉어다治心修身을 以飮食男女로 爲切要니從古聖賢
이自這裏做工夫ᄒᆞ시니 其可忽乎아

●네힘ᄡᅳᆯ띠어다ᄆᆞᄋᆞᆷ다ᄉᆞ리며몸닷금을飮食과 男女로ᄡᅥ 절당ᄒᆞᆫ종요를삼을띠니
네브터셩인현인이이가온ᄃᆡ로브터工夫를ᄒᆞ시니그미히만홀히ᄒᆞ랴

(增註)飮食、男女、人之大欲、存焉、一念之偏、不能自克、則陷其身於惡、而不可
振矣、故、治心修身、必以是、爲切要、古之聖賢、如禹之菲飮食、湯之不邇聲色、皆
從此、做工夫者也

○古靈陳先生이 爲仙居令ᄒᆞ야 敎其民曰爲吾民者ᄂᆞᆫ 父義母
慈ᄒᆞ며兄友弟恭ᄒᆞ며子孝ᄒᆞ며夫婦ㅣ 有恩ᄒᆞ며男女ㅣ 有別ᄒᆞ며 子弟ㅣ 有
學ᄒᆞ며鄕閭ㅣ 有禮ᄒᆞ며貧窮患難(去聲)애 親戚이 相救ᄒᆞ며 婚姻死喪애 隣
保ㅣ 相助ᄒᆞ며無墮(惰)農業ᄒᆞ며無作盜賊ᄒᆞ며無學賭博ᄒᆞ며無好(去聲)爭訟
ᄒᆞ며無以惡陵善ᄒᆞ며無以富呑貧ᄒᆞ며行者ㅣ 讓路ᄒᆞ며耕者ㅣ 讓畔ᄒᆞ며斑

白者ㅣ不負戴於道路ᄒᆞ며則爲禮義之俗矣리라

●古靈陳先生이仙居ㅅ원이되여셔그ᄇᆡᆨ셩을ᄀᆞᄅᆞ쳐골오ᄃᆡ내ᄇᆡᆨ셩되엿ᄂᆞᆫ이ᄂᆞᆫ아비ᄂᆞᆫ올히ᄒᆞ고어미ᄂᆞᆫᄉᆞ랑ᄒᆞ며兄은ᄉᆞ랑ᄒᆞ고아ᅀᆞᆫ공슌ᄒᆞ며ᄌᆞ식은효도ᄒᆞ며夫婦ㅣ은혜이시며男女ㅣ골희욤이이시며子弟ᄒᆞᆨ문홈이이시며ᄆᆞ을히례법이이시며가난ᄒᆞ며어려운일에親戚이서ᄅᆞ救ᄒᆞ며婚姻이며상ᄉᆞ애이웃이서ᄅᆞ도으며녀ᄅᆞᆷ지이ᄅᆞᆯ게을이말며盜賊이되디말며博으로더느기ᄅᆞᆯ비호디말며ᄃᆞ토기와숑ᄉᆞᄅᆞᆯ즐기디말며사오나옴으로ᄡᅥ어딘이ᄅᆞᆯ업슈이너기디말며가옴여롬으로ᄡᅥ가난ᄒᆞᆫ이ᄅᆞᆯ숨세디말며길ᄃᆞᆫ니ᄂᆞᆫ이길ᄒᆞᆯᄉᆞ양ᄒᆞ며밧갈리ᄀᆞ울ᄉᆞ양ᄒᆞ며반만셴이길헤지며이디아니ᄒᆞ면곧禮義엣풍속이되리라

(集說)陳氏曰古靈、地名、在福州、先生、名襄、字述古、仙居、台州屬邑、義、謂能正其家、有恩、謂貧窮相守、若棄妻不養、夫亡改嫁、是無恩也、有禮、謂歲時相往來及燕飲叙齒之類、患難、謂水火盜賊之類、墮、廢墜也、賭博、財也、博、局戲也、陵侵欺也、吞、兼幷也、讓路、謂少避長、輕避重之類、讓畔、謂地有界畔、不相侵奪也、朱子曰古靈、諭俗一文、平正簡易、許多事、都說盡、可見他一箇大胷襟、包得許多也

右ᄂᆞᆫ廣立教ㅣ라

●이우ᄒᆞᆫᄆᆞᄅᆞ츼계ᄋᆞᆷ을넙피니라

司馬溫公이 曰凡諸卑幼ㅣ 事無大小히 毋得專行ᄒᆞ고 必咨稟於家長이니라

●司馬溫公이ᄀᆞᆯ오ᄃᆡ믈읫모ᄃᆞᆫᄂᆞᄌᆞ며어리니일을크며젹은이업시시러곰ᄌᆞ젼ᄒᆞ야ᄒᆞ디말고반ᄃᆞ시집얼운의게무러품취ᄒᆞᆯ띠니라

(集解)陳氏曰公、姓司馬、名光·字君實、陝州、夏縣人、贈溫國公、謚文正、咨、謀也

○凡子ㅣ受父母之命애 必籍記而佩之ᄒᆞ야 時省醒而速行之ᄒᆞ고 事畢則返命焉이니라

●믈읫ᄌᆞ식이父母의命을받ᄌᆞ옴애 반ᄃᆞ시티부에긔록ᄒᆞ야차시시로ᄉᆞᆯ펴섈리行ᄒᆞ고일이ᄆᆞᆺ차ᄃᆞᆫ命을返ᄒᆞᆯ띠니라

(增註)籍、簿也、佩、謂服於身、省、察也、視也、(集解)返命、復命也

或所命이 有不可行者則和色柔聲ᄒᆞ야 具是非利害而白之ᄒᆞ야 待父母之許然後에 改之ᄒᆞ고 若不許ㅣ라도 苟於事에 無大害者ㅣ어든

亦當曲從이니 若以父母之命으로 爲非而直行己志ᄒᆞ면 雖所執이 皆是라도 猶爲不順之子ㅣ니 況未必是乎 阿아

●或命ᄒᆞ신배可히行티몯ᄒᆞ염즉홈이잇거든ᄂᆞᆺ빗ᄎᆞᆯ和히ᄒᆞ며소리ᄅᆞᆯ부드러이ᄒᆞ야올ᄒᆞ며외며利ᄒᆞ며害로옴을ᄀᆞᆺ초와ᄉᆞᆯ와父母의許ᄒᆞ심을기ᄃᆞ룬후에고티고만일許티아니ᄒᆞ실ᄯᅵ라도진실로일에큰害업거든ᄯᅩ맛당이곡진히좃ᄎᆞᆯᄯᅵ니만일父母의命으로ᄡᅥ그ᄅᆞ다ᄒᆞ야내ᄠᅳᆮ을바ᄅᆞ行ᄒᆞ면비록잡안ᄂᆞᆫ배다올ᄒᆞᆯᄯᅵ라도오히려順티아니ᄒᆞᆫᄌᆞ식이될이니ᄒᆞ믈며반ᄃᆞ시올티몯홈가

(增註)備陳是非利害之兩端、而稟白之、欲父母自喩也

○橫渠先生이曰舜之事親애有不悅者ᄂᆞᆫ爲去聲父頑母嚚ᄒᆞ야不近人情이니若中人之性이其愛惡ㅣ若無害理어든必姑順之니라

●橫渠先生이ᄀᆞᆯ으샤ᄃᆡ舜의어버이셤김애깃거아니홈이이심은아비ᄂᆞᆫ頑ᄒᆞ고어미ᄂᆞᆫ嚚ᄒᆞ야人情의갓갑다아니홈을爲ᄒᆞ예니만일등간ᄒᆞᆫ사ᄅᆞᆷ의性이ᄉᆞ랑ᄒᆞ며아쳐홈이만일ᄉᆞ리예해로옴이업거든반ᄃᆞ시이즉順ᄒᆞᆯᄯᅵ니라

(集解)舜、盡事親之道、宜得親之悅矣、而親、猶不悅者、爲其頑嚚、不近人情也、然、舜、克諧以孝、烝至瞽瞍底豫、況中人之性者、人子、可不姑順從、以悅其心乎

若親之故舊所喜를 當極力招致ᄒᆞ며 賓客之奉을 當極力營辦ᄒᆞ야 務以悅親爲事오 不可計家之有無ㅣ니라 然이나 又須使之不知其勉強(上聲)勞苦ㅣ니 苟使見其爲而不易則亦不安矣리라

● 만일어버의녜벗의셔됴히너기ᄂᆞᆫ바를맛당히힘ᄡᅥ쟝쳥ᄒᆞ야닐외며손의게받들쌔슬맛당히힘ᄡᅥ장경영ᄒᆞ여쟝만ᄒᆞ야힘ᄡᅥ어버이를깃기모로ᄡᅥ일삼고可히집의이시며업솜을혜아리디아니홀디니라그러나또모롬애ᄒᆡ여곰그힘ᄡᅥ워구ᄅᆡ여ᄒᆞ야잇브고고로온줄을아디몯ᄒᆞ시게홀ᄲᅵ니진실로ᄒᆡ여곰그호ᄃᆡ쉽디몯ᄒᆞᆫ줄을보시게ᄒᆞ면또편티몯ᄒᆞ시리라

(集解)故舊所喜、謂親之故舊中所喜者、賓客之奉、謂酒殽之類

○羅仲素ㅣ論瞽瞍ㅣ底(上)豫而天下之爲父子者ㅣ定ᄒᆞ야 云只爲(去聲)天下애 無不是底父母ㅣ라ᄒᆞ야ᄂᆞᆯ

● 羅仲素ㅣ瞽瞍ㅣ깃거홈애니르매 天下애아비와아ᄃᆞᆯ되엿ᄂᆞᆫ이定ᄒᆞ다홈을의론ᄒᆞ야닐오ᄃᆡ다만天下애올티아니ᄒᆞᆫ父母ㅣ업습을爲ᄒᆞ셸시라ᄒᆞ여ᄂᆞᆯ

(集說)陳氏曰仲素、名從彥、豫章人、底、致也、豫、悅樂也、定者、子孝、父慈、各止其所、而無不安其位之意也、孟子、嘗曰舜、盡事親之道、而瞽瞍底豫、瞽瞍底豫而

天下之爲父子者、定、羅氏讀之而謂、云只爲天下、無不是底父母、蓋孝子之心、與親爲一、凡親之過、皆己之進、自不見父母、有不是處

了翁이 聞而善之曰唯如此而後에아 天下之爲父子者ㅣ 定이니 彼臣弑其君ᄒᆞ며子弑其父는 常始於見其有不是處耳니라

●了翁이듣고올히너겨ᄀᆞᆯ오ᄃᆡ오직이러ᄒᆞᆫ후에아天下애아비와아ᄃᆞᆯ도엿ᄂᆞᆫ이定ᄒᆞ리니뎌신해그님금죽이며아ᄃᆞᆯ이그아비죽이ᄂᆞᆫ이ᄂᆞᆫ샹해그올티아니ᄒᆞᆫ곧이이솜을봄애비ᄒᆞᄂᆞ니라

(集說)陳氏曰了翁、陳忠肅公也、了翁、聞羅氏之言、又推其極而言之、蓋臣子弑逆、常起於一念之差、以君父所爲、不是也、若知天下、無不是底君父、惡有弑逆之事哉、眞氏曰罪己而不非其親者、仁人孝子之心也、怨親而不反諸己者、亂臣賊子之心也

○伊川先生이 曰病臥於床ᄒᆞ야 委之庸醫를 比之不慈不孝ㅣ니 事親者ㅣ 亦不可不知醫니라

●伊川先生이ᄀᆞᆯᄋᆞ샤ᄃᆡ病ᄒᆞ야床의누어용샹ᄒᆞᆫ의원의게맛뎌눔을ᄉᆞ랑티아니ᄒᆞ며효도아니홈애比ᄒᆞᄂᆞ니어버이셤기ᄂᆞᆫ이ᄯᅩ可히의술을아디아니티몯ᄒᆞᆯ써시니

라

(集說)陳氏曰委、猶付託也、夫病、死生所係、而委之庸醫、未有不致害者也、故、子、有疾而委之庸醫、比之不慈、親、有疾而委之庸醫、比之不孝、子能知醫、則可以養親、故、曰事親者、亦不可不知醫

○橫渠先生이嘗曰事親奉祭를豈可使人爲之리오

●橫渠先生이일ᄶᆞᆨᄀᆞᆯᄋᆞ샤ᄃᆡ어버이셤기며제ᄉᆞ밧ᄌᆞ롬을엇디可히남으로ᄒᆡ여곰ᄒᆞ리오

(集說)陳氏曰事父母、奉祭祀、皆當親爲之、葉氏曰使人代爲、孝敬之心、安在哉

○伊川先生이曰冠去聲昏喪祭는禮之大者ㅣ어늘今人이都不理會ᄒᆞᄂᆞ니豺柴獺撻이皆知報本이어늘今士大夫家ㅣ多忽此ᄒᆞ야厚於奉養而薄於先祖ᄒᆞ니甚不可也ㅣ니라

●伊川先生이ᄀᆞᆯᄋᆞ샤ᄃᆡ가관ᄒᆞ기와혼인과상ᄉᆞ와제ᄉᆞᄂᆞᆫ례도애큰거시어ᄂᆞᆯ이젯사ᄅᆞᆷ이다理會티못ᄒᆞᄂᆞ니승냥이와슈달이다근본갑픔을알거ᄂᆞᆯ이젯士大夫의집이만히이ᄅᆞᆯ홀냑히ᄒᆞ야奉養ᄒᆞ기ᄂᆞᆫ두터이호ᄃᆡ조샹ᄭᅴᄂᆞᆫ薄히ᄒᆞᄂᆞ니甚히可티아니ᄒᆞ니라

(集說)陳氏曰冠以責成人、昏以承宗事、喪以愼終、祭以追遠、埋會、謂講而行之、孟春、獺祭魚、季秋、豺祭獸、皆有報本之意、可以人而不如獸乎、此字、指報本言奉養、謂奉養其親

某ㅣ嘗修六禮大略ᄒᆞ되家必有廟ᄒᆞ고廟必有主ᄒᆞ야月朔애必薦新ᄒᆞ며時祭를用仲月ᄒᆞ며冬至예祭始祖ᄒᆞ며立春애祭先祖ᄒᆞ며季秋애祭禰(녜)ᄒᆞ며忌日애遷主ᄒᆞ야祭於正寢ᄒᆞ니凡事死之禮를當厚於奉生者ㅣ니라

●내일쯕여ᄉᆞᆺ가짓례도의대강을닷그되집의반ᄃᆞ시ᄉᆞ당이잇고ᄉᆞ당애반ᄃᆞ시신쥐이셔月朔에반ᄃᆞ시薦新ᄒᆞ며時祭ᄅᆞᆯ가온뎃ᄃᆞᆯ을ᄡᅳ며冬至예처엄조샹을祭ᄒᆞ며立春에先祖ᄅᆞᆯ祭ᄒᆞ며季秋에아비게祭ᄒᆞ며忌日에신쥬ᄅᆞᆯ옴겨대뎡에祭ᄒᆞ게호니믈읫죽은이셤기ᄂᆞᆫ례도ᄅᆞᆯ맛당히산이봉양키도곤厚ᄒᆞᆯᄶᅥ시니라

(集說)陳氏曰六禮、冠、昏、喪、祭、鄕飮酒、士相見之禮也、主、木主、所以依神也、新、謂新物也、禰、父廟也、遷、徙也、正寢、猶正堂也、月朔、一月之始、四時、天道之變、冬至、陽生之始、立春、物生之始、季秋、物成之始、忌日、親之死日、君子於此、必有悽愴怵惕之心、故、因之而行追遠之禮、此、言祭禮之大略、司馬温公曰國

家、時祭、用孟月、私家、不敢用故、當仲月、朱子曰始祖之祭、似國家之禘、先祖之
祭、似祫、古無此、伊川、以義起、某當初也、祭、後來覺得僭、今不敢祭也

人家ㅣ能存得此等事數件ᄒᆞ면雖幼者ㅣ라도可使漸知禮義니라

●사ᄅᆞᆷ의집이能히엿가지일두어벌을두어ᄒᆞ면비록졈은이라도可히ᄒᆞ여곰졈졈
禮義ᄅᆞᆯ알리니라

(增註)存、謂行之久而不廢也

○司馬溫公이曰冠去聲下同者ᄂᆞᆫ成人之道也ㅣ니成人者ᄂᆞᆫ將責爲
人子ㅣ며爲人弟ㅣ며爲人臣이며爲人少者之行去聲也ㅣ니將責四者之
行去聲於人이어니其禮ᄅᆞᆯ可不重與平聲아

●司馬溫公이ᄀᆞᆯ오ᄃᆡ가관ᄒᆞ기ᄂᆞᆫ인사ᄅᆞᆷ의道ㅣ니인사ᄅᆞᆷ이란거ᄉᆞᆫ장ᄎᆞᆺ사ᄅᆞᆷ의아
ᄃᆞᆯ되며ᄉᆞᄅᆞᆷ의아ᄋᆞ되며사ᄅᆞᆷ의신하되며사ᄅᆞᆷ의졈은이될ᄒᆡᆼ실을責ᄒᆞ려홈이니장
ᄎᆞᆺ네가지ᄒᆡᆼ실을사ᄅᆞᆷ의게責ᄒᆞ려ᄒᆞ거니그禮ᄅᆞᆯ可히重히아닐벗가

(集解)所謂成人者、非謂膚革、異於童穉也、將責以孝悌忠順之行也、豈不重乎
哉

冠禮之廢ㅣ久矣니近世以來로人情이尤爲輕薄ᄒᆞ야生子猶飮

乳에 已加巾帽ᄒᆞ고 有官者ᄂᆞᆫ 或爲(去聲)之製公服而弄之라 過十歲
猶總角者ㅣ 蓋鮮矣니 彼ㅣ 責以四者之行ᄋᆞᆯ인ᄃᆞᆯ 豈能知之리오 故로
往往에 自幼至長히 愚騃(五駭反)ᄒᆞ나 如一ᄒᆞ나니 由不知成人之道故也니라

● 가관ᄒᆞᄂᆞᆫ禮廢ᄒᆞ연디 오라니近世로ᄡᅥ옴으로사ᄅᆞᆷ의ᄠᅳᆮ이 더옥輕薄ᄒᆞ야아ᄃᆞᆯ을나하오히려졋먹을ᄢᅢ이믜巾과帽ᄅᆞᆯ더으고벼슬잇ᄂᆞᆫ이ᄂᆞᆫ或爲ᄒᆞ야公服을지여희롱ᄒᆞᄂᆞᆫ디라열살넘도록오히려總角ᄒᆞ여시리젹으니뎌ㅣ네가짓ᄒᆡᆼ실로ᄡᅥ責ᄒᆞᆫᄃᆞᆯ엇디能히알리오그러모로잇다감어려셔브터ᄌᆞ람애니르히어림이ᄒᆞᆫ골ᄀᆞᆺᄒᆞ니인사ᄅᆞᆷ의도리ᄅᆞᆯ아디몯홈을말미암은언괴니라

(集解)巾幘、士庶所服者、有官、謂宋世、因父祖任朝官、或郊祀覃恩、或遺表恩澤、子孫、雖在襁褓、得授以官、故、製公服而戲而弄之也、鮮、少也、騃、癡也

古禮에 雖稱二十而冠ᄒᆞ나 然이나 世俗之弊ᄅᆞᆯ 不可猝變이니 若敦厚
好(去聲)古之君子ㅣ 俟其子年十五以上이 能通孝經論語ᄒᆞ야 粗
知禮義之方然後에 冠之면 斯其美矣리라

● 녯禮예비록스믈헤가관ᄒᆞ라일ᄏᆞ라시나그러나世俗의弊ᄅᆞᆯ可히졸연히고티디

몯홀새시니만일도답고후듕ᄒᆞ야녜를됴히너기는君子ㅣ그아ᄃᆞᆯ이나히열다ᄉᆞᆺ스로ᄡᅥ우히能히孝經과論語를通ᄒᆞ야잠싼禮義의향방을아롬을기드운후에가관ᄒᆞ면이그아롬다오리라

(集解)猝、急也、温公、以古禮、急難盡復、若子弟、年十五以上、能通孝經、論語、略知禮義然後、冠之、可也

○古者애父母之喪엔旣殯ᄒᆞ고食粥ᄒᆞ며齊(咨)衰(崔)엔疏(同下)食(似下同)水飮ᄒᆞ고不食菜果ᄒᆞ며

●녜父母상ᄉᆞ애는이믜빙소ᄒᆞ고粥먹으며齊衰예는사오나온밥과믈만마시고ᄂᆞᄆᆞᆯ와과실을먹디아니ᄒᆞ며

(增註)衰、喪服也、緝其旁及下際曰齊衰、言父母之喪、旣殯、始食粥、若齊衰之喪、旣殯、得疏食水飮、異於父母之喪也、(集解)疏食、謂以麤米爲飯、水飮、謂不食漿酪也

父母之喪엔旣虞卒哭ᄒᆞ야는疏食水飮ᄒᆞ며不食菜果ᄒᆞ며期而小祥ᄒᆞ고食菜果ᄒᆞ며又期而大祥ᄒᆞ고食醯醬ᄒᆞ며

●父母의상ᄉᆞ애이믜우졔와卒哭을ᄒᆞ야는사오나온밥과믈만먹고ᄂᆞᄆᆞᆯ과과실을

먹디아니ᄒᆞ며돌ᄶᅢ小祥을ᄒᆞ고ᄂᆞ믈과과실을먹으며 또돌ᄶᅢ大祥을ᄒᆞ고초와쟝을
먹으며

(集說)吳氏曰虞、祭名、葬之日、日中而虞 遇柔日、再虞、遇剛日、三虞、虞之爲言、安也、以魂氣無所不之故、三祭以安之、三虞後、遇剛日、曰卒哭、自是、哀至不哭、猶朝夕哭也、期、周年也、祥、吉也、自喪至此、凡十三月、爲初忌日也、又期而大祥、自喪至此、凡二十五月、爲第二忌日也、醯、醋也

中月而禫(徒感反)ᄒᆞ고**禫而飮醴酒**ᄒᆞᄂᆞ니**始飮酒者**ㅣ **先飮醴酒**ᄒᆞ고**始食肉者**ㅣ **先食乾肉**이니**古人**이**居喪**에**無敢公然食肉飮酒者**ᄒᆞ니라

● 돌을가온대두고담졔ᄒᆞ고담졔ᄒᆞ고ᄃᆞᆫ술을먹ᄂᆞ니처엄술먹ᄂᆞᆫ이몬져ᄃᆞᆫ술을먹고처엄고기먹ᄂᆞᆫ이몬져ᄆᆞ론고기를넉을ᄯᅵ니녯사ᄅᆞᆷ이居喪애敢히公然히고기먹으며술먹던이업ᄉᆞ니라

(集說)陳氏曰中月、間(去聲)一月也、禫、祭名、大祥之後、間一月而禫、禫者、澹澹然平安之意、自喪至此、凡二十七月、酒一宿熟曰醴、醴酒、味薄、乾肉、味澁也、始飮酒食肉而先飮醴酒、食乾肉者、以人子之心、哀情未盡、不忍遽御醇厚之味也

漢昌邑王이**奔昭帝之喪**ᄒᆞᆯ시**居道上**ᄒᆞ야**不素食**이어ᄂᆞᆯ**霍光**이**數**(上聲)**其**

罪而廢之ᄒᆞ니라

●漢昌邑王이昭帝의거상에올셔길우히이셔소음식을아니ᄒᆞ거늘霍光이그罪ᄅᆞᆯ혜고廢ᄒᆞ니라

(集說)吳氏曰昌邑王、名賀、霍光、字子孟 昭帝崩、無子、賀、嗣位、淫昏無度、光、時爲大將軍、奏太后、廢賀爲海昏侯

晉阮籍이負才放誕ᄒᆞ야居喪無禮어늘何曾이面質籍於文帝坐曰卿은敗俗之人이라不可長也ㅣ라ᄒᆞ고因言於帝曰公이方以孝治天下而聽阮籍이以重哀로飮酒食肉於公座ᄒᆞ니宜擯四裔ᄒᆞ야無令汚染華夏ㅣ라ᄒᆞ니라

●晉阮籍이지조ᄅᆞᆯ믿고방탕ᄒᆞ고부단ᄒᆞ야 居喪애無禮ᄒᆞ거늘何曾이籍을文帝의안죤ᄃᆡ셔당면ᄒᆞ야질칙ᄒᆞ야ᄀᆞᆯ오ᄃᆡ 卿은풍속을ᄒᆞ야ᄇᆞ리ᄂᆞᆫ사ᄅᆞᆷ이라可히길우디몯ᄒᆞᆯ새시라ᄒᆞ고인ᄒᆞ야帝ᄃᆞ려닐너ᄀᆞᆯ오ᄃᆡ公이보야호로효도로ᄡᅥ天下ᄅᆞᆯ다ᄉᆞ리되阮籍이重ᄒᆞᆫ슬픔으로ᄡᅥ公座의셔술마시고고기먹기ᄅᆞᆯ허ᄒᆞ니맛당히네녁ᄀᆞ의내려히여곰華夏ᄅᆞᆯ더러여물들이디말게ᄒᆞᆯ띠라ᄒᆞ니라

(集說)吳氏曰阮籍、字嗣宗、何曾、字頴考、質、謂正言之、文帝、司馬昭也、時爲晉

公、後其子武帝、立、始上尊號、卿、指籍、公、指昭也、聽、猶許也、重哀、謂親喪、擯斥也、四裔、四夷、華夏、中國也

宋廬陵王義眞이 居武帝憂ᄒᆞ야 使左右로 買魚肉珍羞ᄒᆞ야 於齋內예 別立厨帳이러니 會長史劉湛(沈下同)이 入이어늘 因命臑(暖) 酒炙(적) 車(차)螯(오)ᄒᆞᆫ대 湛이 正色曰公이 當今에 不宜有此設이니라 義眞이 曰日ㅣ 甚寒ᄒᆞ니 長史ᄂᆞᆫ 事同一家ㅣ니 望不爲異ᄒᆞ노라 酒至어늘 湛이 起曰既不能以禮自處(上聲)ᄒᆞ고 又不能以禮處(上聲)人이라ᄒᆞ니라

●宋廬陵王義眞이武帝의거상의이셔左右로히여곰魚와肉과귀ᄒᆞᆫ음식을사다가지실안ᄢᅴ각별이厨帳을밍그랏더니마초와長史劉湛이들어니거ᄂᆞᆯ인ᄒᆞ괴결ᄒᆞ야술더이고죠개구으라ᄒᆞᆫ대湛이正色ᄒᆞ고ᄀᆞᆯ오ᄃᆡ公이이졔이베픔을둠이맛당티아니니라義眞이ᄀᆞᆯ오ᄃᆡ아ᄎᆞᆷ이ᄀᆞ장ᄎᆞ니長史ᄂᆞᆫ일이一家와ᄒᆞᆫ가지니괴이히너기디말과댜ᄇᆞ라노라술이오나ᄂᆞᆯ湛이이러나며ᄀᆞᆯ오ᄃᆡ이믜能히禮로ᄡᅥᄉᆞᄉᆞ로쳐신티몯ᄒᆞ고ᄯᅩ能히禍로ᄡᅥ사ᄅᆞᆷ을ᄃᆡ졉디몯ᄒᆞᆫ다ᄒᆞ니라

(集解)陳氏曰義眞、宋武帝、裕之子、居憂、卽居喪、珍羞、美食 湛、字弘仁、吳氏曰臑、當作㬉、古暖字、炙、燒也、車螯、海蛤也

隋煬(様)帝ㅣ爲太子애 居文獻皇后喪ᄒᆞ실ᄉᆡ 每朝애 令進二溢(逸)米而私令外로 取肥肉脯鮓(자)ᄒᆞ야 置竹筩中ᄒᆞ야 以蠟閉口ᄒᆞ고 衣襆(僕)으로 裹(果)而納之ᄒᆞ더라

●隋煬帝ㅣ太子되여실제文獻皇后ㅅ거상의이실ᄉᆡ미양아ᄎᆞᆷ에ᄒᆡ여곰두줌ᄡᆞᆯ을들이게ᄒᆞ고ᄉᆞᄉᆞ로이밧그로ᄒᆡ여곰ᄉᆞᆯ진고기와 포육과 젓을 가져다가대통가온ᄃᆡ녀허밀로ᄡᅥ입을막고옷보흐로ᄡᆞ들이더라

(集解)煬帝、名廣、文獻皇后、文帝后、獨孤氏也、溢、謂二十四分升之一也、衣襆、卽今之袱也、(增註)溢、一手所握也

湖南楚王馬希聲이 葬其父武穆王之日에 猶食雞臛(학)郝이어늘 其官屬潘起ㅣ 譏之曰昔에 阮籍이 居喪에 食蒸肫(돈)ᄒᆞ더니 何代無賢이리오ᄒᆞ더라

●湖南楚王馬希聲이그아비 武穆王영장ᄒᆞ논날애오히려ᄃᆞᆰ깅을먹거늘그아랫관원潘起긔롱ᄒᆞ야ᄀᆞᆯ오ᄃᆡ녜阮籍이居喪애ᄯᅵᆫ돋을먹더니어ᄂᆡ代예어딘사ᄅᆞᆷ이업스리오ᄒᆞ더라

(集說)吳氏曰五代、馬殷、據湖南長沙之地、武穆王、卽殷也、雞臛、雞肉羹也、蒸

豚、蒸熟猪也、何代無賢、反辭以譏之也

然則五代之時에 居喪食肉者를 人이 猶以爲異事ᄒᆞ니 是流俗之弊ㅣ 其來甚近也ㅣ니라 今之士大夫ㅣ 居喪에 食肉飮酒를 無異平日ᄒᆞ고 又相從宴集ᄒᆞ야 靦(뎐)他典反 然無愧어든 人亦恬不爲怪ᄒᆞᄂᆞ니 禮俗之壞ㅣ 習以爲常ᄒᆞ니 悲夫ㅣ라

●그러ᄒᆞ면五代ㅅ 시절에居喪애 고기먹ᄂᆞᆫ이ᄅᆞᆯ사ᄅᆞᆷ이 오히려ᄡᅧ괴이ᄒᆞᆫ일을삼으니이흘러온풍쇽의弊그오난디심히갓가오니라이 졔ㅅ대위居喪애고기먹으며술마시기ᄅᆞᆯ상해와달옴이업고또서ᄅᆞ조차잔ᄎᆡᄒᆞ며못아靦然히붓그림이업거든남도또므던히너겨괴이히너기디아니ᄒᆞᄂᆞ니녜도엣풍속의문허딤을니거ᄡᅧ샹ᄉᆞᄅᆞᆯ삼ᄋᆞ니슬프다

(集說)陳氏曰承上文潘起之譏而言、五代、梁、唐、晉、漢、周也、靦、面見人之貌、恬、安也、恠、異也

乃至鄙野之人은 或初喪未斂에 親賓이 則齎酒饌往勞去聲之ᄒᆞ어든 主人이 亦自備酒饌ᄒᆞ야 相與飮啜ᄒᆞ야 醉飽連日ᄒᆞ고 及葬ᄒᆞ야 亦如之

甚ᄒᆞ며者는 初喪에 作樂以娛尸ᄒᆞ고 及殯葬ᄒᆞ야 則以樂導輀(而)車而號(平聲)泣隨之ᄒᆞ며 亦有乘喪卽嫁娶者ᄒᆞ니 噫라 習俗之難變과 愚夫之難曉ㅣ 乃至此乎ㅣ여

●鄙野ᄒᆞᆫ사ᄅᆞᆷ애니르러ᄂᆞᆫ或初喪애대소렴도몯ᄒᆞ여실제권당과손들히곧술과음식가지고가위로ᄒᆞ거든主人도또ᄉᆞᄉᆞ로술차반ᄆᆞᆺ초와서로더블어머거醉ᄒᆞ며비불옴을날포ᄒᆞ고무들쩨믿처또ᄆᆞᆺ티ᄒᆞ며甚ᄒᆞᆫ이ᄂᆞᆫ初喪애풍뉴ᄒᆞ야뻐주검을깃기고빙소ᄒᆞ며영쟝ᄒᆞᆯ쩨믿처곧풍뉴로뻐상여ᄅᆞᆯ인도ᄒᆞ고블으지저울고조차가며또거상을타곧혼인ᄒᆞᆯ이이시니슬프다닉온풍속의變키어려옴과 어린놈의알외기어려옴이이예니ᄅᆞᆯ셔

(集說)輀車、喪車也

凡居父母之喪者는 大祥之前에 皆未可飮酒食肉이니 若有疾이어든 暫須食飮호ᄃᆡ 疾止어든 亦當復初ㅣ니라 必若素食이 不能下咽(烟)ᄒᆞ야 久而羸(리)憊ᄒᆞ야 恐成疾者는 可以肉汁及脯醢或肉少許로 助其滋味언뎡 不可恣食珍羞盛饌及與人燕樂(洛)이니 是則雖被衰

(崔)麻ㅣ나 其實은 不行喪也ㅣ니라 唯五十以上에 血氣旣衰ᄒᆞ야 必資酒肉扶養者則不必然耳ㅣ니라

●믈읫父母의喪에잇ᄂᆞᆫ이ᄂᆞᆫ大祥젼의다可히술마시며고기먹디몯ᄒᆞᆯ쌔시니만일병이잇거든잠깐모롬이먹으며마시되병이긋치거든또맛당이처엄대로도로ᄒᆞᆯ띠니라반ᄃᆞ시만일소음식이能히목의ᄂᆞ리디아니ᄒᆞ야오라여외고곤븨ᄒᆞ야병이될싸저허ᄒᆞᄂᆞᆫ이ᄂᆞᆫ可히고기즙과믿포육과젓과或고기져옴애로뻐그滋味를도올뿐이언뎡可히귀ᄒᆞᆫ음식과盛ᄒᆞᆫ차반을방ᄌᆞ히먹으며믿사ᄅᆞᆷ더블어잔ᄎᆡᄒᆞ야즐기디몯ᄒᆞᆯ거시니이리ᄒᆞ면비록衰麻ᄅᆞᆯ닙어시나그實은상녜ᄅᆞᆯ行티아니홈이니라오직쉰으로뻐우희血氣이믜衰ᄒᆞ면반ᄃᆞ시술고기ᄅᆞᆯ조뢰ᄒᆞ야부디ᄒᆞ야질이ᄂᆞᆫ반ᄃᆞ시그리아니ᄒᆞᆯ띠니라

(集解)羸、瘦也、憊、疲也、有病瘦憊、恐致傷生故、權食肉汁、及乾脯肉醬、以助滋補、若肆意饗食珍美殽饌、及預宴席、則與無喪之人、何異哉

其居喪애 聽樂及嫁娶者ᄂᆞᆫ 國有正法이라 此不復(扶又反)論ᄒᆞ노라

●그居喪애풍뉴드르며멀혼인ᄒᆞᄂᆞᆫ이ᄂᆞᆫ나라희正ᄒᆞᆫ法이인ᄂᆞᆫ디라이예다시의론티아니ᄒᆞ노라

(增註)法、謂法律

○父母之喪에 中門外에 擇樸朴陋之室ᄒᆞ야 爲丈夫喪次ᄒᆞ고 斬衰

[illegible]엠 寢苫ᄒᆞ며 枕去聲塊ᄒᆞ며 不脫絰洪帶ᄒᆞ며 不與人坐焉ᄒᆞ고 婦人은 次於中

門之內別室ᄒᆞ야 撤去帷帳衾褥華麗之物이니라

● 父母의喪애 中門밧긔사 오납고조븐집을굴ᄒᆡ여 ᄉᆞ나희喪次를 ᄒᆞ고 斬衰애 거적

의자며 흙뎡이를베며 슈딜과 ᄯᅴ를벗디 아니ᄒᆞ며 ᄉᆞᄅᆞᆷ으로더블어 안ᄯᅵ 아니ᄒᆞ고 婦

人은 中門안 別室에 이셔 댱과 니블과 요헤 빗난거슬 거더 업시 홀ᄯᅵ니라

(集解) 樸、樸素、陋、隘陋、斬衰、以極麤麻布、爲之、下邊、不緝也、苫、藁薦、塊、土

塹、(增註) 麻在首曰絰、在腰曰帶、撤、亦去也、皆哀痛之至、有所不安而然

男子ㅣ 無故ㅣ어든 不入中門ᄒᆞ며 婦人이 不得輒至男子喪次ㅣ니라

● ᄉᆞ나희 연괴 업거든 中門에 드디 아니ᄒᆞ며 婦人이 시러곰 믄득 ᄉᆞ나희 喪次애 니르

디 아니홀ᄯᅵ니라

(增註) 居喪、內外之辨、當然也

晉陳壽ㅣ 遭父喪ᄒᆞ야 有疾이어ᄂᆞᆯ 使婢丸藥ᄒᆞ더니 客이 往見ᄒᆞ고 鄕黨이 以

爲貶議ᄒᆞ니 坐是沈滯ᄒᆞ야 坎坷終身ᄒᆞ니 嫌疑之際ᄂᆞᆫ 不可不愼이니라

●晉적陳壽ㅣ아비상ᄉᆞ를만나병이잇거늘겨집종으로히여곰藥비븨이더니손이가보고ᄆᆞ올히뼈외다의논홈을삼으니일로좌죄ᄒᆞ야沈滯ᄒᆞ야坎坷ᄒᆞ야몸을ᄆᆞᄎᆞ니嫌疑로온ᄌᆞ음은可히삼가디아니티몯홀꺼시니라

(集解)陳壽、字承祚、巴西人、貶議、謂貶抑而論議也、沈滯、淹滯也、坎坷、不遇也

○父母之喪애 不當出이니 若爲(去聲) 喪事及有故ᄒᆞ야 不得已而出則乘樸馬ᄒᆞ고 布裹鞍轡니라

●父母의喪애맛당히나가디아니ᄒᆞᆯ띠니만일喪事와믿연고이심을위ᄒᆞ야시러곰마디몯ᄒᆞ야나가거든사오나온ᄆᆞᆯᄐᆞ고뵈로길마와혁을ᄡᆞᆯ띠니라

(集解)樸馬、樸素之馬

○世俗에 信浮屠誑(古況反)誘ᄒᆞ야 凡有喪事애 無不供(去聲)佛飯僧ᄒᆞ야 云爲(去聲)死者ᄒᆞ야 滅罪資福ᄒᆞ야 使生天堂ᄒᆞ야 受諸快樂(洛)이니 不爲者ᄂᆞᆫ 必入地獄ᄒᆞ야 剉(좌)燒舂磨(去聲下同)ᄒᆞ야 受諸苦楚ㅣ라ᄒᆞᄂᆞ니 殊不知死者ㅣ◎ 形既朽滅ᄒᆞ고 神亦飄散ᄒᆞ니 雖有剉燒舂磨ㅣ라도 且無所施니라 又況佛法이 未入中國之前에 人固有死而復(伏) 生者ᄒᆞ니 何故로 都無一

人이 誤入地獄ᄒᆞ야 見所謂十王者耶오 此其無有而不足信也ㅣ明矣니라

●世俗이즁의소기며달애욤을밋어믈읫喪事ㅣ이심에부텨공양ᄒᆞ며즁밥먹이디아니리업서닐오ᄃᆡ죽은이ᄅᆞᆯ위ᄒᆞ야罪ᄅᆞᆯ업게ᄒᆞ고福을도와ᄒᆡ여곰天堂의나여러가짓싀훤코즐거움을받게ᄒᆞ노니ᄒᆞ디아니ᄒᆞᄂᆞᆫ이ᄂᆞᆫ반ᄃᆞ시地獄의들어싸ᄒᆞᆯ며ᄉᆞᆯ며ᄯᅵᄒᆞ며ᄀᆞ라여러가짓고롭고셜움을받ᄂᆞ니라ᄒᆞᄂᆞ니ᄌᆞ못죽은이얼굴이이믜셕어업고졍신이ᄯᅩᄂᆞ라ᄒᆞ터디니비록싸ᄒᆞᆯ며ᄉᆞᆯ며ᄯᅵᄒᆞ며ᄀᆞ롬이이셔도ᄯᅩ베플티업슬ᄇᆞᆯ을아디몯ᄒᆞᄂᆞ니라ᄯᅩᄒᆞᆫ말며부텨의法이中國에들어오디아녀신前에사ᄅᆞᆷ이진실로죽엇다가도로살리이시니엇딘연고로다ᄒᆞᆫ사ᄅᆞᆷ도그릇地獄에들어가닐온바十王을보니업슨요이그이심이업서足히믿엄즉디아니홈이분명ᄒᆞ니라

(集解)浮屠ᅳ釋氏也、刀剉、火燒、碓舂、磑磨、極言其苦之甚也、(增註)形、形體、神、神魂、佛法ᅳ入中國、始於漢明帝、前此之時、人死而復生者、固有矣、未嘗聞有入地獄、見十王者、以未有佛法惑人、本無天堂地獄故也、後世、有死而復生、云入地獄、見十王者、乃佛法所惑耳

○顏氏家訓에 曰吾家ㅣ 巫覡刑欲反 符章을 絕於言議ᄂᆞᆫ 汝曹所見이니 勿爲妖妄ᄒᆞ라

●顏氏家訓에ᄀᆞᆯ오ᄃᆡ우리집이巫覡과부작과주쟝ᄒᆞ기를말 이며의론에도그츰은너희물이의보ᄂᆞᆫ배니요괴롭고망녕된일을ᄒᆞ디말라

(集說)陳氏曰顏氏、名之推、北朝人、作家訓、巫、女巫、覡、男巫、符章、即書符拜章之術、皆妖恠妄誕之事也

○伊川先生이曰人無父母ㅣ면生日에當倍悲痛이니更安忍置酒張樂ᄒᆞ야以爲樂洛이리오若具慶者ᄂᆞᆫ可矣니라

●伊川先生이ᄀᆞᆯ으샤ᄃᆡ사ᄅᆞᆷ이父母ㅣ업스면난날애맛당히倍히슬프고셜울ᄯᅵ니또엇디ᄎᆞᆷ아술을두고풍뉴를베퍼써즐기기를ᄒᆞ리오만일具慶ᄒᆞ니ᄂᆞᆫ可ᄒᆞ니라

(集解)人子生日、思念父母鞠育之劬勞、益增悲痛、又安忍宴樂哉、具慶、謂一親俱存也

○呂氏童蒙訓에曰事君如事親ᄒᆞ며事官長如事兄ᄒᆞ며與同僚如家人ᄒᆞ며待羣吏如奴僕ᄒᆞ며愛百姓如妻子ᄒᆞ며處上聲官事如家事然後에야能盡吾之心이니如有毫末不至면皆吾心이有所未盡也ㅣ니라

●呂氏童蒙訓에ᄀᆞᆯ오ᄃᆡ님금셤김을어버이셤기ᄃᆞᆺᄒᆞ며웃관원셤김을형셤기ᄃᆞᆺᄒᆞ

며同僚를與홈을집사름ᄀᆞᆺ티ᄒᆞ며 모든아젼ᄃᆡ졉홈을죵ᄀᆞᆺ티ᄒᆞ며百姓ᄉᆞ랑홈을妻子ᄀᆞᆺ티ᄒᆞ며구의일쳐티홈을집일ᄀᆞᆺ티ᄒᆞᆫ然後에야能히내ᄆᆞᄋᆞᆷ을다ᄒᆞ욤이니만일털어근티나지극디몯홈이이시면다내ᄆᆞᄋᆞᆷ이다ᄒᆞ디몯ᄒᆞᆫ배이심이니라

(集說)陳氏曰呂氏、名本中、字居仁、宋正獻公之曾孫、作童蒙訓、盡吾之心、致其誠而已

○或이問簿는佐去聲令者也ㅣ니簿所欲爲를令이或不從이어든奈何오 伊川先生이曰當以誠意로動之니今에令與簿ㅣ不和는只是爭私意니라

●或이무로ᄃᆡ簿는令을돕는거시니簿의ᄒᆞ고져ᄒᆞ는바ᄅᆞᆯ令이或좃디아니커든엇더ᄒᆞ료伊川先生이ᄀᆞᆯᄋᆞ샤ᄃᆡ맛당이졍셩된ᄠᅳᆮ으로ᄡᅥ감동케홀ᄯᅵ니이제令과다ᄆᆞᆺ簿ㅣ화티몯홈은오직이ᄉᆞᄉᆞ로온ᄠᅳᆮ으로ᄃᆞ톰이니라

(集解)簿者、縣之佐、令者、縣之長、誠意動之者、盡誠以感之也

令은 是邑之長이니若能以事父兄之道로 事之ᄒᆞ야過則歸己ᄒᆞ고善則惟恐不歸於令ᄒᆞ야積此誠意ᄒᆞ면豈有不動得人이리오

●令은이고을읏ᄋᆞ듬이니만일能히父兄셤기는도리로ᄡᅥ셤겨 그른일이어든몸의

도라보내고어딘일이어든오직슈의게도라가디아닐싸저허ᄒᆞ야이졍셩된ᄠᅳᆮ을ᄡᅡ ᄒᆞ면엇디사ᄅᆞᆷ을감동티몯ᄒᆞᆷ이이시리오

(集解)推事親事兄之道、以事之、又能引過於己、推功歸之、積誠之久、彼豈有不感動者乎、(集成)葉氏曰過則歸己、善則歸令、非曰姑爲此以悅人、蓋事長之道、當如是也

○明道先生이 曰一命之士ㅣ 苟存心於愛物이면 於人에 必有所濟니라

●明道先生이ᄀᆞᄅᆞ샤ᄃᆡ 一命엣됴ᄉᆡ진실로ᄆᆞᄋᆞᆷ을物ᄉᆞ랑이예두면사ᄅᆞᆷ의게반ᄃᆞ시건널ᄇᆡ이시리라

(集解)熊氏曰周禮、一命受職、卽今之第九品也、一命、雖小、誠能以愛物爲心、則惠利、亦有以及人矣、(增註)一命、猶然、況居大位者乎

○劉安禮ㅣ 問臨民ᄒᆞᆫ대 明道先生이 曰使民으로 各得輸其情이니라 問御吏ᄒᆞᆫ대 曰正己以格物이니라

●劉安禮ㅣᄇᆡᆨ셩臨ᄒᆞᆷ을무ᄅᆞᆫ대明道先生이ᄀᆞᄅᆞ샤ᄃᆡᄇᆡᆨ셩으로ᄒᆡ여곰각각저려곰 그情을다ᄒᆞ게ᄒᆞᆯ디니라아젼다ᄉᆞ리기ᄅᆞᆯ무ᄅᆞᆫ대ᄀᆞᄅᆞ샤ᄃᆡ몸을正케ᄒᆞ야ᄡᅥ物을졍

케홀띠니라

(集說)陳氏曰安禮、字立之、明道、弟子、輸、猶盡也、平易近民、使下情、各得上達、則所以處之者、自無不當矣、御、治也、格、正也、范氏曰未有己不正、而能正人者

○伊川先生이曰居是邦ᄒᆞ야不非其大夫ㅣ此理最好ᄒᆞ니라

●伊川先生이ᄀᆞᆯᄋᆞ샤ᄃᆡ이나라ᄒᆡ이셔그ᄐᆡ우를외다아니홈이이도리ᄀᆞ장됴ᄒᆞ니라

(集說)朱氏曰下訕上則無忠敬之心、不非之者、謂不議其過惡也

○童蒙訓에曰當官之法이唯有三事ᄒᆞ니曰淸曰愼曰勤이니知此三者則知所以持身矣리라

●童蒙訓에ᄀᆞᆯ오ᄃᆡ벼슬에當ᄒᆞ여셔ᄒᆞ올法이오직세일이잇ᄂᆞ니ᄀᆞᆯ온쳥념홈과ᄀᆞᆯ온삼가기와ᄀᆞᆯ온브즈런홈이니이세가지를알면ᄡᅥ몸가질ᄇᆡ를알리라

(集解)淸、謂淸廉不汚、愼、謂謹守禮法、勤、謂勤於職業、能是三者、則能修己而可以治人矣

○當官者ㅣ凡異色人을皆不宜與之相接이니巫祝尼媼(襖)之類를尤宜踈絕이니要以淸心省事로爲本이니라

●벼슬을當ᄒᆞ연는이믈읫빗다른사ᄅᆞᆷ을다맛당히더부러서르인졉디아니홀띠니무당과祝과승과媼의類를더옥맛당이踈히ᄒᆞ야굿촐띠니모롬이ᄆᆞᄋᆞᆷ을ᄆᆞᆰ게ᄒᆞ며일을젹게홈으로ᄡᅥ근본을삼을띠니라

(集說)陳氏曰異色人、謂不務常業之人、巫祝、皆事鬼神者、尼、僧女、媼、牙婆也

(增註)此輩、一接之、內則伺意以納賄、外則誑人以行私、善敗事害政、故、當一切禁絕、清心、謂不以物欲累心、省事、謂不作無益之事

○後生少去聲年이乍到官守ᄒᆞ야多爲猾滑吏所餌ᄒᆞ야不自省醒察ᄒᆞ야所得이毫末이라도而一任之間애不復扶又反敢擧動ᄒᆞᄂᆞ니大抵作官嗜利ㅣ所得이甚少而吏人所盜不ㅣ貲咨矣니以此被重譴ᄒᆞ니良可惜也ㅣ니라

●後生졈은ᄉᆞ람이ᄀᆞᆺ벼슬ᄃᆞ힌ᄃᆡ니르러만히간활ᄒᆞᆫ아젼의餌ᄒᆞᆫ배되여ᄉᆞᄉᆞ로ᄉᆞᆯ피디몯ᄒᆞ야어든배털억근ᄐᆡ오ᄒᆞᆫ소임ᄉᆞ이예다시敢히움즉이디몯ᄒᆞᄂᆞ니大抵ᄒᆞᆫ디벼슬ᄒᆞ여셔利를즐김이어든배甚히젹고아젼의도작ᄒᆞᆫ배혜아리디몯ᄒᆞᆯ디니일로ᄡᅥ重ᄒᆞᆫ죄를닙으니진실로가히앗가오니라

(集說)陳氏曰猾、狡猾、餌、釣餌、不敢擧動、爲吏所制也、不貲、不可量也、譴、罪責也

○當官者ㅣ先以暴怒爲戒ᄒᆞ야 事有不可ㅣ어든 當詳處(上聲)之ㅣ니 必無不中(去聲)ᄒᆞ리라 若先暴怒ㅣ면 只能自害ㅣ니 豈能害人이리오

●벼슬을當ᄒᆞ연ᄂᆞᆫ이몬져과글니怒홈으로ᄡᅥ경계를삼아일이可티아니홈이잇거든맛당히ᄌᆞ셔히쳐리홀띠니반ᄃᆞ시맛디아님이업스리라 만일몬져과글이怒ᄒᆞ면오직能히ᄉᆞᄉᆞ로害홀ᄲᅮᆫ이니엇디能히남을害ᄒᆞ리오

(增註)暴怒、怒之暴也、中、中理也

○當官處(上聲)事에 但務著(直略反)實이니 如塗擦(제)砌文字ᄒᆞ며 追改日月ᄒᆞ며 重(平聲)易押字ㅣ 萬一敗露ㅣ면 得罪反重이오 亦非所以養誠心事君不欺之道也ㅣ니라

●벼슬을當ᄒᆞ야일처티홈애다만實에다ᄃᆞᆮ게홈을힘쁠띠니글ᄌᆞ를ᄒᆞ리오며글그며나ᄃᆞᆯ을조초고티며일홈ᄃᆞᆫᄌᆞ를여러번ᄀᆞ여홈ᄀᆞᄐᆞᆫ이萬一에敗ᄒᆞ여드러나면罪어드믈도ᄅᆞ혀重히ᄒᆞ고ᄯᅩᄡᅥ정셩된ᄆᆞᄋᆞᆷ을치며님금섬김애쇼기디아니ᄒᆞᄂᆞᆫ밧도리아니니라

(集解)著實、謂不作僞、擦、挑取也　塗擦文字、謂、塗挑舊字也、追改日月、謂去舊判而換之也、重易押字、謂去舊署而改之也、非惟得罪、實且欺心　豈事上之

道哉

○王吉上疏에曰夫婦는人倫大綱이오夭壽之萌也ㅣ니世俗이嫁娶太蚤ᄒᆞ야未知爲人父母之道而有子ㅣ라是以로敎化ㅣ不明而民多夭ᄒᆞᄂᆞ니라

●王吉의上疏에ᄀᆞᆯ오ᄃᆡ夫婦ᄂᆞᆫ人倫의큰벼리오단명ᄒᆞ며댱슈ᄒᆞᄂᆞᆫ밍되니世俗이혼인ᄒᆞ기ᄅᆞᆯ너무일ᄒᆞ야사ᄅᆞᆷ의어버이될도리ᄅᆞᆯ아디몯ᄒᆞ여셔ᄌᆞ식을두ᄂᆞᆫ디라일로ᄡᅥ ᄀᆞᄅᆞ쳐化ᄒᆞ게ᄒᆞᄂᆞᆫ일이ᄇᆞᆰ디몯ᄒᆞ고ᄇᆡᆨ셩이단명ᄒᆞ리하ᄂᆞ니라

(集說)陳氏曰吉、字子陽、瑯邪人、夭壽、命之短長也、萌、芽也、古者、二十而嫁、三十而娶、後世、反是、嫁娶太蚤故、民多夭、未知爲人父母之道而有子、故、敎化不明

○文中子ㅣ曰婚娶而論財ᄂᆞᆫ夷虜之道也ㅣ라君子ㅣ不入其鄕ᄒᆞᄂᆞ니古者애男女之族이各擇德焉이오不以財爲禮ᄒᆞ더니라

●文中子ㅣᄀᆞᆯ오ᄃᆡ혼인에ᄌᆡ믈의론ᄒᆞ기ᄂᆞᆫ오랑캐의道ㅣ라君子ㅣ그ᄆᆞ올히들어가디아니ᄒᆞᄂᆞ니녜男女의겨레각각德을ᄀᆞᆯᄒᆡ고ᄌᆡ믈로ᄡᅥ禮ᄅᆞᆯᄒᆞ디아니ᄒᆞ더니라

(集說)陳氏曰文中子、姓王、名通、字仲淹、隋之大儒也、門人、私諡曰文中子、東

方曰夷、北方曰虜、不入其鄕、不與之共處也、德、謂男女之性行、財、謂男之聘財、女之資裝

○早婚少(去聲)聘은 敎人以偸ㅣ오 妾媵無數는 敎人以亂이니 且貴賤이 有等ᄒᆞ니 一夫一婦는 庶人之職也ㅣ니라

●일혼인ᄒᆞ며 졈어셔 빙례ᄒᆞᆷ은 사ᄅᆞᆷ을 투박ᄒᆞᆷ으로ᄡᅥ ᄀᆞᄅᆞ침이오 妾과 媵이 數ㅣ 업슴은 사ᄅᆞᆷ을 란ᄒᆞᆷ으로ᄡᅥ ᄀᆞᄅᆞ침이니 ᄯᅩ 貴ᄒᆞᆫ이와 賤ᄒᆞᆫ이 층이 이시니 ᄒᆞᆫ지아비 ᄒᆞᆫ안해는 샹싸람의 직분이니라

(集說)陳氏曰偸、薄也、媵、從嫁者、亂、眞氏、謂內或陷子弟於惡、外或生僮僕之變、是也、等、謂妾媵之等數

○司馬溫公이 曰凡議婚姻에 當先察其壻與婦之性行(去聲)과 及家法何如ㅣ오 勿苟慕其富貴니라

●司馬溫公이 ᄀᆞᆯ오ᄃᆡ 믈읫 婚姻의 론ᄒᆞᆷ애 맛당히 몬져 그 사회와 다ᄆᆞᆺ 며ᄂᆞᆯ이의 텬셩과 힝실과 밋 家法이 엇더ᄒᆞᆷ을 ᄉᆞᆯ피고 그 가ᄋᆞᆷ열며 貴ᄒᆞᆷ을 ᄒᆞᆫ갓ᄒᆞᆷ모티 말올ᄯᅵ니라

(增註)婦家曰婚、壻家曰姻、苟、但也、(集解)婚姻之道、不但擇壻婦之德、尤須審其父祖以來之家法也

壻苟賢矣면 今雖貧賤이나 安知異時에 不富貴乎ㅣ리오 苟爲不肖ㅣ면 今雖富盛이나 安知異時에 不貧賤乎ㅣ리오

● ᄉᆞ회진실로어딜면이제비록가난ᄒᆞ고미쳔ᄒᆞ나엇디다ᄅᆞᆫ시절에가ᄋᆞᆷ열고貴티아닐ᄲᅮᆫ을알리오진실로不肖ᄒᆞ면이제비록가ᄋᆞᆷ열고盛ᄒᆞ나엇디다ᄅᆞᆫ시절에가난ᄒᆞ며미쳔티아닐ᄲᅮᆫ을알리오

(增註)此、言壻之性行、當察也、苟、誠也

婦者ᄂᆞᆫ 家之所由盛衰也ㅣ니 苟慕一時之富貴而娶之ᄒᆞ면 彼ㅣ 挾其富貴ᄒᆞ야 鮮上聲有不輕其夫而傲其舅姑ᄒᆞ야 養成驕妬之性이니 異日에 爲患이 庸有極乎ㅣ리오

● 며ᄂᆞ리ᄂᆞᆫ집의말미암아盛ᄒᆞ며衰ᄒᆞᄂᆞᆫ배니ᄒᆞᆫ갓一時에가ᄋᆞᆷ열며貴홈을흠모ᄒᆞ야娶ᄒᆞ면데그가ᄋᆞᆷ열며貴홈을벼그지아비ᄅᆞᆯ가비야이너기며그싀어버이ᄅᆞᆯ업슈이너겨교만ᄒᆞ며새옴ᄒᆞᄂᆞᆫ性을쳐일우디아닐이져으니다ᄅᆞᆫ날에환란되옴이엇디그지이시리오

(增註)此言、婦之性行、當察也、婦賢則家道盛、不賢則家道衰、故、曰所由盛衰

借使因婦財以致富ᄒᆞ며 依婦勢以取貴라도 苟有丈夫之志氣

者ㅣ면 能無愧乎아

●가셜ᄒᆞ여곰안해의지믈을因ᄒᆞ야뻐가음여롬을닐위며 안해의勢를의거ᄒᆞ야뻐
貴홈을取ᄒᆞᆯ띠라도진실로丈夫의ᄠᅳᆮ과긔운을둔ᄂᆞᆫ이면能히붓그러움이업스랴

(集說)陳氏曰富貴有命、不可必得、假使因依於婦而得之、豈丈夫之所爲乎

○安定胡先生이 曰嫁女엔 必須勝吾家者ㅣ니 勝吾家則女之事人이 必欽必戒니라 娶婦엔 必須不若吾家者ㅣ니 不若吾家則婦之事舅姑ㅣ 必執婦道ㅣ니라

●安定胡先生이ᄀᆞᆯ오ᄃᆡ ᄯᆞᆯ혼인홈을반다시 모롬이 내집도곤나은이과ᄒᆞᆯ띠니내집도곤나으면ᄯᆞᆯ이사롬셤김이반다시공경ᄒᆞ며반다시죠심ᄒᆞᄂᆞ니라 며느리어듬을반다시모롬이내집ᄀᆞᆺ디몯ᄒᆞᆫ이를ᄒᆞᆯ띠니내집만ᄀᆞᆺ디몯ᄒᆞ면며느리시어버이셤김이반다시며느리의도리를잡아ᄒᆞᄂᆞ니라

(集說)陳氏曰安定、地名、先生、名瑗、字翼之、泰州人、欽、欽敬、戒、戒謹、吳氏曰女婦之性、大率畏慕富盛、而厭薄貧賤

○或이 問孀(霜)婦를 於理에 似不可取(通作娶下同)니 如何오 伊川先生이 曰然ᄒᆞ다 凡取ᄂᆞᆫ 以配身也ㅣ니 若取失節者ᄒᆞ야 以配身ᄒᆞ면 是ᄂᆞᆫ 己失

節也ㅣ니라

●或이무로ᄃᆡ홀어미를도리예可히取티몯홀ᄃᆞᆺᄒᆞ니엇디ᄒᆞ뇨伊川先生이ᄀᆞᆯᄋᆞ샤ᄃᆡ그러ᄒᆞ다믈읫取홈은ᄡᅧ몸을ᄧᅡᆨ홈이니만일節일흔니를取ᄒᆞ야ᄡᅧ몸을ᄧᅡᆨᄒᆞ면이는몸이節을일홈이니라

(集解)娶婦、共承宗廟、以傳嗣續、若娶失節者、爲配、則與己之失節、同矣

又問或有孤孀이貧窮無託者ㅣ어든可再嫁否아曰只是後世예怕寒餓死故로有是說ᄒᆞ니然이나餓死事는極小ᄒᆞ고失節事는極大ᄒᆞ니라

●또무로ᄃᆡ或외로운홀어미이셔가난ᄒᆞ고窮ᄒᆞ야의탁홀ᄃᆡ업ᄉᆞ니이어든可히두번嫁ᄒᆞ리잇가말리잇가ᄀᆞᆯᄋᆞ샤ᄃᆡ오직이後世예치우며주려죽음을저흔故로이말이잇ᄂᆞ니그러나주려죽ᄂᆞᆫ일은ᄀᆞ장져고節일ᄂᆞᆫ일은ᄀᆞ장크니라

(集解)餓死極小、謂人誰不死、欲求守節、有甚於求生也、失節極大、謂失身再嫁中心羞愧、無以自立於天地之間、雖生、何益哉

○顔氏家訓에曰婦는主中饋라唯事酒食衣服之禮耳니國不可使預政이며家不可使幹蠱ㅣ니如有聰明才智識達古今이라도正當輔佐君子ᄒᆞ야勸其不足이니必無牝(빈)(毗忍反)雞晨鳴ᄒᆞ야以致

禍也ㅣ니라

●顔氏家訓에ᄀᆞᆯ오ᄃᆡ겨집은안해셔음식ᄒᆞ기를젼쥬ᄒᆞᆯᄯᅵ라오직술이며밥이며衣服ᄒᆞᄂᆞᆫ례도를일삼을ᄯᆞᄅᆞᆷ이니나라ㅎ可히ᄒᆞ여곰졍ᄉᆞ를참예케몯ᄒᆞᆯ새시며집의可히ᄒᆞ여곰일을젼쥬케몯ᄒᆞᆯᄯᅵ니만일聰明ᄒᆞ리ᄌᆡ조로오며디혜로와디식이녜며이제ᄉᆞ못ᄎᆞ리이셔도正히맛당이君子를도아그不足ᄒᆞᆫᄃᆡ를勸ᄒᆞᆯ만ᄒᆞᆯᄯᅵ니반ᄃᆞ시암ᄃᆞᆰ이새배울어ᄡᅥ지화를닐위옴이업게ᄒᆞᆯᄯᅵ니라

(增註)進食曰饋、居中饋食、婦人主之、幹、猶主也、蠱、事也、牝雞晨鳴、婦人預政、幹蠱之諭也、婦人、預政幹蠱、則有敗亡之禍矣

○江東婦女ᄂᆞᆫ略無交遊ᄒᆞ야其婚姻之家ㅣ或十數年間애未相識者ㅣ오唯以信命贈遺로致慇懃焉ᄒᆞᄂᆞ니라

●江東녀편네ᄂᆞᆫ잠ᄭᆞᆫ도사괴여놀옴이업서그婚姻ᄒᆞᆫ집이或여라믄ᄒᆡᆺᄉᆞ이예서르아디몯ᄒᆞ고오직信命이며주어기티기로ᄡᅥ慇懃ᄒᆞᆷ을닐위ᄂᆞ니라

(增註)畧無交遊、絶不與外人往還也、信命以言、贈遺以物、皆所以通慇懃之意

鄴下風俗은專以婦持門戶ᄒᆞ야爭訟曲直ᄒᆞ며造請逢迎ᄒᆞ며代子求官ᄒᆞ며爲去聲夫訴屈ᄒᆞᄂᆞ니此ㅣ乃恒代之遺風乎ㅣ뎌

●鄴下앳風俗은오로겨집으로뻐門戶를잡피여굽으며곧옴을ᄃᆞ토와송ᄉᆞᄒᆞ며나아가뵈며마자ᄃᆡ접ᄒᆞ며아ᄃᆞᆯ을代ᄒᆞ야벼슬을求ᄒᆞ며지아비을爲ᄒᆞ야屈홈홈을하ᄂᆞ니아恒과代예기린풍속인뎌

(集說)陳氏曰鄴下、古之相州、造請、謁人於外、逢迎、謂迎客於家、恒代、燕趙之間、地名、(集成)陳氏曰千里不同風、其氣有剛柔、百里不同俗、其習有善惡

○夫有人民而後에 有夫婦ᄒᆞ고 有夫婦而後에 有父子ᄒᆞ고 有父子而後에 有兄弟ᄒᆞ니 一家之親은 此三者而已矣요 自玆以往으로 至于九族히 皆本於三親焉이라 故로 於人倫에 爲重也ㅣ니 不可不篤이니라

●사ᄅᆞᆷ이이신後에夫婦ㅣ잇고夫婦ㅣ 이신後에어버이ᄌᆞ식이잇고어버이ᄌᆞ식이신後에兄弟잇ᄂᆞ니 一家의親ᄒᆞᆫ이ᄂᆞᆫ이세ᄯᅳᄅᆞᆷ이니일로브터뻐가모로九族애니르히다세가짓親에근본ᄒᆞ엿ᄂᆞ니그러모로人倫에 重홈이되니可히후히아니티몯ᄒᆞᆯ띠니라

(集說)陳氏曰三親、夫婦、父子、兄弟也、九族、高、曾、祖、父、己身、子、孫、曾、玄九者、及旁親也、篤、厚也、三親、於人倫爲重、不厚則無所不薄矣

兄弟者ᄂᆞᆫ 分形連氣之人也ㅣ니 方其幼也애 父母ㅣ 左提右挈ᄒᆞ며 前襟後裾ᄒᆞ야 食則同案ᄒᆞ며 衣則傳服ᄒᆞ며 學則連業ᄒᆞ며 遊則共方ᄒᆞ니 雖有悖亂之人이라도 不能不相愛也ㅣ니라

●兄弟ᄂᆞᆫ얼굴은ᄂᆞᆫ화긔운이니연ᄂᆞᆫ사ᄅᆞᆷ이니뫼야호로그어려신제父母ㅣ왼녀ᄒᆞ로잡고올ᄒᆞᆫ녀ᄒᆞ로들며아프로옷기슬둥긔고뒤후로옷기ᄌᆞᆰ을잇그러밥이면상을ᄒᆞᆫ가지로ᄒᆞ며오시면傳ᄒᆞ야닙으며비호면소업을ᄒᆞᆫ가지로ᄒᆞ며놀면방소ᄅᆞᆯᄒᆞᆫ가지로ᄒᆞ니비록悖亂ᄒᆞᆫ사ᄅᆞᆷ이이셔도能히서르ᄉᆞ랑티아니티몯ᄒᆞᄂᆞ니라

(集解)兄弟、同出於父母、故、形分而氣同

及其壯也ᄒᆞ안 各妻其妻ᄒᆞ며 各子其子ㅣ라 雖有篤厚之人이라도 不能不少衰也ㅣ니라

●그壯홈애미처ᄂᆞᆫ각각그안해ᄅᆞᆯ안해라ᄒᆞ며각각그ᄌᆞ식을ᄌᆞ식이라ᄒᆞᄂᆞᆫ디라비록도탑고후ᄒᆞᆫ사ᄅᆞᆷ이이셔도能히저기衰티아니티몯ᄒᆞᄂᆞ니라

(集說)吳氏曰及其有室家也、則各妻其妻、有嗣息也、則各子其子、物我相形、偏私漸起、雖有純篤謹厚之人、而親愛之情、不能不衰替也

娣弟姒似之比兄弟則踈薄矣니 今使踈薄之人而節量親厚

之恩이면猶方底而圓蓋다必不合矣니唯友悌深至ᄒᆞ야不爲去聲傍人之所移者라야免夫ㄴ뎌

●娣姒ᄅᆞᆯ兄弟의게比ᄒᆞ면踈ᄒᆞ고薄ᄒᆞ니이제踈ᄒᆞ고薄ᄒᆞᆫ사ᄅᆞᆷ으로ᄒᆡ여곰親ᄒᆞ고厚ᄒᆞᆫ은의ᄅᆞᆯ지절ᄒᆞ고ᄒᆞᆫ량ᄒᆞ게ᄒᆞ면모난믿희두렫ᄒᆞᆫ두에ᄀᆞᆺᄐᆞᆫ니라반ᄃᆞ시맛디아니ᄒᆞ리니오직友悌홈이깁고지극ᄒᆞ야겨ᄐᆡᆺ사ᄅᆞᆷ의옴기ᄂᆞᆫ배되디아닌ᄂᆞᆫ이아免ᄒᆞ린뎌

(集說)吳氏曰娣姒、謂兄弟之妻、長婦曰姒、幼婦曰娣、節量、謂節制量度也、傍人、則娣姒也

○柳開仲塗ㅣ曰皇考ㅣ治家ᄒᆞ샤ᄃᆡ孝且嚴이러시니朝望세弟婦等이拜堂下畢ᄒᆞ고卽上上聲手低面ᄒᆞ야聽我皇考訓誡ᄒᆞ더니曰人家兄弟ㅣ無不義者ㅣ언마ᄂᆞᆫ盡因娶婦入門ᄒᆞ야異姓이相聚ᄒᆞ야爭長競短ᄒᆞ야漸漬(지)日聞ᄒᆞ며偏愛私藏ᄒᆞ야以致背(패)佩戾ᄒᆞ야分門割戶ᄒᆞ야患若賊讎ᄒᆞᄂᆞ니皆汝婦人所作이니라男子剛腸者幾人이能不爲婦人言의所惑고吾見이多矣니若等은寧有是耶ㅣ리오ᄒᆞ야사든退則惴惴ᄒᆞ야不

敢出一語爲不孝事ᄒᆞ니開輩 抵此賴之ᄒᆞ야得全其家云이로다

諺柳開仲塗ㅣ ᄀᆞᆯ오ᄃᆡ 皇考ㅣ 집을 다ᄉᆞ리샤ᄃᆡ 효도롭고 ᄯᅩ嚴히ᄒᆞ더시니 초ᄒᆞᄅᆞ 보롬애 ᄌᆞ뎨와 며느리들히 堂알ᄋᆡ셔 절홈을 ᄆᆞᆺ고 즉제 손을 들고 ᄂᆞᆺ촐ᄂᆞᆫ ᄌᆞ기ᄒᆞ야 우리 皇考의 ᄀᆞᄅᆞ쳐 경계ᄒᆞ심을 듣더니 ᄀᆞᆯᄋᆞ샤ᄃᆡ 사ᄅᆞᆷ의 집 兄弟ㅣ 올티 아니ᄒᆞ니 업건마ᄂᆞᆫ 다만 안해 어더 가문의 들어옴을 因ᄒᆞ야 다ᄅᆞᆫ 姓이 서르 모다 길믈 ᄃᆞ토며 댜ᄅᆞᆷ을 결워 믈젓듯ᄒᆞ야 날로 들리며 ᄉᆞ랑홈애 일편되며 셰간의 ᄉᆞᄉᆞ로이ᄒᆞ야 ᄡᅥ 패린홈을 닐위여 門을 ᄂᆞᆫ호며 지게를 베혀 병되이 너김을 도적 파 원슈ᄀᆞ티 ᄒᆞᄂᆞ니 다 너희 婦人의 지은 배니라 ᄉᆞ나히 애셰니 몃 사ᄅᆞᆷ이 能히 겨집의 말에 惑ᄒᆞᆫ 배 되디 아니ᄒᆞ료 내 봄이 하니 너희ᄂᆞᆫ 엇디 이러ᄒᆞ리오 ᄒᆞ야시든 믈러오면 저허 敢히 ᄒᆞᆫ 말을 내여 不孝앳 일을 ᄒᆞ디 몯ᄒᆞ니 開의 물이 이제 다ᄃᆞ도록 힘닙어 시러곰 그 집을 오란노라

(集說)陳氏曰開、字仲塗、大名人、父沒、稱皇考、朝、謂朔朝、上手、擧手也、漸漬、謂譖言、如水之浸潤不驟也、偏愛、各有所厚也、私藏、各有所蓄也、若、汝也、惴惴、恐懼之貌、抵此、猶言至今云、語、辭

○伊川先生이曰今人이多不知兄弟之愛로다 且如閭閻小人이得一食ᄒᆞ면 必先以食似父母ᄒᆞᄂᆞ니 夫何故오 以父母之口ㅣ重於己之口也ㅣ오 得一衣ᄒᆞ면 必先以衣去聲父母ᄒᆞᄂᆞ니 夫何故오 以父母

之體ㅣ重於己之體也라至於犬馬ᄒᆞ야도亦然ᄒᆞ니待父母之犬馬를必異乎己之犬馬也ㅣ로ᄃᆡ獨愛父母之子를却輕於己之子ᄒᆞ야甚者ᄂᆞᆫ至若仇敵ᄒᆞ야擧世皆如此ᄒᆞ니惑之甚矣니라

●伊川先生이ᄀᆞᆯᄋᆞ샤ᄃᆡ이젯ᄉᆞᄅᆞᆷ이만히兄弟ᄉᆞ랑키ᄅᆞᆯ아디몯ᄒᆞᄂᆞ다ᄯᅩᄆᆞᄋᆞᆯ쟈근사ᄅᆞᆷᄃᆞᄅᆞᆫ이ᄒᆞᆫ음식을어드면바ᄃᆞ시몬져ᄡᅥ父母ᄅᆞᆯ먹이ᄂᆞ니엇딘연고오父母의입이내입에셔重홈으로ᄡᅦ오ᄒᆞᆫ오ᄉᆞᆯ어드면반ᄃᆞ시몬져ᄡᅥ父母ᄅᆞᆯ닙피ᄂᆞ니엇딘연고오父母의몸이내몸애셔重홈으로ᄡᅦ라개며ᄆᆞᆯ게니르러도ᄯᅩ그러ᄒᆞ니父母의개와ᄆᆞᆯᄃᆡ졉홈을반ᄃᆞ시내개와ᄆᆞᆯ게셔달리호ᄃᆡ홀노父母의ᄌᆞ식ᄉᆞ랑ᄒᆞ기ᄅᆞᆯ므ᄃᆞ득내ᄌᆞ식에셔輕히ᄒᆞ야甚ᄒᆞ니ᄂᆞᆫ원슈ᄀᆞᆺ톰애니르러온셰샹이다이러ᄒᆞ니미혹홈이甚ᄒᆞ니라

(增註)夫愛父母之口體、犬馬、重於己之口體、犬馬者、天理之明也、愛父母之子、輕於己之子者、人欲之蔽也、推其所明、而達之於其所蔽、則盡道矣

○橫渠先生이曰斯干詩에言兄及弟矣ㅣ式相好(去聲)矣오無相猶矣로다ᄒᆞ니言兄弟ㅣ宜相好ㅣ요不要相學이니猶ᄂᆞᆫ似也ㅣ라人情이大抵ᄒᆞᆫ디患在施之不見報則輟이라故로恩不能終ᄒᆞᄂᆞ니不要相學이오

己施之而已니라

●橫渠先生이ᄀᆞᆯᄋᆞ샤ᄃᆡ斯干詩에닐러시되兄과민아ᄋᆞ이서ᄅᆞᄉᆞ랑ᄒᆞ고서ᄅᆞ猶티말라ᄒᆞ니兄弟맛당히서라ᄉᆞ랑ᄒᆞ고서ᄅᆞ비호려티아니홈을닐옴이니猶ᄂᆞᆫᄆᆞᆺ단말이라人情이大抵ᄒᆞᆫ디患이베프고갑픔을보디몯ᄒᆞ면그침애인ᄂᆞᆫ디라그러모로은혜를能히ᄆᆞᄎᆞᆷ내몯ᄒᆞᄂᆞ니서로비호려요구티아니코내베플ᄯᆞᄅᆞᆷ이니라

(集解)斯干、小雅、篇名也、斯、此也、干、水涯也、好、愛也、和也、輟、止也、朱子曰此、築室旣成、宴飮以落之、因歌其事也、不要相學、言、不要相學其不好處也、如兄能友其弟、弟却不恭其兄、兄豈可學弟之不恭、而遂忘其友、但當盡其友而已、如、弟能恭其兄、兄却不友其弟、弟豈可學兄之不友、而遂忘其恭、但當盡其恭而已、(增註)式、語辭

○伊川先生이曰近世淺薄ᄒᆞ야以相歡狎으로爲相與ᄒᆞ며以無圭角으로爲相歡愛ᄒᆞᄂᆞ니如此者ㅣ安能久ㅣ리오若要久ㄴ댄須是恭敬이니君臣朋友ㅣ皆當以敬爲主也ㅣ니라

●伊川先生이ᄀᆞᆯᄋᆞ샤ᄃᆡ요ᄉᆞ이셰속이여ᄐᆞ며열워서르즐겨친압히홈으로ᄡᅥ서르여허홈을삼으며모업슴으로ᄡᅥ서르즐겨ᄉᆞ랑홈을삼ᄂᆞ니이럿ᄐᆞᆺᄒᆞ이엇디能하오

라리오만일오라믈요구ᄒᆞᆯ딘댄모롬이恭敬ᄒᆞᆯᄯᅵ니님군과신하와벗이다맛당히敬으로ᄡᅥ웃듬을삼을ᄯᅵ니라

(增註)歡狎、謂歡好而褻狎也、無圭角、謂去上聲方而爲圓也

○橫渠先生이曰今之朋友ㅣ擇其善柔以相與ᄒᆞ야拍肩執袂(며)ᄒᆞ야以爲氣合ᄒᆞ고一言不合이어든怒氣相加ᄒᆞᄂᆞ니朋友之際ᄂᆞᆫ欲其相下不倦이라故로於朋友之間에主其敬者ㅣ라야日相親與ᄒᆞ야得效ㅣ最速ᄒᆞᄂᆞ니라

●橫渠先生이ᄀᆞᆯᄋᆞ샤ᄃᆡ이제朋友ㅣ아당잘ᄒᆞᄂᆞᆫ이로ᄀᆞᆯ히여ᄡᅥ시르여허ᄒᆞ야엇게돌티며ᄉᆞ매ᄅᆞᆯ잡아ᄡᅥ긔운이合홈을삼고ᄒᆞᆫ말이나合디아니커든怒ᄒᆞᆫ긔운을서르더ᄒᆞᄂᆞ니朋友ㅅᄉᆞ이예ᄂᆞᆫ그서르ᄂᆞ믈게을이아니코쟈ᄒᆞᄂᆞᆫ디라그러모로朋友ㅅᄉᆞ이예그공경을젼쥬ᄒᆞᄂᆞᆫ이야날로서르親ᄒᆞ야여허ᄒᆞ야효험이듬이ᄀᆞ장ᄲᆞᆯᄋᆞᄂᆞ니라

(增註)善柔、謂善爲柔媚、氣合、謂意氣相合、相下、謂彼此相讓、效、卽忠告善道之益也

○童蒙訓에曰同僚之契와交承之分去聲이有兄弟之義ᄒᆞ니至其

子孫ᄒᆞ야 亦世講之ᄒᆞ니 前輩ᄂᆞᆫ 專以此爲務ᄒᆞ더니 今人은 知之者ㅣ 蓋少矣니라 又如舊擧將去聲과 及嘗爲舊任按察官者를 後에 己官이 雖在上이나 前輩ㅣ 皆辭避ᄒᆞ야 坐下坐ᄒᆞ더니 風俗이 如此ㅣ면 安得不厚乎ㅣ리오

●童蒙訓에 ᄀᆞᆯ오ᄃᆡ 동관ᄧᅳ음과 교ᄃᆡ ᄊᆞ이 兄弟의 義이시니 그 子孫에 니르러 ᄯᅩ 셰셰로 강구ᄒᆞᄂᆞ니 前ᄉᆞ 사ᄅᆞᆷ들흔 젼혀 일로ᄡᅥ 힘ᄡᅳᆷ을 삼더니 이제ᄉᆞ 사ᄅᆞᆷ은 알리 대강 젹으니라 ᄯᅩ 녜 擧將과 밋 일즉 녯 소임에 按察官 되엿뎌니ᄀᆞ든이ᄅᆞᆯ 後에 내 벼슬이 비록 우회이시나 前ᄉᆞ 사ᄅᆞᆷ들히 다 ᄉᆞ양ᄒᆞ야 避ᄒᆞ야 아랫 坐애 안뎌니 風俗이 이ᄀᆞᆺᄒᆞ면 엇디 시러곰 厚티 아니ᄒᆞ리오

(集解)契、合也、交承、新舊交代也、分、際也 擧將、擧主也

○范文正公이 爲叅知政事時에 告諸子曰吾ㅣ 貧時에 與汝母로 養吾親ᄒᆞᆯ서 汝母ㅣ 躬執爨取亂反 而吾親甘旨ㅣ 未嘗充也ㅣ러니 今而得厚祿ᄒᆞ니 欲以養親이나 親不在矣오 汝母ㅣ 亦已早世ᄒᆞ니 吾所最恨者ㅣ라 忍令若曹로 享富貴之樂洛也아

●范文正公이叅知政事ᄒᆞ여실ᄯᅢ예모든아ᄃᆞᆯᄃᆞ려告ᄒᆞ야ᄀᆞᆯᄋᆞᄃᆡ내가난ᄒᆞ야실시절의네어미로더브러내어버이ᄅᆞᆯ칠ᄉᆡ네어미몸소블ᄯᆡ기ᄅᆞᆯ잡드러ᄒᆞ야도내어버이ᄃᆞᆯ고맛난거시일쥭ᄎᆞ디못ᄒᆞ더니이제ᄂᆞᆫ厚ᄒᆞᆫ祿을엇ᄂᆞ니ᄡᅥ어버이ᄅᆞᆯ치고져ᄒᆞ나어버이겨시디아니ᄒᆞ고네어미ᄯᅩ이믜일쥭으니내의ᄆᆞ장恨ᄒᆞᄂᆞᆫ배라ᄎᆞᆷ아너희물이로ᄒᆞ여곰富貴의즐거옴을누리게ᄒᆞ랴

(集說)陳氏曰公、名仲淹、字希文、蘇州吳縣人、公、二歲而孤、親、謂母也、爨、炊爨也、甘旨、美味也、早世、早沒也、若曹、汝輩也

吾吳中宗族이 甚衆ᄒᆞ니 於吾에 固有親疎ㅣ어니와 然吾祖宗이 視之則均是子孫이라 固無親疎也ㅣ니 苟祖宗之意예 無親疎則饑寒者ᄅᆞᆯ 吾ㅣ 安得不恤也ㅣ리오 自祖宗來로 積德百餘年而始發於吾ᄒᆞ야 得至大官ᄒᆞ니 若獨享富貴而不恤宗族이면 異日에 何以見祖宗於地下ㅣ며 今何顔入家廟乎ㅣ리오 於是에 恩例俸賜ᄅᆞᆯ 常均於族人ᄒᆞ고 幷置義田宅云ᄒᆞ니라

●우리吳中宗族이ᄆᆞ장만ᄒᆞ니내거긔진실로親ᄒᆞ며踈홈이잇거니와 그러나우리조샹이보시면ᄒᆞᆫ갓지이子孫이라진실로親ᄒᆞ며踈홈이업스니진실로조샹ᄠᅳᆮ에 親

ᄒᆞ며踈홈이업스면주리며치워ᄒᆞ논이를내엇디시러곰근심티아니ᄒᆞ리오조샹브터옴ᄋᆞ로德을싸흔일빅나믄ᄒᆡ예야비로소내괴나타나시러곰큰벼슬에이르런노니만일혼자富貴을누리고宗族을근심티아니ᄒᆞ면다른날에엇디뻐조샹을ᄯᅡ아래가보ᄋᆞ오며이제어ᄂᆡᄂᆞᄎᆞ로ᄉᆞ당의들어가리오이에恩例옛것과녹봉으로주신거슬샹해결릐의게골ᄋᆞ고아오롯義田宅을두니라

(增註)恩例、異數也、俸賜、常典也、(集解)范氏義莊、人日食米一升、歲衣縑一匹、嫁娶、喪葬、皆有給

○司馬溫公이曰凡爲家長은必謹守禮法ᄒᆞ야以御羣子弟及家衆이니分之以職ᄒᆞ며授之以事而責其成功ᄒᆞ며制財用之節ᄒᆞ야量入以爲出ᄒᆞ며稱去聲家之有無ᄒᆞ야以給上下之衣食과及吉凶之費호ᄃᆡ皆有品節而莫不均一ᄒᆞ며裁省冗費ᄒᆞ며禁止奢華ᄒᆞ야常須稍存贏餘ᄒᆞ야以備不虞ㅣ니라

●司馬溫公이ᄀᆞᆯ오ᄃᆡ믈읫집얼운되옴은반ᄃᆞ시삼가禮法을디킈여뻐 모ᄃᆞᆫ子弟와 믿집사ᄅᆞᆷ을거ᄂᆞ릴띠니 소임으로뻐ᄂᆞᆫ호며일로뻐맛뎌 그功일옴을責ᄒᆞ며지믈ᄡᅳ논ᄆᆞᄃᆡ를지졔ᄒᆞ야 드ᄂᆞᆫ거슬헤아려뻐나ᄂᆞᆫ거슬ᄒᆞ며집의이심엄슴을맛게ᄒᆞ야뻐

上下의옷밥과믿吉凶애쓰ᄂᆞᆫ거슬죡게호ᄃᆡ다층과마ᄃᆡ를두어고ᄅᆞ고ᄒᆞᆫ갈ᄀᆞᆺ디아님이업게ᄒᆞ며부졀업슨허비ᄅᆞᆯ짐쟉ᄒᆞ야덜며샤치ᄒᆞ고빈난이ᄃᆞᆯ禁止ᄒᆞ야샹해모로미적이、남은거슬두어ᄡᅥ혜아리디아닌일을예비홀ᄯᅵ니라

(集說)陳氏曰禮、先王之禮、法、國家之法、御、統也、家衆、婢僕輩也、職、如主庖廩、掌田園之類、事、如治產業、給征役之類、量入以出、入多則出多、入少則出少也、稱家以給、有則豐、無則儉也、吉凶、謂冠婚喪祭之事、品節、言其當、均一、言其平、宂、雜也、羸、剩也、備、防也、不虞、謂不可虞度之事、如水火盜賊之類、此皆制財用之節也

右ᄂᆞᆫ廣明倫이라

●이우ᄒᆞᆫ인륜ᄇᆞᆰ히믈너피니라

董仲舒ㅣ曰仁人者ᄂᆞᆫ正其誼(義同) **不謀其利ᄒᆞ며 明其道不計其功이니라**

●董仲舒ㅣ골오ᄃᆡ仁ᄒᆞᆫ사ᄅᆞᆷ은그誼ᄅᆞᆯ正히ᄒᆞ고 그利ᄅᆞᆯ꾀ᄒᆞ디아니ᄒᆞ며 그도리ᄅᆞᆯᄇᆞᆰ히고그공효ᄅᆞᆯ혜아리디아니ᄒᆞᄂᆞ니라

(集解)仲舒、廣川人、仁者、心之德、仁人者、心無私欲、而有其德者也、義者、心之

制、事之宜、道者、事物當然之理也、(增註)朱子曰道是太綱說、義是就一事上說、正誼、未嘗不利。明道、豈必無功、但不先以功利爲心耳

○孫思邈이曰膽欲大而心欲小ᄒᆞ며智圓而行(去聲)欲方이니라

●孫思邈이ᄀᆞᆯ오ᄃᆡ膽은크고져ᄒᆞ고ᄆᆞᄋᆞᆷ은젹고져ᄒᆞ며디혜ᄂᆞᆫ두렫고져ᄒᆞ고힝실은모나고져홀띠니라

(集解)思邈、京兆人、朱子曰膽大、是千萬人、吾往之意、心小、只是畏敬、蓋、志不大則卑陋、心不小則狂妄、圓而不方、則流於譎詐、方而不圓、則執而不通矣、葉氏曰膽大則敢於有爲、心小則密於察理、智圓則通而不滯、行方則正而不流也

○古語에云從善은如登이오從惡은如崩이라ᄒᆞ니라

●녯말에닐오ᄃᆡ어딘일조촘은오ᄅᆞ기ᄀᆞᆺ고사오나온일조촘은ᄂᆞ리디기ᄀᆞᆺ다ᄒᆞ니라

(集說)陳氏曰古語、國語、升高曰登、墜下曰崩、朱子曰善者、天命所賦之本然、惡者、物欲所生之邪穢、眞氏曰從善如登、善難進也、從惡如崩、惡易陷也、進於善、則爲聖爲賢、而日趨於高明、陷於惡、則爲愚、爲不肖、而日淪於汚下矣

○孝友先生朱仁軌ㅣ隱居養親ᄒᆞ더니嘗誨子弟曰終身讓路

도ᄒᆞ야 不枉百步ᄒᆞ며 終身讓畔ᄒᆞ야도 不失一段이니라

●孝友先生朱仁軌隱居ᄒᆞ야 어버이를치더니일즉子弟를ᄀᆞᄅᆞ쳐ᄀᆞᆯ오ᄃᆡ 몸이ᄆᆞᆺ도록길흘ᄉᆞ양ᄒᆞ야도일ᄇᆡᆨ거름을에디아니ᄒᆞ며몸이ᄆᆞᆺ도록반ᄀᆞᆯᄉᆞ양ᄒᆞ야도ᄒᆞᆫ또야기를일티 아니ᄒᆞᄂᆞ니라

(集解)仁軌、字德容、亳州人、路、行路、畔、田界也、言、人終身讓路、而終無百步之枉、終身讓畔、而終無一段之失也、(集成)李氏曰不枉、不失、盖引而進之之諭、非計功謀利之謂也

○濂溪周先生이 曰聖希天이오 賢希聖이오 士希賢이니

●濂溪周先生이ᄀᆞᆯᄋᆞ샤ᄃᆡ셩인은하ᄂᆞᆯᄒᆞᆯᄇᆞ라고 현인은셩인을ᄇᆞ라고 션비ᄂᆞᆫ현인을ᄇᆞ라ᄂᆞ니

(集說)吳氏曰濂溪、地名、先生 名敦頤、字茂叔、道州人、朱子曰希、望也

伊尹顏淵은 大賢也ㅣ라 伊尹은 恥其君不爲堯舜이며 一夫ㅣ不得其所ᄒᆞ되 若撻于市ᄒᆞ고 顏淵은 不遷怒ᄒᆞ며 不貳過ᄒᆞ며 三月不違仁ᄒᆞ니라

●伊尹과顏淵은큰어딘사ᄅᆞᆷ이라伊尹은그님금이堯舜되디몯ᄒᆞ며ᄒᆞᆫ사ᄅᆞᆷ이 그쳐소를얻디몯홈을ᄇᆞᆺ그리되져제가매마좀ᄀᆞ티너기고 顏淵은怒를옴기디아니ᄒᆞ며

허믈을다시아니ᄒᆞ며석ᄃᆞᆯ을仁에어그릇디아니ᄒᆞ니라

(集解)伊、姓、尹、字也、名、摯、相湯伐桀、若撻于市、言、恥之甚也、朱子曰遷、移也、貳復也、三月、言其久、仁者、心之德、不違仁者、無私欲而有其德也、此皆賢人之事也

志伊尹之所志ᄒᆞ며學顏淵之所學ᄒᆞ면

伊尹의ᄒᆞ던ᄠᅳ든바롤ᄠᅳᆮᄒᆞ며顏淵의ᄇᆡ호던바를ᄇᆡ호면

(集解)朱子曰此言、士、希賢也

過則聖이오及則賢이오不及則亦不失於令名ᄒᆞ리라

●넘으면셩인이오미츠면현인이오밋디몯ᄒᆞ야도곧또어딘일홈을일티아니ᄒᆞ리라

(集成)朱子曰三者、隨其用力之淺深、以爲所至之遠近、不失令名、以其有爲善之實也

○聖人之道ᄂᆞᆫ入乎耳存乎心ᄒᆞ야蘊之爲德行(去聲)이오行之爲事業이니彼以文辭而已者ᄂᆞᆫ陋矣니라

●聖人의道ᄂᆞᆫ귀예들어ᄆᆞᄋᆞᆷ애이셔싸이여ᄂᆞᆫ德行이되고行ᄒᆞ여ᄂᆞᆫ事業이되ᄂᆞ니더글만ᄡᅥᄒᆞᄂᆞᆫ이ᄂᆞᆫ陋ᄒᆞ니라

(集解)蘊、積也、聖人之道、入耳、存心、積於中、爲德行者、道之體也、發於外、爲事業者、道之用也、若夫、文所以載道、苟徒騁葩藻、以爲文辭、則其卑陋、甚矣

○仲由는喜聞過ㅣ라令名無窮焉ᄒᆞ더니今人은有過ㅣ어든不喜人規ᄒᆞᄂᆞ니如護疾而忌醫ᄒᆞ야寧滅其身而無悟也ᄒᆞ니噫라

●仲由ᄂᆞᆫ허믈듣기를깃거ᄒᆞᄂᆞᆫ디라어딘일홈이그지업더니이젯사ᄅᆞᆷ온허믈이잇거ᄂᆞᆫ사ᄅᆞᆷ의경계ᄒᆞᆷ을깃거아니ᄒᆞᄂᆞᆫ디병을ᄭᅴ리고의원을ᄭᅴ여찰ᄒᆞ리그몸을죽어도ᄭᆡ다ᄅᆞᆷ이업슴마타니슬프다

(集說)朱子曰喜其得聞而改之、陳氏曰規、規諫、悟、悔悟、噫、傷痛聲

○明道先生이曰聖賢千言萬語ㅣ只是欲人이將已放之心約之ᄒᆞ야使反復入身來ㅣ니自能向上去ᄒᆞ야下學而上達也ㅣ니라

●明道先生이ᄀᆞᆯᄋᆞ샤ᄃᆡ聖賢의일천말이며일만말이오직이사ᄅᆞᆷ이이믜노한ᄆᆞᄋᆞᆷ을가져다가거두워히여곰도로몸애드러오게코댜ᄒᆞᆷ이니스스로能히우후로ᄎᆞ자向ᄒᆞ야가아래로비화우후로통달ᄒᆞᄂᆞ니라

(集說)陳氏曰約、猶收也、下學而上達、下學人事而上達天理也、朱子曰所謂、反復入身來、不是將已縱出底收拾轉來、只是知求則心便在　便是反復入身來、又曰

能求放心則志氣淸明、義理昭著、而可以上達(集成)朱子曰求放心、乃爲學根本田地、能如此向上、更做窮理工夫、方見所存之心、所具之理、不是兩事、隨應自然中節 方是儒者事業

○心은要在腔子裏니라

●ᄆᆞᄋᆞᆷ은모롬이腔子안희이실써시니라

(集說)朱子曰心之爲物、至虛、至靈、神妙不測、常爲一身之主、以提萬事之綱、而不可有頃刻之不存者也、一不自覺、而馳騖飛揚、以徇物欲於軀殼之外、則一身無主、萬事無綱、雖其俯仰顧眄之間、蓋已不自覺其身之所在矣、又曰心、便在腔子裏

○伊川先生이曰只整齊嚴肅則心便一이니一則自無非辟(僻)之干이니라

●伊川先生이ᄀᆞᆯᄋᆞ샤ᄃᆡ오직整齊ᄒᆞ고嚴肅ᄒᆞ면ᄆᆞᄋᆞᆷ이믄득젼일ᄒᆞᆯᄯᆡ니젼일ᄒᆞ면ᄌᆞ연히외며샤벽ᄒᆞᆫ거시간범홈이업ᄂᆞ니라

(集解)整齊嚴肅、如正衣冠、尊瞻視之類、一、專一也、(增註)盧氏曰外面、整齊嚴肅、則內面、便一、內面一則、外面、便無非辟之干

○伊川先生이 甚愛表記에 君子 莊敬日彊ᄒᆞ고 安肆日偸之語ᄒᆞ더시니 蓋常人之情이 纔放肆則日就曠蕩ᄒᆞ고 自檢束則日就規矩ㅣ니라

●伊川先生이表記예君子ㅣ싁싁ᄒᆞ고공경ᄒᆞ면날로彊ᄒᆞ고편안ᄒᆞ고방ᄉᆞᄒᆞ면날로게으른다ᄒᆞ는말을ᄀᆞ장됴히너기더시니상녯사ᄅᆞᆷ의ᄠᅳᆮ이잠깐放肆ᄒᆞ면날로허랑홈애나아가고스ᄉᆞ로檢束ᄒᆞ면날로規矩에나아가ᄂᆞ니라

(集解)表記、禮記篇名、偸、惰也、周氏曰莊敬、可以言君子、安肆、亦言君子者、盖謂、雖爲君子、果莊敬、則日入於彊、或安肆、則日入於偸矣

○人於外物奉身者에 事事要好호ᄃᆡ 只有自家一箇身與心을 却不要好ᄒᆞᄂᆞ니 苟得外物好時면 却不知道自家身與心이 已自先不好了也ㅣ니라

●사ᄅᆞᆷ이밧ᄭᅴ것몸위완ᄂᆞᆫ거세일일마다됴홈을요구호ᄃᆡ 오직제ᄒᆞᆫ낫몸과다ᄆᆞᄉᆞᄆᆞ옴을도로혀됴홈을요구티아니ᄒᆞᄂᆞ니진실로밧ᄭᅴ것됴홈을얻을적이면도로혀제몸과다ᄆᆞᄉᆞᄆᆞ옴이이믜스ᄉᆞ로몬져됴티몯ᄒᆞᆫ줄을아디몯ᄒᆞᄂᆞ니라

(集說)陳氏曰外物之奉身者、如飮食衣服宮室之類、身不好、謂身不檢、心不好、

謂心不收

○伊川先生이曰顔淵이問克己復禮之目ᄒᆞᆫ대孔子ㅣ曰非禮勿視ᄒᆞ며非禮勿聽ᄒᆞ며非禮勿言ᄒᆞ며非禮勿動이라ᄒᆞ시니

●伊川先生이ᄀᆞᆯᄋᆞ샤ᄃᆡ顔淵이己를이긔여禮예도라갈절목을묻ᄌᆞ온대孔子ㅣᄀᆞᆯᄋᆞ샤ᄃᆡ禮아니어든보디말며禮아니어든듣디말며禮아니어든닐으디말며禮아니어든움ᄌᆞ기디말라ᄒᆞ시니

(集說)朱子曰克、勝也、己、謂身之私欲也、復、反也、禮者、天理之節文也、目、條件也、非禮者、己之私也、勿者、禁止之辭、是、人心之所以爲主、而勝私復禮之機也

四者ᄂᆞᆫ身之用也ㅣ라由乎中而應乎外ᄒᆞᄂᆞ니制乎外ᄂᆞᆫ所以養其中也ㅣ라顔淵이事斯語ᄒᆞ니所以進於聖人이니後之學聖人者ᄂᆞᆫ宜服膺而勿失也ㅣ니라因箴以自警ᄒᆞ노라

●네ᄒᆞᆫ몸애ᄡᅳ이ᄂᆞᆫ거시라가온ᄃᆡ로말미아마밧긔應ᄒᆞᄂᆞ니밧긔제어홈은ᄡᅧ그가온ᄃᆡ를치ᄂᆞᆫ배라顔淵이이말ᄉᆞᆷ을일삼아ᄒᆞ니ᄡᅧ聖人에나아간배니後에聖人ᄇᆡ호ᄂᆞᆫ니ᄂᆞᆫ맛당이가ᄉᆞᆷ애담아일티말올ᄯᅵ니라因ᄒᆞ야箴지어ᄡᅧ스ᄉᆞ로경계ᄒᆞ노라

(增註)視、聽、言、動、皆身之用、由心而出者也、非禮勿視聽言動、所以制外而養心也、事、從事也、服、著也、膺、胷也、奉持而著之心胷之間也、朱子曰由中應外、泛言其理、如此耳、制外養中、方是說做工夫處、(集解)進於聖人、進步幾平聲及之意

其視箴애曰心兮本虛ᄒᆞ니應物無迹이라操平聲之有要ᄒᆞ니視爲之則(측)이라蔽交於前ᄒᆞ면其中則遷이니制之於外ᄒᆞ야以安其內니라克己復禮ᄒᆞ면久而誠矣리라

●그視箴애ᄀᆞᆯ오ᄃᆡ ᄆᆞ옴이 본ᄃᆡ虛ᄒᆞᆫ거시니物을응졉ᄒᆞᆷ이 자최업스니라 잡음이 종요인ᄂᆞ니 본으로법을삼을ᄯᆡ니라 ᄀᆞ리인거시압피와섯그면 그가온대곧옮ᄂᆞ니 밧긔졔어ᄒᆞ야ᄡᅥ 그아ᄒᆞᆯ편안케ᄒᆞᆯᄯᆡ니라 己ᄅᆞᆯ이긔여禮예도라디면오람애셩실ᄒᆞ리라

(增註)心之體、本自虛明、而其用則隨物而應、無有形迹、操而存之之要、以視爲則而已、蓋物欲之蔽、交接於前、則心隨之以遷、此、非禮之視、所以當制也、誠者、從容不勉者也、朱子曰人之視聽言動、視最在先、爲操心之準則

其聽箴애曰人有秉彝ᄂᆞᆫ本乎天性ᄒᆞ니知誘物化ᄒᆞ야遂亡其正ᄒᆞᄂᆞ

卓彼先覺은知止有定이라閑邪存誠ᄒᆞ야非禮勿聽ᄒᆞᄂᆞ니라

●諺 그聽箴애ᄀᆞᆯ오ᄃᆡ사ᄅᆞᆷ이잡안ᄂᆞᆫ덛덛ᄒᆞᆫ거슬둠은하ᄂᆞᆯ삼긴性에근본ᄒᆞ여시니아ᄂᆞᆫ거시物의게달애이여고려되여드듸여그物ᄒᆞᆫ거슬일ᄅᆞᄂᆞ니라노ᄑᆞᆫ뎌몬져ᄭᆡ다ᄅᆞᆫ이ᄂᆞᆫ그칠ᄃᆡᄅᆞᆯ아라定ᄒᆞᆷ이인ᄂᆞᆫ디라샤특ᄒᆞᆫ거슬막ᄌᆞᆯ라셩실을두어禮아니어든듣디마ᄂᆞ니라

(增註)性、卽理也、人之秉彝、乃得於天之正理也、聽非禮則心之知、爲物所引誘、與之俱化而正理遂亡矣、惟彼先覺之人、卓然自立、知其所當止、而志有定向故、能防閑其邪妄於外、而存其實理於內 自然非禮勿聽也

其言箴애曰人心之動이因言以宣ᄒᆞᄂᆞ니發禁躁妄이라사內斯靜專ᄒᆞᄂᆞ니라矧是樞機라興戎出好加字마去聲ᄒᆞᄂᆞ니吉凶榮辱이惟其所召ㅣ니라傷易則誕이오傷煩則支ᄒᆞ며己肆物忤ᄒᆞ고出悖來違ᄒᆞᄂᆞ니非法不道ᄒᆞ야欽哉訓辭ᄒᆞ라

●諺 그言箴애ᄀᆞᆯ오ᄃᆡ사ᄅᆞᆷ의ᄆᆞ옴움즉임이말ᄉᆞᆷ을因ᄒᆞ야ᄡᅥ베프ᄂᆞ니發홈애조급ᄒᆞ며망녕되욤을금지ᄒᆞ여사안히이에안졍ᄒᆞ며젼일ᄒᆞᄂᆞ니라ᄒᆞ믈며이ᄂᆞᆫ樞ㅣ며機라싸홈도니ᄅᆞ혀며됴ᄒᆞᆫ일도나ᄂᆞ니吉ᄒᆞ며凶ᄒᆞ며영화며辱이오직그블으ᄂᆞᆫ배니

라쉬옴애傷ᄒᆞ면허탄ᄒᆞ고번다홈애傷ᄒᆞ면지리ᄒᆞ며내방ᄉᆞᄒᆞ면놈이거슬리고남이패려ᄒᆞ면옴이어 그릇ᄂᆞ니法이아니어든닐으디아니ᄒᆞ야 ᄀᆞᄅᆞ치논말ᄉᆞᆷ을공경ᄒᆞ라

(增註)宣、布也、人心、有動於內、因言以宣於外、所謂言者、心之聲也、發、發言也、言不煩躁、則心安靜言不妄誕、則心專一、矧、況也、樞機、喩言、說見范魯公詩戎、兵也、好、善也、謂言能興戎出好、且召吉凶榮辱也、傷於輕易則妄誕、傷於煩多則支離、己放肆則忤於人、出者逆則來者違、四者、言之病也

其動箴에曰哲人은知幾(平聲)ᄒᆞ야誠之於思ᄒᆞ고志士ᄂᆞᆫ勵行(去聲)이라守之於爲ᄒᆞᄂᆞ니順理則裕ㅣ오從欲惟危니造次克念ᄒᆞ야戰兢自持ᄒᆞ라習與性成ᄒᆞ면聖賢同歸ᄒᆞ리라

●그動箴애골오ᄃᆡ 명텰ᄒᆞᆫ사ᄅᆞᆷ은幾ᄅᆞᆯ아라ᄉᆞ려애 셩심케ᄒᆞ고ᄠᅳᆮ둔ᄂᆞᆫ션ᄇᆡᄂᆞᆫ힝실을힘ᄡᅳᄂᆞᆫ디라일ᄒᆞᆯ제디킈ᄂᆞ니理ᄅᆞᆯ順ᄒᆞ면녀녀ᄒᆞ고욕심을조ᄎᆞ면위ᄐᆡᄒᆞ니져근덧ᄌᆞ음에도능히ᄉᆡᆼ각ᄒᆞ야저허조심ᄒᆞ야ᄉᆞᄉᆞ로잡아시라니김이性으로더블어일면聖賢과ᄒᆞᆫ가지로도라가리라

(增註)思者、動於心也、惟知幾之哲人、能誠之、爲者、動於身也、惟勵行之志士、能守之、二者、雖不同、然、皆順理則安裕、從欲則危險也、(集解)朱子曰程子之箴、

發明親切、學者、尤宜深玩

○伊川先生이 言人有三不幸ᄒᆞ니 少年登高科ㅣ 一不幸이오 席父兄之勢ᄒᆞ야 爲美官이 二不幸이오 有高才能文章이 三不幸也ㅣ니라

●伊川先生이ᄀᆞᆯᄋᆞ샤ᄃᆡ 사ᄅᆞᆷ이세不幸ᄒᆞᆷ이잇ᄂᆞ니졈어셔노ᄑᆞᆫ과거ᄒᆞᆷ이ᄒᆞᆫ不幸ᄒᆞᆷ이오父兄의勢를자뢰ᄒᆞ야됴ᄒᆞᆫ벼슬ᄒᆞᆷ이두不幸ᄒᆞᆷ이오 노ᄑᆞᆫ지조를두어글잘ᄒᆞᆷ이세不幸ᄒᆞᆷ이니라

(增註)幸、猶慶也、少年登高科者、學未優、藉勢爲美官者、人不稱去聲、有高才、能文章者、恒無德以將之、此三者、皆不足以致遠、故謂之不幸

○橫渠先生이 曰學者ㅣ 捨禮義則飽食終日ᄒᆞ야 無所猷爲ᄒᆞ야 與下民一致라 所事ㅣ 不踰衣食之間과 燕遊之樂洛耳니라

●橫渠先生이ᄀᆞᆯᄋᆞ샤ᄃᆡ學者ㅣ禮義를ᄇᆞ리면ᄇᆡ브르먹고날을졈글위계교ᄒᆞ야ᄒᆞᄂᆞᆫ배업셔하품ᄇᆡᆨ셩으로더브러ᄒᆞᆫ가지라일삼ᄂᆞᆫ배옷밥ᄉᆞ이와燕遊의즐거옴애넘디아니ᄒᆞᄂᆞ니라

(集說)陳氏曰捨、棄也、猷爲、謀猷作爲也、一致、猶言同歸、踰、過也

○范忠宣公이 戒子弟曰人雖至愚ㅣ라도 責人則明ᄒᆞ고 雖有聰

明이라도 恕己則昏하나니 爾曹는 但常以責人之心으로 責己하고 恕己之心으로 恕人이면 不患不到聖賢地位也ㅣ라

● 范忠宣公이 子弟를 경계하야 갈오대 사람이 비록 지극히 어린이라도 사람 責하기는 밝고 비록 聰明이 이셔도 내 몸 恕하기는 어둡나니 너희 물이는 다만 샹해 사람 責하는 마음으로써 몸을 責하고 몸 져 보는 마음으로써 사람을 져버 보면 聖賢地位에 니르디 몯홈을 근심티 아니하리라

(集說)陳氏曰公、名純仁、字堯夫、忠宣、諡也、文正公之子、朱子曰恕、是推去的於己、不當下恕字、若欲脩潤其語、當曰以愛己之心、愛人、吳氏曰恕字之義、范公蓋以寬恕爲言也

○呂滎公이 嘗言後生初學이 且須理會氣象이니 氣象好時엔 百事ㅣ 是當去聲하나니 氣象者는 辭令容止輕重疾徐에 足以見之矣니 不惟君子小人이 於此焉分이라 亦貴賤壽夭之所由定也ㅣ니라

● 呂滎公이 일즉 닐오대 後生 옛 初學하는 니 아직 모로미 氣象을 理會홀디니 氣象이

됴ᄒᆞᆫ ᄇᆡ계 연온갓일이이예맛당ᄒᆞᄂᆞ니氣象온말ᄉᆞᆷ과거동이가ᄇᆡ야오며므거우며ᄉᆡ라며날호여홈애足히ᄡᅥ볼이니오직君子小人이이예ᄂᆞᆫ호일ᄲᅮᆫ니아니라또貴ᄒᆞ며賤ᄒᆞ며댱슈ᄒᆞ며단명홈와말미아마定ᄒᆞᄂᆞᆫ배니라

(增註)理會、謂省察矯揉之、辭令、出諸口、容止、見諸身、乃德之符也、故、端重安徐者、爲君子、爲貴、爲壽、輕浮躁、疾者、爲小人、爲賤、爲夭

○攻其惡이오無攻人之惡이니蓋自攻其惡이면日夜에且自點檢ᄒᆞ야絲毫不盡이도則慊(겸)苦簟反於心矣니豈有工夫點檢他人耶리오

●그ᄉᆞ오나옴을다ᄉᆞ리고사ᄅᆞᆷ의사오나옴을다ᄉᆞ리디말올띠니ᄉᆞ스로그사오나옴을다ᄉᆞ리면나지며밤의아직ᄉᆞ스로點檢ᄒᆞ야실과터럭만이나다ᄒᆞ디몯ᄒᆞ야도곧ᄆᆞᄋᆞᆷ애난ᄡᅳ리니엇디工夫ㅣ다ᄅᆞᆫᄉᆞᄅᆞᆷ을點檢홈이이시리오

(集說)陳氏曰攻、專治也、攻其惡、無攻人之惡、孔子之言也、蓋、發語辭 士之檢身、一念之惡、未盡去、卽有愧於心矣、何暇責人哉

○大要ᄒᆞᆫ디前輩作事ᄂᆞᆫ多周詳ᄒᆞ고後輩作事ᄂᆞᆫ多闕略ᄒᆞ니라

●대뎌ᄒᆞᆫ디前輩의일ᄒᆞ욤은쥬밀ᄒᆞ며ᄌᆞ셰홈이하고後輩의일ᄒᆞ욤은허소ᄒᆞ고홀략홈이하니라

(集解)大要、猶言大抵、(增註)周則無闕、詳則不略、用心勤密、則作事多周詳、用

心疎怠、則作事多闕略

○恩讎分明此四字는 非有道者之言也오 無好人三字는 非有德者之言也니 後生은 戒之ᄒᆞ라

●은혜며원슈를分明히ᄒᆞᆯ재시라ᄒᆞᄂᆞᆫ이네字ᄂᆞᆫ道둔ᄂᆞᆫ의말이아니오됴ᄒᆞᆫᄉᆞᄅᆞᆷ업다ᄒᆞᄂᆞᆫ세字ᄂᆞᆫ德둔ᄂᆞᆫ의말이아니니後生ᄃᆞᆯ흔경계ᄒᆞ라

(集解)孔子曰以德報德、以直報怨、若有怨、必思報復、豈有道者哉、孟子云、人性皆善、人皆可以爲堯舜、若鄙薄當世、以爲無好人、豈有德者哉、此、後生小子、所當戒也

○張思叔의座右銘에曰凡語를必忠信ᄒᆞ며凡行去聲을必篤敬ᄒᆞ며飮食을必愼節ᄒᆞ며字畫을必楷正ᄒᆞ며

●張思叔의座右銘에글오ᄃᆡ믈읫말ᄉᆞᆷ을반ᄃᆞ시튱후ᄒᆞ고믿비ᄒᆞ며믈읫ᄒᆡᆼ실을반ᄃᆞ시독실ᄒᆞ고공경ᄒᆞ며飮食을반ᄃᆞ시삼가고존졀ᄒᆞ며글ᄌᆞ그슬반ᄃᆞ시 반ᄃᆞᆨᄒᆞ고바르게ᄒᆞ며

(集說)陳氏曰思叔、名繹、河南人、伊川弟子、銘者、自警之辭、愼、謂不苟食、節、謂不恣食、楷、謂不草率、正、謂不偏邪

容貌를 必端莊ᄒᆞ며 衣冠을 必肅整ᄒᆞ며 步履를 必安詳ᄒᆞ며 居處(上聲)를 必正靜ᄒᆞ며

●얼굴을반다시단정ᄒᆞ고싁싁히ᄒᆞ며옷과冠을반ᄃᆞ시엄숙ᄒᆞ고정제히ᄒᆞ며거ᄅᆞ며ᄇᆞᆲ기ᄅᆞᆯ반다시안셔코샹심히ᄒᆞ며居處ᄅᆞᆯ반ᄃᆞ시정답고안정히ᄒᆞ며

(集解)容貌、擧一身而言、端莊、端正莊嚴也、衣冠、所以正容儀、肅整者、嚴肅齊整也、足容重故、當貴平安詳、居處恭故、必在乎正靜也

作事를 必謀始ᄒᆞ며 出言을 必顧行(上聲)ᄒᆞ며 常德을 必固持ᄒᆞ며 然諾을 必重應ᄒᆞ며 見善如己出ᄒᆞ며 見惡如己病이니

●일ᄒᆞ기ᄅᆞᆯ반ᄃᆞ시처엄의혜아려ᄒᆞ며말내욤을반ᄃᆞ시힝실을도라보며 덧덧ᄒᆞᆫ德을반ᄃᆞ시구디잡으며 그리호마홈을반ᄃᆞ시ᄃᆡ답을 므거이ᄒᆞ며어딘일을보고내게셔나ᄂᆞᆫᄃᆞ시ᄒᆞ며사오나온일을보고내病ᄀᆞᆺ티홀ᄯᆡ니

(集說)陳氏曰事謀於始、則無後悔、言顧其行、則非空言、常德、平常之德、持之固則不失、然諾、皆應辭、應之重、則思踐、如己出、冀己亦有是善也、如己病、恐己亦有是惡也

凡此十四者를 我ㅣ 皆未深省이라 書此當坐隅ᄒᆞ야 朝夕視爲警ᄒᆞ노라

●믈읫이열네가지를내다깁피ᄉᆞᆲ피디몯ᄒᆞ논디라이를벼안는모해當ᄒᆞ야야ᄎᆞᆷ나저로보아경계홈을삼노라

(集解)熊氏曰座右銘、凡十四言、不過卽其日用言動之間、出入起居之際、大要、以敬爲主、曰愼節、曰楷正、曰端莊、曰肅整、曰安詳、曰正靜、曰固持、曰重應、非敬、其能然乎、作事謀始、一動不忘敬也、出言顧行、一語不忘敬也、程門敎人、以敬爲先、思叔此銘、學者、所當佩服而深省也

○胡文定公이曰人이須是一切世味예淡薄이라야方好ᄒᆞ니不要有富貴相이니라孟子ㅣ謂堂高數仞과食前方丈과侍妾數百人을我ㅣ得志不爲라ᄒᆞ시니學者ㅣ須先除去此等오常自激昻ᄒᆞ여야便不到得墜墮ㅣ니라

●胡文定公이ᄀᆞᆯ오ᄃᆡ사ᄅᆞᆷ이모롬이이ᄒᆞᆫ갈ᄀᆞᄐᆞᆫ셰샹마세淡薄ᄒᆞ야야ᄇᆞ야흐로됴ᄒᆞ니富貴ᄒᆞᆫ相ᄃᆞᆷ올요구티아니홀쌔시니라孟子ㅣᄀᆞᆯᄋᆞ샤ᄃᆡ집놉희두이仞이나홈과음식이앏희方丈과뫼신妾이두어百사ᄅᆞᆷ을내ᄯᅳᆮ을어더도아니호리라ᄒᆞ시니學者ㅣ모로미몬져이런것들흘덜텨ᄇᆞ리고샹해ᄉᆞᄉᆞ로激昻여ᄒᆞ야ᄆᆞᆫ득ᄯᅥ러딤애니르디아니ᄒᆞ리라

(集解)世味、如飮食衣服居室之類、淡薄、謂食取充腹、衣取衣形、居室取蔽風雨也、富貴相、卽所謂、堂高數仞、食前方丈、侍妾數百人之類、八尺曰仞、方丈、謂食饌列於前者、方一丈也、徐去此等、卽富貴相也、(增註)激昂、卽奮發也、墜、隳、皆落也、不以富貴爲事、常自激昂而爲善、則不淪於汚下矣

嘗愛諸葛孔明이 當漢末ᄒᆞ야 躬耕南陽ᄒᆞ야 不求聞達ᄒᆞ더니 後來여 雖應劉先主之聘ᄒᆞ나 宰割山河ᄒᆞ야 三分天下ᄒᆞ야 身都將相ᄒᆞ야 手握重兵ᄒᆞ니 亦何求不得이며 何欲不遂ㅣ리오마ᄂᆞᆫ 乃與後主言ᄒᆞ되 成都애 有桑八百株와 薄田十五頃ᄒᆞ니 子孫衣食이 自有餘饒ㅣ오 臣身在外ᄒᆞ야 別無調(去聲)度(去聲)ㅣ라 不別治生ᄒᆞ야 以長尺寸ᄒᆞ노니 若死之日에 不使廩有餘財ᄒᆞ며 庫有餘財ᄒᆞ야 以負陛下ㅣ라ᄒᆞ더니 及卒에 果如其言ᄒᆞ니 如此輩人은 眞可謂大丈夫矣로다

●샹해 ᄉᆞ랑ᄒᆞ노니 諸葛孔明이 漢내죵에 當ᄒᆞ야 몸소 南陽에셔 받가라 들니여 현달홈을 求티 아니ᄒᆞ더니 후에 비록 劉先主의 블음을 應ᄒᆞ나 山河를 宰割ᄒᆞ야 天下를 세헤 ᄂᆞᆫ화 몸이 쟝슈와 졍승을 모도 ᄒᆞ야 손애 重ᄒᆞᆫ 군ᄉᆞ를 잡아시니 ᄯᅩ 므어슬 求ᄒᆞ여 얻

디몯ᄒᆞ며므어슬ᄒᆞ고쟈ᄒᆞ여, 일오디몯ᄒᆞ리오마ᄂᆞᆫ後主를더브러닐오ᄃᆡ成都에ᄲᅩᆼ나모八百株와사오나온받티열다ᄉᆞᆺ頃이이시니子孫의옷과밥이스스로남아요죡홈이잇고臣의몸이밧긔이셔각별이調度홈이업ᄉᆞᆫ다라각별이사로일다ᄉᆞ려ᄡᅥ재며치도길오다아니ᄒᆞ노니만일죽은날애ᄒᆞ여곰창애남은곡식이이시며庫애남은지믈이잇계ᄒᆞ야ᄡᅦ陛下를저ᄇᆞ리디아니호리라ᄒᆞ더니믿죽음애과연히그말ᄀᆞᆺᄐᆞ니이런부리옛사롬은진실로可히大丈夫ㅣ라닐으리로다

(集說)陳氏曰南陽、地名、先主、漢昭烈、嘗三顧武侯於草廬之中、宰、宰制、割、分割、三分天下、謂昭烈居蜀、曹操居中原、孫權居江南、分天下爲三國也、都、猶居也、握、猶掌也、成都、郡名、百畝、爲頃、饒、亦餘也、躬耕南陽、若將終身、及爲將相、志惟輿漢、孟子、稱大丈夫、貧賤不能移、富貴不能淫、武侯有之矣、(集解)調度、營計也

○范益謙의座右戒예曰一은不言朝廷利害와邊報差除ㅣ오二는不言州縣官員長短得失이오三은不言衆人所作過惡之事이오四는不言仕進官職趨時附勢ㅣ오五는不言財利多少厭貧求富ㅣ오六은不言淫媟(屑)戱慢評(平)論女色이오七은不言求人覓物

干索酒食이라

●范益謙의座右에 경계에골오ᄃᆡ ᄒᆞᆫ난재는朝廷의利ᄒᆞ며 害로옴과변방엣긔별과 差徐홈을닐으디아니홈이오둘째는고을官員의길며뎌르며올히ᄒᆞ며그ᄅᆞᆺ홈을닐으디아니홈이오셋재는모든사ᄅᆞᆷ의지은바 허믈이며사오나온이를닐으디아니홈이오넷재는벼슬나아가기와시절을ᄯᆞᆯ와勢의븓조ᄎᆞᆷ을닐으디아니홈이오다ᄉᆞᆺ재는ᄌᆡ믈의하며젹음과가난홈을슬희여ᄒᆞ고 가ᄋᆞᆷ열옴을求홈을닐으디 아니홈이오여ᄉᆞᆺ재는음탕ᄒᆞ며더러오며 희롱ᄒᆞ며거만ᄒᆞ며女色의 론홈을닐으디아니홈이오닐곱재는사ᄅᆞᆷ의거슬求ᄒᆞ여어드며 술과 음식을청ᄒᆞ여달라홈을닐으디아니ᄒᆞᆷ이니라

(集說)陳氏曰益謙 名冲、利害、謂、事有利有害也、邊報、邊境之報也、差、差使、徐、除官、無心失理爲過、有心悖理爲惡、媟、狎也、淫媟、戲慢、皆邪僻之事、覓、干、索、皆求也

又曰一은人附書信이어든不可開坼沈滯ㅣ며

●도골오ᄃᆡ ᄒᆞᆫ난재는사ᄅᆞᆷ이書信을맛뎌든可히ᄠᅦ여보며머믈오디아닐재시며

(集解)熊氏曰發人私書、坼人信物、甚者、至爲仇怨、凡人所附書物、當爲附至、及人託往、問訊、干求、若或悖理、或己力不及、則當至誠辭之、苟已諾其言、則須與

達之也、(增註)開拆則干人之私、沈滯則誤人之託

二는與人並坐에不可窺人私書ㅣ며

●둘재는사ᄅᆞᆷ으로더블어ᄀᆞᆯ와안자심애可히사ᄅᆞᆷ의ᄉᆞᄉᆞ유무들여어보디아닐쌔시며

(增註)窺、竊視也、(集解)熊氏曰凡見人得私書、切不可往觀、及注目竊視、若幷坐、目力可及、則移身以避、或置几案、亦不當取觀、若其人、令看、方可一視、書中之事、亦不可於他處、說之

三은凡入人家ᄒᆡ不可看人文字ㅣ며

●셋재는믈읫사ᄅᆞᆷ의집의들어감애可히사ᄅᆞᆷ의글월을보디아닐쌔시며

(集解)熊氏曰文字、如書簡、及記事、錢穀、簿冊之類、凡入人家、切不可翻看也

四는凡借人物에不可損壞不還이며

●넷재는믈읫사ᄅᆞᆷ의거슬비ᄅᆞᆷ애可히헐여ᄇᆞ리며도로보ᄂᆡ디아니ᄒᆞ미아닐쌔시며

(集解)陳氏曰凡借人書冊、器用、當須愛護、過於己物、畢卽歸還、切不可損壞、及沈沒也

五는凡喫飮食에不可揀擇去取ㅣ며

다ᄉᆞᆺ재ᄂᆞᆫ믈읫飮食먹옴애可히ᄀᆞᆯᄒᆡ야ᄇᆞ리며取ᄒᆞ디아닐새시며
(增註)謂、揀擇以去其不可意者、而取其可意者、(集解)熊氏曰凡飮食、若非生硬
臭惡、與犯己宿疾之物、皆可食也、豈有不可食而揀擇哉

六은與人同處애不可自擇便利며ㅣ

●여ᄉᆞᆺ재ᄂᆞᆫ사ᄅᆞᆷ으로더브러ᄒᆞᆫ디이솜애可히ᄉᆞ스로便코利ᄒᆞᆫ디ᄅᆞᆯᄀᆞᆯᄒᆡ디아닐새
시며
(集解)熊氏曰凡與人同處、夏則先擇涼處、冬則先擇暖處、及共飮食、多取、先取、
皆無德之一端也

七은見人富貴ᄒᆞ고不可歎羨詆(뎌)毁니

●닐곱재ᄂᆞᆫ사ᄅᆞᆷ의가ᄋᆞᆷ열며貴ᄒᆞᆷ을보고可히차탄ᄒᆞ여블워ᄒᆞ며ᄭᅮ죵ᄒᆞ여헐ᄡᅳ리
디아닐새시니
(集解)見人富貴、若生歎羨、則有貪欲之心、若加詆毁、則有妬嫉之意、皆非君子
之爲也

凡此數事를有犯之者면ㅣ足以見用意之不肖니ㅣ於存心修身
에大有所害라ㅣ因書以自警ᄒᆞ노라

●믈읫이두어일을犯홈이이시면足히ᄡᅥᄠᅳᆮ븜의不肖홈을볼쌔시니ᄆᆞ옴을存ᄒᆞ며몸을닷금애크게害로온배인ᄂᆞᆫ디라因ᄒᆞ야ᄡᅥ서스스로경계ᄒᆞ노라

(集說)吳氏曰以上數者、雖若細事、然、於存心修身、甚有所害、故書之以爲戒也

○胡子ㅣ曰今之儒者ㅣ移學文藝干仕進之心ᄒᆞ야以收其放心而美其身則何古人之不可及哉리오父兄이以文藝로令其子弟ᄒᆞ고朋友ㅣ以仕進으로相招ᄒᆞ야往而不返則心始荒而不治ᄒᆞ야萬事之成이咸不逮古先矣니라

●胡子ㅣᄀᆞᆯ오ᄃᆡ이젯션ᄇᆡ글ᄌᆡ조ᄅᆞᆯ비화벼슬ᄒᆞ여나아가기구ᄒᆞᄂᆞᆫᄆᆞ옴을옴겨ᄡᅥ그노흔ᄆᆞ옴을거두어그몸을아ᄅᆞᆷ답게ᄒᆞ면엇디녯사ᄅᆞᆷ에게可히밋디몯ᄒᆞ리오父兄이글ᄌᆡ조로ᄡᅥ그子弟ᄅᆞᆯ시기고벋이벼슬ᄒᆞ여나아가기로ᄡᅥ서ᄅᆞ블러가고도라오디아니ᄒᆞ면ᄆᆞ옴이비로소거ᄎᆞ러다ᄉᆞ리디몯ᄒᆞ야일만일일움이다녯사ᄅᆞᆷ의게밋디몯ᄒᆞᄂᆞ니라

(集解)胡子、名宏、字仁仲、(增註)言、今之儒者、學文藝而干仕進、其用心最勤、能移此心、以存心修身、雖古人、亦可及也、往而不返 謂、心馳逐於文藝仕進、而不知返也、心者、萬事之本、心旣荒故、萬事之成、皆不及古之人矣

○顏氏家訓에 曰夫所以讀書學問은 本欲開心明目ᄒᆞ야 利於行耳니라

●顏氏家訓에ᄀᆞᆯ오ᄃᆡ 그ᄡᅥ글닑어비호며묻ᄂᆞᆫ바ᄂᆞᆫ본ᄃᆡ ᄆᆞᄋᆞᆷ을열며 눈을ᄇᆞᆰ혀行ᄒᆞ옴애利케코쟈홈이니라

(集解)熊氏曰夫、學在乎知行、二者而已、能知而不能行、與不學、同然、欲行之、必先知之也、故必讀書學問、開心明目、而後、可利於行耳、

未知養親者ᄂᆞᆫ 欲其觀古人之先(去聲)意承顏ᄒᆞ며 怡聲下氣ᄒᆞ며 不憚劬勞ᄒᆞ야 以致甘腝ᄒᆞ고 惕(他歷反)然慙懼ᄒᆞ야 起而行之也니라

●어버이효양ᄒᆞ기를아디몯ᄒᆞᄂᆞᆫ이ᄂᆞᆫ그녯사ᄅᆞᆷ의ᄠᅳᆮ의몬져ᄒᆞ야 낫빗ᄎᆞᆯ받ᄌᆞ오며소리를화히ᄒᆞ고긔운을ᄂᆞ즉이ᄒᆞ며슈고로옴을ᄭᅥ리디아니ᄒᆞ야ᄡᅥᄃᆞᆯ며연ᄒᆞᆫ거슬닐윈을보고惕然히붓그리며저허흥긔ᄒᆞ야行ᄒᆞ과뎌홈이니라

(集解)人子、養親、先意而承順顏色、怡聲而低下其氣、所謂養志也、不憚己之疲勞、以營奉甘軟之飮食、所謂養口體也、此皆古人之所行者、今因讀書學問而知之、故必惕然慙懼、興起而必欲行之也

未知事君者ᄂᆞᆫ 欲其觀古人之守職無侵ᄒᆞ며 見危授命ᄒᆞ며 不忘

誠諫ᄒᆞ야以利社稷ᄒᆞ고惻然自念ᄒᆞ야思欲効之也ㅣ니라

●님금섬김을아디몯ᄒᆞᄂᆞᆫ이ᄂᆞᆫ그녯사ᄅᆞᆷ의벼슬을딕희여침노홈이업ᄉᆞ며위ᄐᆡ홈을보고목숨을주며졍셩도이諫홈을닛지아니ᄒᆞ야ᄡᅥ社稷을利케홈을보고惻然히ᄉᆞᄉᆞ로혜아려효측고져홈을ᄉᆡᆼ각과뎌홈이니라

(增註)守職、有官守者、修其職、有言責者、 盡其忠也、見危授命、知有君、而不知有身也

素驕奢者ᄂᆞᆫ 欲其觀古人之恭儉節用ᄒᆞ며卑以自牧ᄒᆞ며禮爲敎本ᄒᆞ며敬者身基ᄒᆞ고瞿然自失ᄒᆞ며斂容抑志也ㅣ니라

●본ᄃᆡ교만ᄒᆞ고샤치ᄒᆞᆫ이ᄂᆞᆫ녯사ᄅᆞᆷ의온공ᄒᆞ고 검박ᄒᆞ야ᄡᅳ기ᄅᆞᆯ존졀ᄒᆞ며ᄂᆞᆺ죽이홈으로ᄡᅥ조쳐ᄒᆞ며禮ᄂᆞᆫᄀᆞᄅᆞ침의근본이되며공경은몸의터힌줄을 보고瞿然히ᄉᆞᄉᆞ로일흔ᄃᆞᆺᄒᆞ야용모ᄅᆞᆯ슈렴ᄒᆞ며ᄠᅳᆮ을억제코뎌홈이니라

(增註)自牧、自處也、禮以律人、敬以立己、瞿然、自失貌、収斂其容、抑下其志、則不驕奢矣

素鄙恪(吝)者ᄂᆞᆫ 欲其觀古人之貴義輕財ᄒᆞ며 少私寡慾ᄒᆞ며 忌盈惡(오)(烏故反)滿ᄒᆞ며賙(周)窮卹(恤同)匱ᄒᆞ고赧(乃板反)(난)然悔耻ᄒᆞ야積而能散也ㅣ니라

● 본ᄃᆡ더럽고앗기ᄂᆞᆫ이ᄂᆞᆫ그녯ᄉᆞᄅᆞᆷ의義ᄅᆞᆯ貫히너기고지물을가ᄇᆡ야이너기며ᄉᆞᄉᆞ로옴ᄋᆡ쟈고욕심이젹으며ᄌᆞᆫ이ᄅᆞᆯ새려ᄒᆞ고ᄆᆞᄃᆞᆨᄒᆞᆫ이ᄅᆞᆯ아쳐ᄒᆞ며窮ᄒᆞᆫ이ᄅᆞᆯ구ᄒᆞ고업셔ᄒᆞᄂᆞᆫ이ᄅᆞᆯ에엿비너기던줄을보고赧然히뉘웃고븟그려ᄊᆞ하두되能히ᄒᆞᆷ과더홈이니라

(集說)陳氏曰盈則溢、故可忌、滿則覆、故可惡、匱、乏也、赧然、慚而面赤之貌、積財而能散施、則不鄙悋矣

素暴悍者ᄂᆞᆫ 欲其觀古人之小心黜己ᄒᆞ며 齒敝舌存ᄒᆞ며含垢藏疾ᄒᆞ며尊賢容衆ᄒᆞ고薾涅(녈)然沮喪去聲ᄒᆞ야若不勝升衣也ㅣ니라

● 본ᄃᆡ모질고강한ᄒᆞᆫ이ᄂᆞᆫ그녯사ᄅᆞᆷ의ᄆᆞᄋᆞᆷ을젹게ᄒᆞ며몸을누르며니ᄂᆞᆫ히여디고혀ᄂᆞᆫ이시며더러온이ᄅᆞᆯ포함ᄒᆞ며사오나온이ᄅᆞᆯ츄존ᄒᆞ고모ᄃᆞᆫ사ᄅᆞᆷ을용납ᄒᆞ던줄을보고薾然히그치텨일흔듯ᄒᆞ야오슬이긔디몯ᄒᆞᆯᄃᆞ시ᄒᆞᆷ과더홈이니라

(集說)陳氏曰暴、猛暴也、悍、强悍也、黜己、自退抑也、齒敝舌存、喩强死而弱生也、含垢、謂包含人之垢穢、藏疾、謂藏隱人之過惡、苶然、沮喪貌、謂自沮喪其暴悍之氣也

素怯懦者ᄂᆞᆫ 欲其觀古人之達生委命ᄒᆞ며强毅正直ᄒᆞ며 立言必

信ᄒᆞ며求福不回ᄒᆞ고勃然奮厲ᄒᆞ야不可恐懼也ㅣ니라

●본ᄃᆡ怯ᄒᆞ고나약ᄒᆞᆫ이ᄂᆞᆫ그녯ᄉᆞᄅᆞᆷ의生애통달ᄒᆞ여命에ᄇᆞ려두며세ᄎᆞ고질긔며졍답고고ᄃᆞ며말ᄉᆞᆷ세욤을반ᄃᆞ시믿비ᄒᆞ며福求홈을회곡히아니턴줄을보고勃然히분발ᄒᆞ야ᄆᆞ다ᄃᆞᆷ아可히저두리디아니콰뎌홈이니라

(集說)陳氏曰怯、畏怯也、懦、懦弱也、達生、委命、謂通達生死之常理、而付之於命也、毅、强忍也、不回、不爲回邪之行也、勃然、奮厲貌、謂奮發振厲、以去其怯懦也

歷玆以往으로百行이皆然ᄒᆞ니雖不能淳이나去上聲下同泰去甚ᄒᆞ면學之所知ㅣ施無不達ᄒᆞ리라世人이讀書호ᄃᆡ但能言之ᄒᆞ고不能行之ᄒᆞᄂᆞ니武人俗吏의所共嗤詆ㅣ良由是耳니라

●일로ᄃᆡ나ᄡᅥ김오로온갓힝실이다그러ᄒᆞ나비록能히슌젼티몯ᄒᆞ나너므이ᄅᆞᆯ업시ᄒᆞ며甚ᄒᆞᆫ이ᄅᆞᆯ업시ᄒᆞ면비화아ᄂᆞᆫ배베픔에ᄉᆞᄆᆞᆺ치아닐ᄃᆡ업스리라셰샹ᄉᆞᄅᆞᆷ이글을닐그되다만能히니ᄅᆞᆯ만ᄒᆞ고能히行티몯ᄒᆞᄂᆞ니호반이며용쇽ᄒᆞᆫ관원의ᄒᆞᆫ가지로우ᅀᅳ며ᄭᅮ짓ᄂᆞᆫ배진실로말미암애니라

(增註)玆、指上文六者而言、皆然、謂皆如此、取法古人也、人能勇於力行、雖或未

至盡善、而氣習之偏駁褰甚者、亦必克而去之、學之所知者、能力行之、自無不達也、達、卽周子所謂、行之利也

又有讀數十卷書ᄒᆞ고便自高大ᄒᆞ야凌忽長者ᄒᆞ며輕慢同列ᄒᆞ야人이疾之如讎敵ᄒᆞ며惡之如鴟梟ᄒᆞᄂᆞ니如此면ㅣ以學求益이어늘今反自損ᄒᆞ니不如無學也ㅣ니라

●또두어열卷글을닑고문득스ᄉᆞ로놉고큰양ᄒᆞ야얼운을凌忽ᄒᆞ며同列을輕慢히너겨ᄉᆞᄅᆞᆷ이믜여홈을讎敵가티ᄒᆞ며아쳐홈을쇼로개와올바미ᄀᆞ티너기ᄂᆞ니이러ᄒᆞ면ᄇᆡ홈으로ᄡᅥ유익홈을求ᄒᆞ거늘이제도로혀스ᄉᆞ로해ᄒᆞ니ᄇᆡ호디아니홈만ᄀᆞᆺ디몯ᄒᆞ니라

(集解)熊氏曰此、言借讀書爲名、而矜己傲人者、夫不能使人親愛、而使人疾惡、是學本求益、今反自損也、鴟梟、惡鳥也

○伊川先生이曰大學은孔氏之遺書ㅣ니而初學入德之門也ㅣ니於今에可見古人의爲學次第者ㅣ獨賴此篇之存而其他則未有如論孟者ᄒᆞ니故로學者ㅣ必由是而學焉則庶乎其不差

矣니라

●伊川先生이ᄀᆞᆯᄋᆞ샤ᄃᆡ大學은孔氏의기티신글이라처엄비호ᄂᆞᆫ의德에 드ᄂᆞᆫ門이야니이제可히녜ᄉᆞ사ᄅᆞᆷ의學ᄒᆞ던ᄎᆞ례를볼새시홀로이글이이심을힘닙고그나믄이ᄂᆞᆫ論語와孟子갓ᄐᆞᆫ이잇디아니ᄒᆞ니그러모로비호ᄂᆞᆫ이ᄂᆞᆫ이반ᄃᆞ시 이를말믜아마비호면거의그그ᄅᆞ디아니ᄒᆞ리라

(集說)陳氏曰大學之書、古之大學、所以敎人之法、 孔子誦而傳之 以詔後世、而初學入德之門也、爲學次第、謂、格物、致知、誠意、正心、修身、齊家、治國、平天下先後之序也、是、指大學而言、朱子曰先讀大學、去讀他經、 方見得此是格物致知事、此是誠意正心事、此是修身事、此是齊家、治國、平天下事也

○凡看語孟에 且須熟讀玩味ᄒᆞ야 將聖人之言語ᄒᆞ야 切己오 不可只作一場話說이니看得此二書ᄒᆞ야切己ᄒᆞ면終身儘多也ㅣ니라

●믈읫論語와孟子를봄애안직모롬애닉게닑고玩味ᄒᆞ야聖人의말ᄉᆞᆷ을가져다가몸애절당케ᄒᆞ고可히다만ᄒᆞᆫ바탕말만삼디아니홀ᄯᅵ니이두글을 보아몸애절당케ᄒᆞ면몸이ᄆᆞᆺ도록ᄀᆞ장유여ᄒᆞ리라

(集解)朱子曰論語一書、無所不包、 而其示人者、莫非操存涵養之要、孟子七篇、

無所不究、而其示人者、類多體驗擴充之端、須熟讀玩味、以身體之、方是切實也、
輔氏曰讀書者、能將聖賢言語、切己則不枉費工夫、而終身行之有餘矣

○讀論語者ㅣ 但將弟子問處ᄒᆞ야 便作己問ᄒᆞ며 將聖人答處ᄒᆞ야 便作今日耳聞ᄒᆞ면 自然有得ᄒᆞ리니 若能於論孟中에 深求玩味ᄒᆞ야 將來涵養ᄒᆞ면 成甚生氣質ᄒᆞ리라

●論語닑ᄂᆞᆫ이다만弟子의묻ᄌᆞ온곧을가져와묻ᄂᆞᆫ득내무룸을삼으、면聖人의ᄃᆡ답ᄒᆞ신곧을가져와묻ᄂᆞᆫ득오ᄂᆞᆯ날귀예드롬을삼으、면自然히어듬이이시리니 만일能히論語孟子ㅅ가온ᄃᆡ깁히求ᄒᆞ고玩味ᄒᆞ야가져서잠겨치면甚生ᄒᆞᆫ氣質이일리라

(集解)朱子曰孔門、問答、曾子聞得之言、顏子未必與聞、顏子聞得之語、子貢未必與聞、今都聚在論語、後世學者、豈不大幸也、輔氏曰若能、將弟子問處、作自、己問、聖人答處、作己所聞、則不徒誦其言、必將求其意、不徒求其意、必將見於行、其進於聖賢也、不難矣、○葉氏曰甚生、猶非常也

○橫渠先生이 曰中庸文字輩ᄂᆞᆫ 直須句句理會過ᄒᆞ야 使其言으로互相發明이니라

●橫渠先生이ᄀᆞᆯᄋᆞ샤ᄃᆡ中庸에文字ᄃᆞᆯᄒᆞᆫ다 만모롬이귀귀마다ᄎᆞᆯ화아라다내여그

말ᄉᆞᆷ으로ᄒᆡ여곰서르나타밝게ᄒᆞᆯ써시니라

(集解)朱子曰張子此言、眞讀書之要法、不但可施於中庸也 熊氏曰一句、有一句之義、其初須是逐句理會、然、一書前後之言、皆互相發、又必參互考之、方見大指也

○六經을須循環理會니盡無窮ᄒᆞ니待自家ㅣ長得一格則又見得이別ᄒᆞ리다

●六經을모롬이循環ᄒᆞ야ᄎᆞᆯ화알띠니마장그지업스니내ᄒᆞᆫ층을길우믈기들우면 또보미각별ᄒᆞ리라

(集解)六經、易、詩、書、周禮、禮記、春秋也、循環、謂周而復始也、盡無窮、謂義理無窮盡也、(增註)長一格、謂學有進也、學進則所見益高矣

○呂舍人이曰大抵ᄒᆞᆫ디後生이爲學ᄒᆞ디先須理會所以爲學者ㅣ何事오ᄒᆞ야一行一住一語一嘿을須盡合道理니라

●呂舍人이ᄀᆞᆯ오ᄃᆡ大抵ᄒᆞᆫ디後生이學을호ᄃᆡ몬저 모롬이뻐學을ᄒᆞᄂᆞᆫ배므스일인고ᄒᆞ여ᄎᆞᆯ화아라ᄒᆞᆫ번ᄃᆞᄂᆞ니며ᄒᆞᆫ번머믈며ᄒᆞᆫ버말ᄉᆞᆷᄒᆞ며ᄒᆞᆫ번잠잠ᄒᆞ욤을모롬이다道理에맛게홈을요구할띠니라

(集說)陳氏曰舍人、呂本中也、嘗爲中書舍人、理會者、猶言識得也、蓋學、所以爲道也、如下文行往語默、須要盡合道理、及求古聖賢用心、竭力從之、是、己非爲作文章、取官祿計也、後生爲學、先須識得此意然後、志定而德業、可成矣

學業則須是嚴立課程이오 不可一日放慢이니 每日에 須讀一般經書一般子書호되 不須多ㅣ오 只要令精熟이니 須靜室危坐ᄒᆞ야 讀取二三百遍ᄒᆞ야 字字句句를 須要分明이니 又每日에 須連前三五授ᄒᆞ야 通讀五七十遍ᄒᆞ야 須令成誦이오 不可一字放過也ㅣ니 史書ᄂᆞᆫ 每日에 須讀取一卷或半卷以上이라야 始見功이니 須是從人授讀ᄒᆞ야 疑難(去聲)處를 便質問ᄒᆞ야 求古聖賢用心ᄒᆞ야 竭力從之니라

●學業은모롬이일과ᄒᆞᄂᆞᆫ법을嚴히세고可히ᄒᆞᄅᆞ도 노하프러ᄇᆞ리디몯ᄒᆞᆯ쌔시니每日에모롬이ᄒᆞᆫ가짓經書와ᄒᆞᆫ가짓子書를닑오ᄃᆡ모롬이만히 말고다 만ᄒᆡ여곰精코닉음을요구ᄒᆞᆯᄯᅵ니모롬 이괴오ᄒᆞᆫ집의危坐ᄒᆞ야二三百번을닑어字字ㅣ며句句를모롬이分明홈을요구ᄒᆞᆯᄯᅵ 니라또每日에모롬이이젼에사ᄒᆞᆯ닷새ᄀᆞᄅᆞ친거슬連ᄒᆞ야通ᄒᆞ야쉰닐흔번을닑어 모롬이ᄒᆡ여곰외옴이일게ᄒᆞ고可히ᄒᆞᆫ字도노하디내디몯ᄒᆞᆯ쌔시니라史記ᄂᆞᆫ每日에모롬이 ᄒᆞᆫ권어어나或바권으로ᄡᅥ우ᄒᆞᆯ닑어야비로

소공효를볼새시니모롬이이ᄉᆞ롬을조차가ᄅᆞ처든녀어의심되야본란ᄒᆞᆫ곤을몬두질졍ᄒᆞ야무러녯聖賢의ᄆᆞ옴ᄡᅳ심을求ᄒᆞ야힘을다ᄒᆞ야조찰ᄯᅵ니라

(增註)經書、聖人之書、子書、賢人之書、史書、紀事之書、質、正也、經書、子書、必讀之精熟、反覆玩味、然後、文義可通、史書、必讀一卷半卷以上、然後、事之本末、可見、皆必從師友授而讀之、有疑難則取正審問、乃不差也、如是以求古聖賢所以用心而盡力、從之、道將爲我有矣

夫指引者는師之功也오行有不至어든從容規戒者는朋友之任也나決意而往은則須用己力이니難仰他人矣니라

●ᄀᆞᄅᆞ처인도홈은스승의功이오行ᄒᆞ욤애닐으디몯홈이잇거든從容히규졍ᄒᆞ며졍계홈은벋의소임이니ᄯᅳᆮ을결단ᄒᆞ야가기ᄂᆞᆫ모롬이내힘을ᄡᅳᆯ거시라다ᄅᆞᆫ사ᄅᆞᆷ의게울어롬이어려우니라

(集解)仰、恃也、指、導、汲、引、則在於師、切磋勸勉則在於友、若夫、勇往精進、自强不息、則在於自己、而難倚恃師友矣、(增註)高彥先云、修學、須是出於本心、不待父母先生督責、造次不忘、寢食在念、然後、可成功

○呂氏童蒙訓에曰今日에記一事ᄒᆞ고明日에記一事ᄒᆞ면久則自

然貫穿(去聲)ᄒᆞ며今日에 辨一理ᄒᆞ고明日에 辨一理ᄒᆞ면久則自然浹洽ᄒᆞ며

●呂氏童蒙訓에ᄀᆞᆯ오ᄃᆡ오ᄂᆞᆯ날애ᄒᆞᆫ일을긔디ᄒᆞ고ᄂᆡ일날애 ᄒᆞᆫ일을긔디ᄒᆞ면오라면自然히ᄉᆞᄆᆞ차지며오ᄂᆞᆯ날애ᄒᆞᆫ도리ᄅᆞᆯ분변ᄒᆞ고ᄂᆡ일날애ᄒᆞᆫ 도리ᄅᆞᆯ분변ᄒᆞ면오라면自然히흐웍ᄒᆞ며

(增註)久、謂日日如此、無間斷也、貫穿、通透也、理、卽事中之理、辨、謂辨其是非浹洽則心與理、相涵矣(集解)此、致知之事也

今日에行一難事ᄒᆞ고明日에行一難事ᄒᆞ면久則自然堅固ᄒᆞ니

●오ᄂᆞᆯ날애ᄒᆞᆫ어려온일을行ᄒᆞ고ᄂᆡ일날의ᄒᆞᆫ어려온일을行ᄒᆞ면오라면自然히구드리니

(增註)堅固、則身與事相安矣、(集解)此、力行之事也

渙然冰釋ᄒᆞ며怡然理順은久自得之라非偶然也ㅣ니라

●渙然히어름이프려디닷ᄒᆞ며怡然히理ㅣ順ᄒᆞ욤은오라야스스로어들거시라偶然히홈이아니니라

(集說)陳氏曰釋、消也、林氏曰渙然解散、如冰春之釋、怡然喜悅、而衆理皆順

○前輩ㅣ嘗說後生이才性過人者ᄂᆞᆫ不足畏오惟讀書尋思

推究者ㅣ爲可畏耳라ᄒᆞ고 又云讀書는 只伯尋思라ᄒᆞ니 蓋義理精深이라 惟尋思用意라야 爲可以得之니 鹵(音魯)莽(母黨切)(망) 厭煩者는 決無有成之理니라

●前輩ㅣ 일쥭 닐오ᄃᆡ 後生이 지조와 품셩이 ᄉᆞᄅᆞᆷ의 계념은 이는 足히 두립다 아니ᄒᆞ고 오직 글닑음의 ᄎᆞ자 ᄉᆡᆼ각ᄒᆞ며 밀워 궁구ᄒᆞ나니 可히 무리오니다 ᄒᆞ고 또 일오ᄃᆡ 글닑음은 다만 ᄎᆞᄌᆞ ᄉᆡᆼ각홈이 두리오니라 ᄒᆞ니 義理精ᄒᆞ고 깁흔디라 오직 차ᄌᆞ ᄉᆡᆼ각ᄒᆞ야 ᄠᅳᆮ을 ᄡᅥ야 可히 ᄡᅥ 어들 거시니 鹵莽ᄒᆞ야 번거홈을 厭ᄒᆞ는니는 결연히 일옴이 이실 理 업ᄉᆞ리라

(集解)鹵莽、輕脫苟且之謂、熊氏曰人有才、貴乎有學、非學、無以充其才、有學、貴乎有思、非思、無以充其學、故後生可畏者、非以其才之難、既能學而又能思者、爲難也 夫義理、散在簡冊之中、聖賢之言、不可以粗看、不可以淺窺、若鹵莽厭煩 則何由知聖賢用心、而窮其義理乎

○顔氏家訓에 曰借人典籍에 皆須愛護ᄒᆞ야 先有缺壞어든 就爲(去聲)補治니 此亦士大夫百行(去聲)之一也ㅣ니라

●顔氏家訓에 ᄀᆞᆯ오ᄃᆡ ᄉᆞᄅᆞᆷ의 ᄎᆡᆨ을 빌매 모롬이 ᄉᆞ랑ᄒᆞ야 간슈ᄒᆞ야 몬져 ᄒᆞ여딘 ᄃᆡ 잇

거든즉제爲ᄒᆞ야슈보ᄒᆞ야다ᄉᆞ릴ᄯᅢ니士대우의일ᄇᆡᆨ힝실에ᄒᆞ나히니라

(集解)借人器物、皆須保護、況書籍乎、或先損壞、則爲修補完好、實士君子之一行也

濟陽江祿이讀書未竟에雖有急速이라도必待卷(捲)束整齊然後에得起故로無損敗ᄒᆞ니人不厭其求假焉ᄒᆞ더라

●濟陽江祿이글닑다가믇디온ᄒᆞ여실제비록급ᄒᆞ고밧븜이이셔도반ᄃᆞ시마라뭇거整齊홈을기ᄃᆞᆯ온후에시러곰니러나ᄂᆞᆫ故로ᄒᆞ여딤이업ᄉᆞ니사ᄅᆞᆷ이그求ᄒᆞ야비로믈슬희여ᄒᆞ디아니ᄒᆞ더라

(集解)濟陽、縣名、讀書、雖遇急事、必整束而起、此亦、可見其處事敬謹、宜乎人、不厭其求借也

或有狼藉几案ᄒᆞ며分散部秩ᄒᆞ야多爲童幼婢妾의所點汚(去聲)ᄒᆞ며風雨虫鼠의所毁傷ᄒᆞ니實爲累(去聲)德이라吾ㅣ每讀聖人書에未嘗不肅敬對之ᄒᆞ며其故紙有五經詞義와及聖賢姓名이어든不敢他用也ᄒᆞ노라

●或几며셔안의狠藉ᄒᆞ며권딜을ᄒᆞ터 만히아희와죵돌히더러인배며바람과 비와 버러지와쥐의ᄒᆞ여브린배되ᄂᆞ니실로德을더러임이되ᄂᆞ니라ᄂᆡ 미양聖人의글을 닐글세일즉엄슉ᄒᆞ고공경ᄒᆞ야상뎌티아니티아니ᄒᆞ며그녯죠히예五經의 말과 민 聖賢의姓名이잇거든敢히다ᄅᆞᆫᄃᆡᄡᅳ디아니ᄒᆞ노라

(集解)狠、藉草而臥、去則穢亂、物之散亂、曰狠藉、部秩、書冊卷帙也、汚毁經書、實果大德、故顏氏訓以爲世戒、且云、舊紙有經暈之文、聖賢之姓名、皆不敢別用、所以廣敬也

○明道先生이 曰君子ㅣ 教人有序ᄒᆞᄂᆞ니 先傳以小者近者而後教以大者遠者ㅣ니 非是先傳以近小而後不教以遠大也ㅣ니라

●明道先生이ᄀᆞᆯᄋᆞ샤ᄃᆡ君子ㅣ사ᄅᆞᆷᄀᆞᄅᆞ침이ᄎᆞ례잇ᄂᆞᆫ디라몬뎌져그며 갓가온이로ᄡᅥᄀᆞᄅᆞ치고후에크며먼이로ᄡᅥ 가라치ᄂᆞ니이몬져갓가오며져근이로ᄡᅥ가라칠만ᄒᆞ고후에멀며큰이로ᄡᅥ가라치디아니홈이아니니라

(增註)小者、近者、謂灑掃應對之節、大者、遠者、謂明德、新民之事

○明道先生이 曰道之不明은 異端이 害之也ㅣ니 昔之害는 近而易知러니 今之害는 深而難辨이로다 昔之惑人也는 乘其迷暗이러니 今

之入人也ᄂᆞᆫ 因其高明이로다

●明道先生이 ᄀᆞᆯ으샤ᄃᆡ 道의 ᄇᆞᆰ디 몯ᄒᆞᆷ은 異端이 害ᄒᆞᆷ이니 녜ㅅ害ᄂᆞᆫ 갓가와 수이 알리러니 이젯害ᄂᆞᆫ 깁고 분변ᄒᆞᆷ이 어렵도다 녜ㅅ사ᄅᆞᆷ을 惑게ᄒᆞᆷ은 그 미렬코 아득ᄒᆞᆫ 이ᄅᆞᆯ 타ᄒᆞ더니 이제 ᄉᆞᄅᆞᆷ의게 들기ᄂᆞᆫ 그 놉고 ᄇᆞᆰ음은 이ᄅᆞᆯ 因ᄒᆞ여ᄒᆞᄂᆞ다

(集解)道者、聖人之道也、異端、非聖人之道、而別爲一端、如、楊墨老佛、是也、葉氏曰昔之害、謂楊墨、今之害、謂佛氏・淺近故迷暗者、爲所惑、深微故高明者、反陷其中

自謂之窮神知化而不足以開物成務ᄒᆞ며 言爲無不周徧ᄒᆞ되 實則外於倫理ᄒᆞ며 窮深極微而不可以入堯舜之道ㅣ니 天下之學이 非淺陋固滯則必入於此ㅣ니라

●스스로 닐오ᄃᆡ 신묘ᄒᆞᆫ 것을 궁구ᄒᆞ며 변화ᄅᆞᆯ 아노라 호ᄃᆡ 足히 ᄡᅥ ᄉᆞᄅᆞᆷ을 열어내며 일을 일오디 몯ᄒᆞ며 말ᄉᆞᆷ이며 ᄒᆞᄂᆞᆫ 일이 周徧티 아님이 업ᄉᆞᆯ와 호ᄃᆡ 實로ᄂᆞᆫ 인륜이며 텬리예 버셔나며 기픈ᄃᆡᄅᆞᆯ 궁구ᄒᆞ며 미묘ᄒᆞᆫᄃᆡ 극진호라 호ᄃᆡ 可히 ᄡᅥ 堯舜ㅅ 道에 드디 몯ᄒᆞ리니 天下엣 學이 엳트며 좁으며 고집ᄒᆞ며 거리센 이 아니면 반ᄃᆞ시 이예 드ᄂᆞ니라

(集說)陳氏曰言爲、夏氏以爲、所言、所爲也、佛氏、自謂通神明之德、知變化之道語大包法界、語小入微塵、或陳說道德、指陳心性、皆朱子、所謂彌近理而大亂眞者也、開物、謂人所未知者、開發之、成務、謂人之欲爲者、成全之、如、三皇五帝、造書契、敎稼穡、制衣裳、宮室之類、是也、倫理、謂、父子、君臣、夫婦、長幼、朋友之倫、有、親、義、別、序、信、之理也、堯舜之道、即倫理也、淺陋固滯、如刑罰術數之說、記誦詞章之習、皆是道不明、故天下之學、不入於淺陋固滯、必入於佛氏之空寂

自道之不明也로 邪誕妖妄之說이 競起ᄒᆞ야 塗生民之耳目ᄒᆞ며 溺天下於汚濁ᄒᆞ니 雖高才明智라도 膠於見聞ᄒᆞ야 醉生夢死ᄒᆞ야 不自覺也ㅣ니라

㊀ 道ㅣ ᄇᆞᆰ디 몯홈으로브터 샤특ᄒᆞ며 허탄ᄒᆞ며 요괴로오며 망녕된말이 다토와 니러나 ᄇᆡᆨ셩의 귀눈을 막으며 天下를 더럽고 흐린ᄃᆡ 빠디게 ᄒᆞ니 비록 노ᄑᆞᆫ 지죄며 ᄇᆞᆰ은 지혜라도 보며 들은ᄃᆡ 거릿기여 醉ᄒᆞ야 ᄉᆞ랏고 ᄭᅮᆷ가티 죽어 스스로 ᄭᆡᄃᆞᆮ디 몯ᄒᆞᄂᆞ니라

(增註)楊、墨、老、佛、皆邪誕妖妄之說也、塗、猶塞也、溺、猶陷也、膠猶泥去聲也、覺悟也、言其迷溺之深、如醉、如夢、自生至死而不悟也

是皆正路之蓁蕪ㅣ며聖門之蔽塞이라闢之而後에야可以入道ㅣ니라

●이다졍훈길희거츠는거시며셩인의門의가리오는거시라헤틴후에아可히써道에들띠니라

(集說)吳氏曰正路、喩聖道、蓁、草盛貌、蕪、荒也、闢、開也、言、學者欲由聖道、入聖門、必先除其蓁蕪、開其蔽塞、則大道廓如、而人可得而行也

右는廣敬身이라

●이우혼몸공경홈을넙피니라

原本小學集註卷之五 終

原本小學集註卷之六

善行第六이라　　外篇

●어딘힝실이니ᄎᆞ례예여ᄉᆞᆺ재라

(集說)此篇、紀漢以來、賢者所行之善行、以實立敎、明倫、敬身也、凡八十一章

呂滎公의名은希哲이오字ᄂᆞᆫ原明이니申國正獻公之長子ㅣ라正獻公이居家애簡重寡默ᄒᆞ야不以事物로經心ᄒᆞ고而申國夫人이性嚴有法度ᄒᆞ야雖甚愛公ᄒᆞ나然이나敎公호ᄃᆡ事事를循蹈規矩ᄒᆞ더라

●呂滎公의일홈은希哲이오字ᄂᆞᆫ原明이니申國正獻公의ᄆᆞᆮ아ᄃᆞᆯ이라 正獻公이집의이실제간략ᄒᆞ며후즁ᄒᆞ며寡ᄒᆞ며默ᄒᆞ야事와物로ᄡᅥ ᄆᆞᄋᆞᆷ애 경영티아니ᄒᆞ고申國夫人이性이嚴ᄒᆞ고法度ㅣ이셔비록심히公을ᄉᆞ랑ᄒᆞ나 그러나公을ᄀᆞᄅᆞ치되미ᄉᆞ를規矩를조차ᄇᆞᆲ게ᄒᆞ더라

(集解)正獻公、名公著、字晦叔、相宋、封申國公、寡、謂省事、默、謂愼言也、不以事物經心者、謂、凡世俗之事、皆不以經營於心也、夫人、公著之妻、魯、叅政、宗道之女、蹈、踐也、規矩、法度之器、所以爲方圓者也

甫十歲에祁寒暑雨ㅣ라도侍立終日ᄒᆞ야不命之坐ㅣ어든不敢坐也ᄒᆞ더라

日必冠帶ᄒᆞ야以見(현)長者ᄒᆞ며平居에雖甚熱ᄒᆞ나在父母長者之側ᄒᆞ야不得去(上聲)巾襪縛(篆)袴ᄒᆞ야衣服唯謹ᄒᆞ더라

●계오열살에큰지위와덥고비올제라도뫼서셧기를날이못도록ᄒᆞ야命ᄒᆞ야안즈라아니커든敢히안ᄯᅵ아니ᄒᆞ더라날마다반ᄃᆞ시冠帶ᄒᆞ야ᄡᅥ얼운의게뵈ᄋᆞ오며샹해이실ᄶᅦ비록심히더우나父母와얼운의겨ᄐᆡ이셔시러곰巾과 보션과힝뎐을벗디못ᄒᆞ야衣服을오직삼가더라

(集解)甫、始也、祁、大也、縛、繞也、縛袴、卽內則所謂、偪、今人謂之行縢、束脛至膝、纏繞袴管故、曰縛袴也、熊氏曰大寒、大暑、若可以自便矣、然、猶執禮如常時、而不敢怠也

行步出入애無得入茶肆酒肆ᄒᆞ며市井里巷之語와鄭衛之音을未嘗一經於耳ᄒᆞ며不正之書와非禮之色을未嘗一接於目ᄒᆞ더라

●ᄃᆞᆫ니며거러나며들움애시러곰차져제과술져제드디못ᄒᆞ며저제제와ᄆᆞᄋᆞᆳ힛말과鄭과衛ㅅ소리를일즉ᄒᆞᆫ번귀예디내디아니ᄒᆞ며正티아니ᄒᆞᆫ글과禮아닌빗ᄎᆞᆯ일즉ᄒᆞᆫ번눈에브티디아니ᄒᆞ더라

(增註)鄭、衛、二國名、其音、淫、態氏、曰足不妄行、耳不妄聽、目不妄視也

正獻公이通判潁州예歐陽公이適知州事ㅣ러니 焦先生千之伯强이客文忠公所ᄒᆞ야嚴毅方正이어늘 正獻公이招延之ᄒᆞ야使敎諸子ᄒᆞ더니諸生이小有過差ㅣ어든 先生이端坐ᄒᆞ야召與相對ᄒᆞ야終日竟夕ᄒᆞ대不與之語ㅣ라가 諸生이恐懼畏伏이에야 先生이方略降(강)辭色ᄒᆞ며라

●正獻公이潁州ㅣ예通判ᄒᆞ여실제歐陽公이 마ᄎᆞ아州事知를ᄒᆞ엿더니 焦先生千之伯强이文忠公곧애손이되야셔嚴ᄒᆞ고毅ᄒᆞ며모나고정답거늘正獻公이블러마자히여곰모ᄃᆞᆫ아ᄃᆞᆯ을ᄀᆞᄅᆞ치더니모ᄃᆞᆫ션비죠곰애나글옴이잇거든先生이 단정히안자블러더블어서르對ᄒᆞ야날이졈을며나죠히ᄆᆞᄎᆞ도ᄃᆡ더블어말ᄉᆞᆷ을아니ᄒᆞ다가모ᄃᆞᆫ션비저허복죄ᄒᆞ여야先生이바야흐로말ᄉᆞᆷ이며ᄂᆞᆺ빗출잠깐ᄂᆞᄌᆞ기ᄒᆞ더라

(集說)吳氏曰歐陽公、名脩、字永叔、廬陵人、諡文忠、焦先生、名千之、字伯强、時寓歐陽公家、正獻、延之、俾敎滎公及諸弟也、端、正也、降、猶舒也

時예公이方十餘歲ㅣ러니內則正獻公與申國夫人敎訓이如此之嚴ᄒᆞ고外則焦先生化導ㅣ如此之篤ᄒᆞ니故로公이德器成就ᄒᆞ야大異衆人ᄒᆞ니다公이嘗言人生애內無賢父兄ᄒᆞ며外無嚴師友ㅣ오而能成

者ㅣ少矣ᄒᆞ더라

●그적의公이보야호로열남은설이러니안호로ᄂᆞᆫ正獻公과다ᄆᆞᆺ申國夫人이ᄀᆞᄅᆞ침이이러ᄐᆞ시嚴ᄒᆞ고밧그로ᄂᆞᆫ焦先生이化導홈이이러ᄐᆞ시도라오니그러모로公이德과그르시이러크게모든사롬에셔다ᄅᆞ니라公이일즉닐오ᄃᆡ人生애안해어딘아비와兄이업ᄉᆞ며밧ᄭᅴ嚴ᄒᆞᆫᄉᆞ승과벋이업고能히일움이이시리젹으니라ᄒᆞ더라

(集解)人性本善而氣質不同、苟無父兄、教訓於內、師友、導化於外、則安能有成也哉、程子曰天下英材、不爲少矣、特以道學不明故、不得有所成就也

○呂滎公의張夫人은待制諱昷(温)之之幼女也ㅣ미最鍾愛ᄒᆞ니然이나居常애至微細事히教之必有法度ᄒᆞ더니如飲食之類에도飯羹으란許更益ᄒᆞ고魚肉으란不更進也ᄒᆞ나時에張公이已爲待制河北都轉運使(去聲)矣더라

●呂滎公의張夫人은待制일홈은昷之의젹은ᄯᆞᆯ이라ᄀᆞ장ᄉᆞ랑을모도와시나그러나샹해이실제微細ᄒᆞᆫ일에닐으히ᄀᆞᄅᆞ침을반ᄃᆞ시法度ㅣ잇더니飲食ᄀᆞᆺᄐᆞᆫ類에도밥과깅으란다시더음을許ᄒᆞ고魚과肉으란다시나오디아니ᄒᆞ니그적의張公이이믜待制로河北轉運使를ᄒᆞ엿더라

(增註)夫人、滎公之妻、諱、卽名也、生曰名、死曰諱、鍾、聚也、張公已貴顯矣、而示女子以儉約、如此、非特敎子者、所當法、亦守官者、所當法也

及夫人이嫁呂氏ᄒᆞ야는夫人之母는申國夫人姊也ㅣ라一日에來視女ᄒᆞ더니見舍後에有鍋釜之類ᄒᆞ고大不樂洛ᄒᆞ야謂申國夫人曰豈可使小兒輩로私作飮食ᄒᆞ야壞家法耶ㅣ리오ᄒᆞ니其嚴이如此ᄒᆞ더라

●맏夫人이呂氏예嫁ᄒᆞ야는夫人의어머님은申國夫人의형이라ᄒᆞᄅᆞᆫ날애와ᄯᆞᆯ을보더니방샤뒤헤솓가마類엣거시잇거늘보고크게즐기디아니ᄒᆞ야申國夫人ᄃᆞ려닐너골오ᄃᆡ엇디可히졈은아ᄒᆡ돌로ᄒᆡ여곰ᄉᆞᄉᆞ로이飮食을ᄆᆡᆼᄃᆞ라家法을허러ᄇᆞ리게ᄒᆞ리오ᄒᆞ니그嚴홈이이러ᄐᆞᆺᄒᆞ더라

(集解)張待制、呂正獻公、皆魯、叅政、宗道之婿、張女、嫁滎公、熊氏曰呂氏、家法固美矣、而張待制、魯叅政家、其閫範、又嚴正如此、可見當時士大夫家、禮義成習、豈後世之可及乎

○唐陽城이爲國子司業ᄒᆞ야引諸生告之曰凡學者는所以學爲忠與孝也ㅣ니諸生이有久不省親者乎아ᄒᆞ니明日에謁城還養者ㅣ二十輩ㅣ러니有三年不歸侍者ㅣ어늘斥之ᄒᆞ니라

●唐쩍陽城이國子司業ᄒᆞ야셔모든션비를나호여告ᄒᆞ야ᄀᆞᆯ오ᄃᆡ믈읫學ᄒᆞ기ᄂᆞᆫ뻐튱셩과다뭇효도ᄒᆞ기를비호ᄂᆞᆫ배니도든션배오래어버이를보디몯ᄒᆞ엿ᄂᆞᆫ이인ᄂᆞᆫ야ᄒᆞ니이튼날城의게뵈고돌아가봉양ᄒᆞᆯ이스므물이러니三年이도록도ᄅᆞ아가뫼시디아니ᄒᆞᆫ이잇거ᄂᆞᆯ내티니라

(集說)吳氏曰城、字元宗、定州人、謁、告也、斥 擯斥之也

○安定先生胡瑗의字ᄂᆞᆫ翼之니患隋唐以來예仕進이尙文辭而遺經業ᄒᆞ야苟趨祿利ᄒᆞ더니及爲蘇湖二州敎授ᄒᆞ야ᄂᆞᆫ嚴條約ᄒᆞ야以身先去聲之ᄒᆞ야雖大暑ㅣ라도必公服終日ᄒᆞ야以見諸生ᄒᆞ야嚴師弟子之禮ᄒᆞ며解經에至有要義ᄒᆞ야ᄂᆞᆫ懇懇爲諸生ᄒᆞ야言其所以治己而後治平人者ᄒᆞ더라學徒ㅣ千數ㅣ러니日月刮劘磨ᄒᆞ야爲文章호ᄃᆡ皆傳附經義ᄒᆞ야必以理勝ᄒᆞ며信其師說ᄒᆞ야敦尙行去聲實ᄒᆞ더니後爲太學ᄒᆞ야ᄂᆞᆫ四方이歸之ᄒᆞ니庠舍ㅣ不能容ᄒᆞ더라

●安定先生胡瑗의字ᄂᆞᆫ翼之니隋와唐으로뻐옴애벼슬ᄒᆞ야나아가ᄂᆞᆫ이文辭만숭샹ᄒᆞ고經業을ᄇᆞ리구챠히祿과利예ᄃᆞ라드ᄂᆞᆫ줄을병도이녀기더니민蘇쥐湖쥐두

고ᄋᆞᆯ敎授ㅣ되야ᄂᆞᆫ법됴와약속을嚴히ᄒᆞ야몸으로ᄡᅥ몬져ᄒᆞ야비록큰더위라도반ᄃᆞ시公服ᄒᆞ고날을점글워ᄡᅥ모든션비ᄅᆞᆯ보와스승弟子의禮ᄅᆞᆯ嚴히ᄒᆞ며經을사김애종요로온ᄯᅳᆮ인ᄂᆞᆫ듸니르러ᄂᆞᆫᄀᆞᆫ절히모든션비ᄅᆞᆯ위ᄒᆞ야그ᄡᅥ몸을다ᄉᆞ린후에사ᄅᆞᆷ을다ᄉᆞ릴바ᄅᆞᆯ닐ᄋᆞ더라비록호ᄂᆞᆫ물이千이나ᄒᆞ더니날이며달로ᄆᆞ디ᄃᆞ마文章을호듸다경셔ᄯᅳᆮ의ᄇᆞᆫ텨ᄒᆞ야반다시ᄡᅥ理勝케ᄒᆞ며그스승의말을믿어行實을도타이ᄉᆞᆼ샹ᄒᆞ더니후에太學을ᄒᆞ야ᄂᆞᆫ四方이도라가니庠舍ㅣ능히용납디몯ᄒᆞ더라

(集說)陳氏曰條、敎條、約、約束、以身先之、謂躬行以率之、要義、謂治己治人之道、懇懇、切到之意、治己而後治人、明體、適用之學也、刮劘、刮垢、劘光也、傅、依也、必以理勝、不尙辭也、信、尊信也、安定、後爲國子直講、四方學者、歸之、故庠舍不能容

其在湖學애 置經義齋治事齋ᄒᆞ니經義齋者ᄂᆞᆫ 擇疏通有器局者ᄒᆞ야居之ᄒᆞ고治事齋者ᄂᆞᆫ 人各治一事ᄒᆞ며又兼一事ᄒᆞ니 如治民治兵水利筭數之類ㅣ라其在太學애 亦然ᄒᆞ더라

●그湖쥐ㅅ學애이실제經義齋와治事齋ᄅᆞᆯ두니經義齋예ᄂᆞᆫ䟽通ᄒᆞ고器局이인ᄂᆞᆫ이ᄅᆞᆯ골희여살니고治事齋예ᄂᆞᆫ사ᄅᆞᆷ이각각ᄒᆞᆫ일을다ᄉᆞ리며또ᄒᆞᆫ일을兼ᄒᆞ니ᄇᆡᆨ셩다ᄉᆞ리며군ᄉᆞ다ᄉᆞ리며믈의利며算으로혜아림ᄀᆞᄐᆞᆫ類ㅣ라그大學애이심애또그리

ᄒᆞ더라
(集解)蹟通、謂氣質開明、有器局、謂局量寬廣、朱子曰胡氏、開治事齋、亦非獨只理會此、如所謂頭容直、足容重、手容恭、許多說話、都是本原

其弟子ㅣ散在四方에隨其人賢愚ᄒᆞ야皆循循雅飭ᄒᆞ니其言談擧止ㅣ遇之예不問可知爲先生弟子ㅣ오其學者ㅣ相語에稱先生이어든不問可知爲胡公也ㅣ러라

●그弟子ㅣ四方에ᄒᆞ터이숌애그사ᄅᆞᆷ이어딜며어림을조차다循循히아담ᄒᆞ고조심ᄒᆞ니그말ᄉᆞᆷ이며거동이만남애묻디아니ᄒᆞ여셔可히先生의弟子ㅣㄴ줄을알고學者ㅣ서로말ᄒᆞᆷ애先生이라일ᄏᆞᆯ거든묻디아니ᄒᆞ여셔可히胡公인줄을알리러라
(集解)循循、有次序而不越禮度也、雅飭、雅素而謹飭也、辭氣異乎常人故、不問知其爲先生弟子、四方從學者衆故、稱先生、必知其爲安定也

○明道先生이言於朝曰治天下ᄒᆞ되以正風俗得賢才로爲本이니

●明道先生이됴뎡에닐너ᄀᆞᆯᄋᆞ샤ᄃᆡ天下ᄅᆞᆯ다ᄉᆞ리되風俗을正히ᄒᆞ며賢才어드모로ᄡᅥ근본을삼을ᄯᅵ니
(集說)方氏曰君上所化、謂之風、民下所習、謂之俗、陳氏曰賢、有德者、才、有能

者、吳氏曰治天下、固以是二者、爲本、然、得賢才則可以正風俗、是則得賢才、又爲正風俗之本也

宜先禮命近侍賢儒及百執事ᄒᆞ야悉心推訪ᄒᆞ야有德業充備足爲師表者ᄒᆞ며其次ᄂᆞᆫ有篤志好去聲學材良行去聲脩者ㅣ어든延聘敦遣ᄒᆞ야萃於京師ᄒᆞ야俾朝夕애相與講明正學이니라

●맛당이몬져갓가이뫼ᄋᆞ완ᄂᆞᆫ어딘션비과밋온갓執事ᄅᆞᆯ禮로命ᄒᆞ야ᄆᆞ옴을다ᄒᆞ야츄심ᄒᆞ야무러德業이차ᄀᆞ자足히師表ㅣ되염즉ᄒᆞᆫ이이시며 그버거ᄂᆞᆫ뜯을도타이ᄒᆞ야혹문을됴히너기며저죄어딜며힝실이닷ᄀᆞᆫ이잇거든마자블러오며권ᄒᆞ야보ᄂᆡ게ᄒᆞ야서울에모도와히여곰아ᄎᆞᆷ나조히서르더블어正ᄒᆞᆫ學을강론ᄒᆞ야ᄇᆞᆰ키게ᄒᆞᆯ띠니라

(增註)延聘、謂迎之以禮、敦遣、謂送之以禮、京、大也、師、衆也、天子之都、曰京師

其道ᄂᆞᆫ必本於人倫ᄒᆞ야明乎物理ᄒᆞ고其教ᄂᆞᆫ自小學灑掃應對以往으로脩其孝悌忠信ᄒᆞ며周旋禮樂이니其所以誘掖激勵漸摩成就之道ㅣ皆有節序ᄒᆞ니其要ㅣ在於擇善脩身ᄒᆞ야至於化成天下

ᄒᆞ며 **自鄉人而可至於聖人之道**ㅣ니라

●그道ᄂᆞᆫ반ᄃᆞ시人倫에근본ᄒᆞ야物의理ᄅᆞᆯ밝키고 ᄀᆞᄅᆞ침은小學엣믈쎌이고ᄡᅳᆯ며應ᄒᆞ며對홈으로브터 ᄡᅧ감으로그효도ᄒᆞ며손슌ᄒᆞ며룽셩되며 믿븜을닷그며禮며樂애周旋케ᄒᆞᄂᆞ니그ᄡᅧ달애며ᄡᅵ들며ᄌᆞ아내며힘ᄡᅳ게ᄒᆞ며 적샤며ᄀᆞ다ᄃᆞᆷ아일우ᄂᆞᆫ밧도리다ᄆᆞ되며ᄎᆞ례이시니그죵요외어딘일을굴히며몸을닷가 天下ᄅᆞᆯ化ᄒᆞ야일움애이르며鄉人으로브터可히聖人의道애니ᄅᆞ매인ᄂᆞ니라

(集說)吳氏曰物理、事物之理也、灑掃應對、至於周旋禮樂、皆小學之敎也、以言敎引曰誘、以手扶持曰掖、激、謂激作、勵、謂勉勵、漸、如水之浸物、磨、如石之攻玉、成就、謂成就其材器也、擇善脩身、至於化成天下、皆大學之敎也、鄕人、鄕里之常人也

其學行(去聲)이 **皆中**(去聲)**於是者**ㅣ **爲成德**이니 **取材識明達可進於善者**ᄒᆞ야**使日受其業**ᄒᆞ야**擇其學明德尊者**ᄒᆞ야**爲太學之師**ᄒᆞ고**次以分敎天下之學**이니라

●그ᄒᆞᆨ문과ᄒᆡᆼ실이다이에마ᄌᆞᆫ이德인이 되리니지질과디식이ᄇᆞᆰ고ᄉᆞᄆᆞᆺ차可히어딘ᄃᆡ나아가리ᄅᆞᆯ取ᄒᆞ야ᄒᆞ여곰날마다그業을받게ᄒᆞ야그學이ᄇᆞᆰ고德이놉흔이

ᄅᆞᆯᄀᆞᆯ히여太學의스승을삼고버근이로써 ᄂᆞᆫ화天下의學애ᄀᆞᄅᆞ칠ᄯᅵ니라

(增註)中於是、謂、合於小學大學之教者、以成德者、爲師、取材識之明達者、受其教、上者、使教國學、其次、以分教州縣之學也

擇士入學ᄒᆞᄃᆡ縣이升之州ㅣ어든 州ㅣ賓興於太學이어든 太學이聚而教之ᄒᆞ야歲論其賢者能者於朝ㅣ니라

●선비ᄅᆞᆯᄀᆞᆯ히여學애드리되縣이州ㅣ예올녀든州ㅣ賓으로太學의興ᄒᆞ야든 太學이모도아ᄀᆞᄅᆞ쳐ᄒᆡ마다 그어딘이와能ᄒᆞᆫ이ᄅᆞᆯ됴뎡에論ᄒᆞᆯᄯᅵ니라

(增註)縣、謂縣學、州、謂州學、王制、曰論定然後、官之

凡選士之法은 皆以性行去聲端潔ᄒᆞ야居家孝悌ᄒᆞ며 有廉耻禮讓ᄒᆞ며通明學業ᄒᆞ며曉達治道者ㅣ니라

●믈읫선비ᄲᅡᆸᄂᆞᆫ法은다性과ᄒᆡᆼ실이단정ᄒᆞ고 조하집의이셔 효도ᄒᆞ며손슌ᄒᆞ며廉耻와禮讓이이시며學業을通ᄒᆞ야ᄇᆞᆰ히며다ᄉᆞ릴道ᄅᆞᆯ아라ᄉᆞᄆᆞᄎᆞᆫ이로써 ᄒᆞᆯ재시니라

(集說)朱子曰明道、論學制、最爲本、讀之、未嘗不慨然發嘆

○伊川先生이看詳學制ᄒᆞ시니 大槪ᄂᆞᆫ 以爲學校ᄂᆞᆫ 禮義相先之

地ᄂᆞᆫ어而月使之爭이殊非敎養之道ㅣ니請改試爲課ᄒᆞ야有所未至則學官이召而敎之ᄒᆞ고更不考定高下ᄒᆞ며

●伊川先生이學제도를看詳ᄒᆞ시니大槪ᄂᆞᆫ뻐호ᄃᆡ學校ᄂᆞᆫ禮義로서르몬져ᄒᆞᆯ싸히어ᄂᆞᆯ ᄃᆞᆯ마다ᄒᆞ여곰ᄃᆞ토게홈이 ᄌᆞ못ᄀᆞᄅᆞ쳐치ᄂᆞᆫ도리아니니請긴댄試ᄅᆞᆯ고텨일과ᄅᆞᆯᄒᆞ야니르디몯ᄒᆞᆫ배잇거든學관원이 블러ᄀᆞᄅᆞ치고다시놉프며 ᄂᆞ좀을고노와뎡티아니ᄒᆞ며

(集說)陳氏曰伊川、嘗充崇政殿說書、同孫覺等、看詳國子監條制、月使之爭、謂月有試、以較其高下、是使之爭競也

制尊賢堂ᄒᆞ야以延天下道德之士ᄒᆞ며鐫解額ᄒᆞ야以去上聲利誘ᄒᆞ며省繁文ᄒᆞ야以專委任ᄒᆞ며勵行去聲檢ᄒᆞ야以厚風敎ᄒᆞ고及置待賓吏師齋ᄒᆞ며立觀光法ᄒᆞ니如是者ㅣ亦數十條ㅣ러라

●尊賢堂을지어뻐天下옛道德엣션ᄇᆡ를마ᄌᆞ며향공의슈를더러뻐利로ᄃᆞᆯ애옴을업시ᄒᆞ며繁文을더러뻐소임맛딤을젼일히ᄒᆞ며行檢을힘ᄡᅳ게ᄒᆞ야뻐풍쇽과교화ᄅᆞᆯ둗겁게ᄒᆞ고민待賓지와吏師지ᄅᆞᆯ두며觀光法을셰니이ᄀᆞᄐᆞᆫ이ᄯᅩ두어열됴건이러라

(集解)制、造也、道明德立之士、制堂以延待之 使多士之有矜式也、鐫、刻也、解額、謂秋闈鄕試之額也、宋、元豐中、國學解額、增至五百人、 來者奔湊故、欲鐫減其額、均於外郡、使士人、各安鄕土、絕奔競也、 省繁文末節、以專委任之道、勵行誼名檢、以厚風化之源、復置齊舍、以待行能可賓敬、及通治道、可爲吏之師法者、至於天下之士、有來游學者、亦立觀光法、以處之、凡是者、通數十條

○藍田呂氏鄕約애曰凡同約者는德業相勸ᄒᆞ며

●藍田ㅅ呂氏ᄆᆞᄋᆞᆳ약속애ᄀᆞᆯ오ᄃᆡ믈읫ᄒᆞᆫ가지로약속ᄒᆞᆫ이ᄂᆞᆫ德이며 業으로서르勸ᄒᆞ며

(集解)藍田、縣名、 在今西安府、呂氏、兄弟四人、長大忠、次大防、大鈞、大臨、鄕約、與鄕人約誓也、勸、勉也、本註、德、謂見善必行、聞過必改、能治其身、能治其家、能事父兄、能敎子弟、能御僮僕、能事長上、能睦親故、能擇交游、能守廉介、能廣施惠、能受寄託、能救患難、能規過失、 能爲人謀、能爲衆 事、能解鬪爭、能決是非、能興利除害、能居官擧職、業、 謂居家則事父兄、敎子弟、待妻妾、 在外則事長上、接朋友、敎後生、御僮僕、至於讀書、治田、營家、濟物、如禮樂射御書數之類、皆可爲之、非此之類、皆爲無益

過失相規ᄒᆞ며

●허믈과 그른일을서르경계ᄒᆞ며

(集解)規、猶戒也、本註、犯義之過、六、一曰酗博鬪訟、二曰行止踰違、三曰行不恭遜、四曰言不忠信、五曰造言誣毀、六曰營私太甚、不脩之過、五、一曰交非其人、二曰遊戲怠惰、三曰動作無儀、四曰臨事不恪、五曰用度不節

禮俗相交ᄒᆞ며

●禮다온풍쇽으로서르사괴며

(集解)本註、謂姻婚、喪葬、祭祀、往還、書問、慶吊之類

患難相恤이니라

●근심과어려운ᄃᆡ서르구ᄒᆞᆯᄯᅵ니라

(集解)本註、一曰水火、二曰盜賊、三曰疾病、四曰死喪、五曰孤弱、六曰誣枉、七曰貧乏

有善則書于籍ᄒᆞ고**有過若違約者**를**亦書之**ᄒᆞ야**三犯而行罰**ᄒᆞ되**不悛**(전)**者**란**絕之**ᄒᆞ니라

●어딘일이잇거든籍에쓰고허믈이이시며믿약쇽을어그릇ᄂᆞᆫ이를 ᄯᅩ써세번犯ᄒᆞ야ᄂᆞᆫ罰을行호ᄃᆡ 고티디아니ᄒᆞᄂᆞᆫ이란그츨ᄯᅵ니라

(集解)若、及也、悛、改也、絶之、使不與去聲約也

○明道先生이敎人호샤ᄃᆡ自致知로至於知止ᄒᆞ며誠意로至於平天下ᄒᆞ야灑掃應對로至於窮理盡性ᄒᆞ샤循循有序ᄒᆞ더시니

●明道先生이사ᄅᆞᆷ을ᄀᆞᄅᆞ치샤ᄃᆡ일옴을닐위옴으로브터 그칠ᄃᆡᄅᆞᆯ일옴애니르며뜯을셩실히홈으로天下ᄅᆞᆯ平케홈애니르며灑掃와應對로理ᄅᆞᆯ궁극키ᄒᆞ며性을다홈애니르사循循히ᄎᆞ셰잇게ᄒᆞ더시니

(集說)朱子曰致知、推極吾之知識、欲其所知、無不盡也、知止云者、物格知至而於天下之事、皆有以知其至善之所在、是則吾所當止之地也誠意者、實其心之所發、欲其必自慊而無自欺也、意不自欺、則心之本體、物不能動、而無不正矣、心得其正、則身之所處、不至陷於所偏、而無不修矣、身無不脩、則推之家國天下、亦學而措之耳、此、大學之序也、吳氏曰灑掃應對、小學之敎也、窮理盡性、大學之敎也、窮理、即致知、至於知止之謂、盡性、即誠意、至於平天下之謂、循循、有次序貌、謂先習之於小學、而後進之於大學、而大學之敎、又自有其序也

病世之學者ㅣ捨近而趨遠ᄒᆞ며處下而闚(窺)高ㅣ라所以輕自大而卒無得也ㅣ시니라

●셰상의學者ㅣ갓가온ᄃᆡ란ᄇᆞ리고먼ᄃᆡᄃᆞᄅᆞ며ᄂᆞᆺ존ᄃᆡ이셔놉ᄑᆞᆫᄃᆡᄅᆞᆯ엿보ᄂᆞᆫ디라ᄡᅥ가비야이ᄉᆞᄉᆞ로큰양ᄒᆞ야ᄆᆞᄎᆞᆷ애어듬이업ᄂᆞᆫ바ᄅᆞᆯ病도이너기ᄂᆞ니라

(集解)病、患也

右ᄂᆞᆫ實立敎ㅣ라

●이우ᄒᆞᆫᄀᆞᄅᆞ침셔윰을實ᄒᆡ우니라

江革이 少失父ᄒᆞ고 獨與母居ㅣ러니 遭天下亂ᄒᆞ야 盜賊이 並起어ᄂᆞᆯ 革이 負母逃難(去聲)ᄒᆞ야 備經險阻ᄒᆞ야 常採拾以爲養ᄒᆞ더니 數(朔)遇賊ᄒᆞ야 或劫欲將去ㅣ어든 革이 輒涕泣求哀ᄒᆞ야 言有老母ㅣ라ᄒᆞ야 辭氣愿(願)款ᄒᆞ야 有足感動人者ㅣ라 賊이 以是不忍犯之ᄒᆞ며 或乃指避兵之方ᄒᆞ니 遂得俱全於難(去聲)ᄒᆞ니라

●江革이졈어셔아비를일코혼자어 미와더브러사더니天下ㅣ어즈러옴을만나盜賊이ᄀᆞᆯ워니러나거늘革이어미를업고환난올도망ᄒᆞ야어렵살온ᄃᆡ를ᄀᆞ초다내여샹해ᄏᆡ며쥬어ᄡᅥ치기를ᄒᆞ더니ᄌᆞ조도젹을만나或겁틱ᄒᆞ야잡아가고쟈ᄒᆞ거든革이믄득울고에엿비너김을비러닐오ᄃᆡ늘근어미이셰라ᄒᆞ야말ᄉᆞᆷ과긔식이셩실코관곡ᄒᆞ야足히사ᄅᆞᆷ을感動홈이잇ᄂᆞᆫ디라도젹이일로ᄡᅥ ᄎᆞᆷ아犯티몯ᄒᆞ며或병난避

ᄒᆞᆯᄶᅡ ᄒᆞᆯᄆᆞᄅᆞ치니 드ᄃᆡ여 시러곰 다 환난에 보젼ᄒᆞ니라

(集說)陳氏曰革、字次翁、臨淄人、備經險阻、謂偏歷道路之艱危、採拾、謂採取草木之可食者、數、頻也、劫欲將去、欲脅革以去也、愿款、誠愨也、俱全、母子、皆保全也

轉客下邳여는 貧窮裸魯果反跣蘇典反ᄒᆞ야 行傭庸 以供母호ᄃᆡ 便身之物이 莫不畢給이러라

●올마 下邳ᄯᅡ히 손이 되야 가난ᄒᆞ고 궁박ᄒᆞ여 옷 벗고 발 버서 고공 ᄃᆞᆫ녀 ᄲᅥ 어미를 공양호ᄃᆡ 몸의 편ᄒᆞᆫ 거시 다 죡디 아님이 업더라

(集說)陳氏曰轉客、猶飄泊、下邳、郡名、今邳州、裸、露身、跣、露足、行傭、爲雇工也、便身之物、謂母身所便安之物、畢、猶皆也、給、猶足也

○薛包ㅣ 好去聲學篤行去聲ᄒᆞ더니 父ㅣ 娶後妻而憎包ᄒᆞ야 分出之어ᄂᆞᆯ 包ㅣ 日夜號平聲泣不能去ㅣ러니 至被毆杖ᄒᆞ야ᄂᆞᆫ 不得已廬于舍外ᄒᆞ얀 日入而灑掃ㅣ어ᄂᆞᆯ 父ㅣ 怒ᄒᆞ야 又逐之ᄒᆞᆫ대 乃廬於里門ᄒᆞ야 晨昏不廢ᄒᆞ더니 積歲餘에 父母ㅣ 慚而還之ᄒᆞ다 後에 服喪過哀ᄒᆞ니라

●薛包ㅣ學을즐겨ᄒᆞ며行실을독실을ᄒᆞ더니아비훈안해를얻고包를믜여눈화내여늘包ㅣ日夜애블으지져울고츰아가디몯ᄒᆞ더니毆杖을니브매시러곰마디몯ᄒᆞ야집밧긔막미여아츰이어든들어가믈쁠이고쁠거늘아비怒ᄒᆞ야또내쫏ᄎᆞᆫ대里門에막미여재배며어을믈廢티아니ᄒᆞ더니오라히남음애父母ㅣ붓그려드라오게ᄒᆞ다후애거상닙어슬허ᄒᆞ기를넘게ᄒᆞ니라

(集說)陳氏曰包、字孟嘗、汝南人、不能、猶不忍、里門、巷門也、不廢定省之禮

既而弟子ㅣ求分財異居ㅣ어늘包ㅣ不能止ᄒᆞ야乃中分其財ᄒᆞᆯ서奴婢를引其老者曰與我共事ㅣ久ㅣ라若이不能使也ㅣ라ᄒᆞ며田廬를取其荒頓者曰吾少時所理ㅣ라意所戀也ㅣ라ᄒᆞ며器物을取其朽敗者曰我ㅣ素所服食이라身口所安也ㅣ라ᄒᆞ더니弟子ㅣ數朔破其產이어늘輒復賑去聲給ᄒᆞ더라

●이윽고아의아ᄃᆞᆯ이지믈을눈화ᄃᆞᆯ시라지라求ᄒᆞ거늘包ㅣ能히그치누르디몯ᄒᆞ야그지믈을고로ᄂᆞᆫ홀ᄉᆡ奴婢를그늘근이를잡으며ᄀᆞᆯ오ᄃᆡ날과너블어일을ᄒᆞ가지로ᄒᆞ얀디오란디라네能히ᄇᆞ리디몯ᄒᆞ리라ᄒᆞ며밧과집을그거츤고기우러딘이를

가지며골오ᄃᆡ내졈어실졔다ᄉᆞ리던배라ᄠᅳᆫ에ᄉᆞ렴ᄒᆞᄂᆞᆫ배라ᄒᆞ며器物을그셕고히
여딘거슬가지며골오ᄃᆡ내본ᄃᆡᄡᅳ며먹던배라몸과입에편안히너기ᄂᆞᆫ배라ᄒᆞ더니
아의아ᄃᆞᆯ이ᄌᆞ조그셰간을破ᄒᆞ야놀믄득ᄯᅩ쥬어쥬족게ᄒᆞ더라

(集說)陳氏曰若、汝也、荒、謂田畝荒蕪、頓、謂廬舍傾頓、服、用也

○王祥이性孝ᄒᆞ더니蚤喪親ᄒᆞ고繼母朱氏ㅣ不慈ᄒᆞ야數(朔)譖之ᄒᆞᆫ대由是失愛於父ᄒᆞ야每使掃除牛下ㅣ어든祥이愈恭謹ᄒᆞ며父母ㅣ有疾이어든衣不解帶ᄒᆞ며湯藥必親嘗ᄒᆞ더라母ㅣ嘗欲生魚ㅣ러니時에天寒冰凍이어늘祥이解衣ᄒᆞ고將剖冰求之ㅣ러니冰忽自解ᄒᆞ야雙鯉躍出이어늘持之而歸ᄒᆞ니라母ㅣ又思黃雀炙(柘)ㅣ러니復有雀數十이飛入其幕이어늘復以供母ᄒᆞ니鄕里驚嘆ᄒᆞ야以爲孝感所致ㅣ라ᄒᆞ더라有丹柰結實이어늘母ㅣ命守之ᄒᆞᆫ대每風雨에祥이輒抱樹而泣ᄒᆞ야其篤孝純至ㅣ如此ᄒᆞ더라

●王祥이性이효도롭더니일어미롤일코繼母朱氏어엿비녀기디아니ᄒᆞ야ᄌᆞ조하
니일로말미암아아비게ᄉᆞ랑을일허미양ᄒᆞ여곰쇠똥을ᄡᅳᆯ설니거든祥이더욱공슌
ᄒᆞ고삼가며父母ㅣ병이잇거든오ᄉᆞᆯ띄롤그르디아니ᄒᆞ며藥을달혀반ᄃᆞ시親히맛

보더라어미일즉生魚를먹고져ᄒᆞ더니그져긔하ᄂᆞᆯ이차어름이어렷거ᄂᆞᆯ祥이오슬그ᄅᆞ고장ᄎᆞ어름을ᄭᅵ고어드랴ᄒᆞ더니어름이믄득절로프러뎌두니에ᄲᅱ여나거ᄂᆞᆯ가져도라오니라어미ᄯᅩ춤새구은이를ᄉᆡᆼ각ᄒᆞ더니ᄯᅩ새두어열히ᄂᆞ라그집의들거ᄂᆞᆯᄯᅩᄲᅧ어미를먹야니모ᄋᆞᆯ이ᄂᆞᆯ나차탄ᄒᆞ야ᄲᅧ효도의감동ᄒᆞ야닐윈배라ᄒᆞ더라블근벋이이셔여름ᄆᆡ잣거ᄂᆞᆯ어미命ᄒᆞ야ᄃᆞ희라ᄒᆞᆫ대ᄆᆡᆼ양ᄇᆞᄅᆞᆷ비예祥이믄득남글안고우니그독실ᄒᆞᆫ효되ᄉᆞᆷ일코지극ᄒᆞᆷ이이곳더라

(集說)陳氏曰祥、字休徵、琅琊人、親、母也、失愛於父、不得父之愛也、牛下、牛糞柰、果名、每風雨、抱樹而泣者、恐傷柰實、有咈親之心也

○王裒(蒲侯反)의字ᄂᆞᆫ偉元이니父儀ㅣ爲魏安東將軍司馬昭의司馬ㅣ러니東關之敗에昭ㅣ問於衆曰近日之事를誰任其咎오儀ㅣ對曰責在元帥ᄒᆞ니이다昭ㅣ怒曰司馬ㅣ欲委罪於孤耶아ᄒᆞ고遂引出斬之ᄒᆞ다

●王裒의字ᄂᆞᆫ偉元이니아비儀ㅣ魏安東將軍司馬昭의司馬ㅣ되얏더니東關에敗홈애昭ㅣ모ᄃᆞᆫ사ᄅᆞᆷᄃᆞ려무러ᄀᆞᆯ오ᄃᆡ요ᄌᆞ음일을뉘그허믈을맛ᄃᆞᆯ료儀ᄃᆡ답ᄒᆞ야ᄀᆞᆯ오ᄃᆡ죄ᄎᆡᆨ이읏듬장슈ᄭᅴ잇ᄂᆞ이다昭ㅣ怒ᄒᆞ야ᄀᆞᆯ오ᄃᆡ司馬ㅣ내게罪를밀고쟈ᄒᆞᄂᆞ

나ᄒᆞ고드듸여引ᄒᆞ여내여죽이다

(集說)陳氏曰上司馬ㆍ覆姓、下司馬、官名、東關之敗、魏、嘉平四年、吳、諸葛恪、敗魏師于東關、是也、元帥、謂、昭、孤、昭、自稱也

裒ㅣ痛父非命ᄒᆞ야於是에隱居教授ᄒᆞ야三徵七辟[壁]애皆不就ᄒᆞ고廬于墓側ᄒᆞ야旦夕애常至墓所ᄒᆞ야拜跪ᄒᆞ고攀栢悲號[平聲]ᄒᆞ야涕淚著[直略反]樹ᄒᆞ니樹爲[去聲]之枯ᄒᆞ니라讀詩ᄒᆞ여至哀哀父母生我劬勞ᄒᆞ야는未嘗不三[去聲]復[福]流涕ᄒᆞ니門人受業者ㅣ並廢蓼[六]莪之篇ᄒᆞ니라

●裒ㅣ아비命아닌줄을셜이너겨이에隱居ᄒᆞ야글ᄀᆞᄅᆞ쳐세번브ᄅᆞ며닐곱번쳔거홈애다나아가디아니ᄒᆞ고무덤겯틔막ᄆᆡ야아ᄎᆞᆷ나조ᄒᆡ미양무덤곧애니르러절ᄒᆞ며ᄭᅮᆯ고측ᄇᆡᆨ을븓들고슬피우러눈물이남긔므드니남기위ᄒᆞ야이우니라모시닐글제슬프며슬프다父母ㅣ날나ᄒᆞ심을슈고로이ᄒᆞ샷다ᄒᆞᆫ듸니르러ᄂᆞᆫ일즉세번고텨닑고눈물흘니디아니티아니ᄒᆞ니門人글ᄇᆡ호ᄂᆞᆫ이다蓼莪篇을ᄇᆞ리니라

(集說)陳氏曰朝廷召曰徵、郡國擧曰辟、哀哀父母生我劬勞、蓼莪詩之辭、三復、謂再三反覆誦之、廢蓼莪篇者、恐其師哀感故、舍之而不誦也

家貧躬耕ᄒᆞ야計口而田ᄒᆞ며度[鐸]身而蠶ᄒᆞ더니或有密助之者ㅣ어든裒ㅣ

皆不聽ᄒᆞ더라 及司馬氏簒初患反魏ᄒᆞ야 裒ㅣ 終身未嘗西向而坐ᄒᆞ야 以示不臣于晉ᄒᆞ더라

●집이가난ᄒᆞ야몸소받갈아입을혜고받갈며몸을혜고누에치더니或ᄆᆞ만이도오리잇거든裒ㅣ다ᄃᆞᆫ디아니ᄒᆞ더라믿司馬氏魏를아사ᄂᆞᆫ裒ㅣ몸이맏도록일즉西ㄴ녁ᄒᆞ로向ᄒᆞ야안ᄯᅵ아니ᄒᆞ야ᄡᅥ晉에신하되디아닌ᄂᆞᆫ줄을뵈더라

(增註)逆而奪取之曰簒、衣食、不求豐裕、而坐不面闕、皆痛父非命、不忍故爾

○晉西河人王延이 事親色養ᄒᆞ더니 夏則扇平聲枕席ᄒᆞ고 冬則以身溫被ᄒᆞ며 隆冬盛寒애 體常無全衣而親極滋味ᄒᆞ더라

●晉西河ㅅ사ᄅᆞᆷ王延이어버이ᄅᆞᆯ셤교되色養으로ᄒᆞ더니녀름이어든벼개며돗글부체질ᄒᆞ고겨을이어든몸으로ᄡᅥ니블을덥게ᄒᆞ며한겨을盛ᄒᆞᆫ치위예몸애상해암온오시업소ᄃᆡ어버이ᄂᆞᆫ맛난마ᄉᆞᆯ極히ᄒᆞ더라

(集解)西河、縣名、延、字延元、(增註)色養、以和悅之顏色而奉養也、全、完也

○柳변玭이 曰崔山南의 昆弟子孫之盛이 鄕族이 罕比러니 山南의 曾祖王母長孫夫人이 年高無齒어늘 祖母唐夫人이 事姑孝ᄒᆞ야 每

旦애櫛縰笄ᄒᆞ야拜於階下ᄒᆞ고卽升堂ᄒᆞ야乳去聲其姑ᄒᆞ니長孫夫人이不粒食數年而康寧ᄒᆞ더라

●柳玭이ᄀᆞᆯ오ᄃᆡ崔山南의형뎨와子孫의盛홈이향니에결에比ᄒᆞ리드므더니山南의증조할마님長孫夫人이나히만ᄒᆞ야니업거늘할마님唐夫人이싀어미셤굠을효도로이ᄒᆞ야미일ᄎᆞᆷ의머리비서縰ᄒᆞ고빈혀고자섬아래가절ᄒᆞ고즉제堂에올나그싀어마님을졋녀이니長孫夫人이粒食디못ᄒᆞ얀두어ᄒᆡ로ᄃᆡ편안ᄒᆞ더라

(集解)山南、名琯、博陵人、爲山南西道節度使、故稱山南、(增註)王、大也、曾祖王母、卽曾祖母也、不粒食而康寧、由飮乳也

一日에疾病이어늘長幼咸萃ᄒᆞ려니宣言無以報新婦恩이로소니願新婦는有子有孫이皆得如新婦의孝敬則崔之門이安得不昌大乎ㅣ리오ᄒᆞ니라

●ᄒᆞᄅᆞᆫ병이듕커늘얼운과아ᄒᆡ다모닷더니베퍼닐오ᄃᆡ뻐新婦의은혜를갑디못ᄒᆞ리로소니願컨댄新婦ᄂᆞᆫ조식이며손ᄌᆞ돌히다시러곰新婦의효도ᄒᆞ며공경홈ᄀᆞᆺᄐᆞ면崔시의가문이엇디시러곰창셩ᄒᆞ야크디아니ᄒᆞ리오ᄒᆞ니라

(集解)疾甚曰病、萃、聚也、長孫夫人、臨沒、聚長幼、稱其子婦之孝、願後子孫、皆克似之、孝子錫類、其族屬隆盛、可知也

○南齊庾黔婁ㅣ爲孱陵令ᄒᆞ야到縣未旬애父易(異)ㅣ在家遘疾이러니黔婁ㅣ忽心驚ᄒᆞ야擧身流汗이어ᄂᆞᆯ即日棄官歸家ᄒᆞ니家人이悉驚其忽至ᄒᆞ더라

●南齊庾黔婁ㅣ孱陵ㅅ令이되야 고을히 이르런디 열흘이 몯ᄒᆞ야실졔 아비 易ㅣ 집의 이셔 병을 만낫더니 黔婁ㅣ 믄득 ᄆᆞ옴이 놀나 온몸애 ᄯᆞᆷ이 흐르거ᄂᆞᆯ 그날 벼슬ᄇᆞ리고 집의 도라오니 집사ᄅᆞᆷ이 다 그 믄득 니ᄅᆞᆫ 줄을 놀나더라

〔集解〕南齊、蕭齊也、黔婁、字子貞、孱陵、縣名、遘、遇也、父子、一體而分、父疾而子、心驚汗出、自然之理也、黔婁、即棄官而歸故、家人、驚其至之速也

時애易疾이始二日이러니醫云欲知差劇인댄但嘗糞甜苦ㅣ라ᄒᆞ야ᄂᆞᆯ易ㅣ泄利어든黔婁ㅣ輒取嘗之ᄒᆞ니味轉甜滑이어ᄂᆞᆯ心愈憂苦ᄒᆞ야至夕에每稽顙北辰ᄒᆞ야求以身代ᄒᆞ더라

●그젹의 易의 병이 비르소 이틀이러니 의원이 닐오ᄃᆡ 홀이며 심ᄒᆞᆷ을 알고져 홀딘댄 다믄 ᄯᅩᆼ이 ᄃᆞᆯ며 ᄡᅳᆷ을 맛볼거시라 ᄒᆞ야ᄂᆞᆯ 易ㅣ 즈ᄎᆡ여든 黔婁ㅣ 믄득 가저 맛보니 마시 다함 甜滑ᄒᆞ거ᄂᆞᆯ ᄆᆞ옴애 더욱 근심ᄒᆞ고 셜워ᄒᆞ야 나죄히 니ᄅᆞᆷ애 ᄆᆡ양 北辰ᄭᅴ 머리를 죄아 몸으로ᄡᅥ 代ᄒᆞ욤을 求ᄒᆞ더라

(集說)陳氏曰病愈曰差、病甚曰劇、醫、盖以糞甜則病甚、糞苦則病愈也、稽顙、叩頭也、北辰、北極也、(集解)或、問黔婁˙父病、稽顙、北辰、求以身代、數日而愈、果有此應之理否、朱子曰禱是正理、自合有應、不可謂知其無是而姑爲之也、愚、按禮、疾病、行禱五祀、盖臣子、切迫之至情、子朱子、所謂禱是正理、是也、孝誠感格、孰謂無其應乎、黔婁之禱北辰、求以身代、其孝誠、爲如何哉、後世、罔知禮義、崇信妖巫淫覡、不務迎醫合藥、而專禱淫昏之鬼、正吾夫子所謂淫祀無福、又安有其應哉、讀者、不可不察

○海虞令何子平이母喪애去官ᄒᆞ고哀毁踰禮ᄒᆞ야每哭踊애頓絕方蘇ᄒᆞ더라屬(竹)大明末애東土ㅣ饑荒ᄒᆞ고繼以師旅ᄒᆞ니八年을不得營葬ᄒᆞ야晝夜號(平聲)哭ᄒᆞ되常如袒(但)括之日ᄒᆞ야冬不衣(去聲)絮ᄒᆞ고夏不就淸涼ᄒᆞ며一日에以米數合으로爲粥ᄒᆞ고不進鹽菜ᄒᆞ더라所居屋敗ᄒᆞ야不蔽風日이어놀兄子伯興이欲爲(去聲)葺(緝)理ᄒᆞᆫ대子平이不肯曰我ㅣ情事를未申ᄒᆞ니天地一罪人耳라屋何宜覆(敷救ㅣ反)리오

●海虞ㅅ令何子平이어믜거상애벼슬에뼈나고슬허상케홈을禮예넘게ᄒᆞ야ᄆᆡ양울며ᄂᆞᆫ소슴애돈연이긔절ᄒᆞ엿다가보야ᄒᆞ로셰더러마초아大明末애東녁ᄯᅡ히饑

荒ᄒᆞ고師旅로ᄡᅥ니우니여ᄃᆞᆲ히ᄅᆞᆯ시러곰미장을겨ᇧ영티몯ᄒᆞ야낫이며밤의블으지
져욷오ᄃᆡ미양祖括ᄒᆞᆫ날ᄀᆞᆺ티ᄒᆞ야겨을에ᄉᆞ옴ᄃᆞᆫ오ᄉᆞᆯ닙디아니ᄒᆞ고녀름에서늘ᄒᆞᆫ
ᄃᆡ나아가디아니ᄒᆞ며ᄒᆞᄅᆞᄡᆞᆯ두어홉으로ᄡᅥ粥을ᄒᆞ고소곰과ᄂᆞᄆᆞᆯ도나오디아니ᄒᆞ
더라잇ᄂᆞᆫ밧집이허러더ᄇᆞᄅᆞᆷ과ᄇᆡᆺ블ᄀᆞ리우디몯ᄒᆞ거늘兄의아ᄃᆞᆯ伯興이위ᄒᆞ야ᄭᅩ
리고져ᄒᆞᆫ대子平이즐겨ᄒᆞ다아니ᄒᆞ여ᄀᆞᆯ오ᄃᆡ내情과일을펴디몯ᄒᆞ여사니天地예
ᄒᆞᆫ罪人이라집을엇디맛당히덥프리오

(集說)陳氏曰海虞、縣名、子平、會稽人、蘇、猶醒也、屬、猶會也、大明、劉宋、孝武帝年號也、東土、卽會稽、二千五百人、爲師、五百人、爲旅、營、謀爲也、袒、露臂、括、括髮、人子初喪之禮也、葺、脩補也、情事未申、謂親未葬也

蔡興宗이爲會稽太守ᄒᆞ야甚加矜賞ᄒᆞ야爲去聲營塚壙ᄒᆞ니라

●蔡興宗이會稽ㅅ太守ㅣ되야甚히에엿비너기며아ᄅᆞᆷ다이너김을더어위ᄒᆞ야塚壙을營ᄒᆞ니라

(增註)矜者、憫其苦、賞者、嘉其孝

○朱壽昌이生七歲에父ㅣ守雍去聲이러下同니出其母劉氏ᄒᆞ야嫁民間ᄒᆞ니母子不相知者ㅣ五十年이러니壽昌이行四方ᄒᆞ야求之不已ᄒᆞ야飮食

에 罕御酒肉ᄒᆞ고 與人言에 輒流涕ᄒᆞ더다

●朱壽昌이난일곱ᄒᆡ예아비雍에원ᄒᆞ엿더니그어미劉氏를내텨民間의嫁ᄒᆞ니어미와아ᄃᆞᆯ이서르아디몯홈이쉰ᄒᆡ러니壽昌이四方으로ᄃᆞᆫ녀求홈을그치디아니ᄒᆞ야飮食에술고기를드믈이먹고사ᄅᆞᆷ더블어말홈애믄득눈믈을흘니더라

(集解)壽昌、字康叔、楊州天長縣人、雍、卽今西安府、壽昌、年七歲、父巽、爲雍州守、出其生母、嫁之民間

熙寧初애 棄官入秦ᄒᆞᆯ시 與家人訣(決)ᄒᆞ되 誓不見母ᄒᆞ면 不復還이라ᄒᆞ더니 行次同州ᄒᆞ야 得焉ᄒᆞ니 劉氏ㅣ 時年七十餘矣러라 雍守錢明逸이 以事聞ᄒᆞᆫ대 詔壽昌還就官ᄒᆞ시니 繇(由)是로 天下ㅣ 皆知其孝ᄒᆞ니라

●熙寧처엄에벼슬을ᄇᆞ리고秦으로들어갈ᄉᆡ집사ᄅᆞᆷ으로더블어영결ᄒᆞ되ᄆᆡᆼ셰ᄒᆞ야어미곳보디몯ᄒᆞ면다시도라 오디아니호리라ᄒᆞ더니行ᄒᆞ야同州예次ᄒᆞ야 어드니劉氏시절의나히닐흔남은이러라雍쥐원錢明逸이ᄉᆞ실로ᄡᅥ들리온대 壽昌을詔ᄒᆞ야도로벼슬에나아가라ᄒᆞ시니일로말믜암아 天下ㅣ다그효셩을아니라

(集解)熙寧、宋神宗、年號、秦、卽古雍州地也、訣、別也、同州、郡名

壽昌이 再爲郡守ㅣ러니 至是ᄒᆞ야 以母故로 通判河中府ᄒᆞ야 迎其同母

弟妹以歸居數歲예母ㅣ卒커늘涕泣幾(平聲)喪(去聲)明이러라拊(府)其弟妹益篤ᄒᆞ야爲買田宅居之ᄒᆞ고其於宗族애尤盡恩意ᄒᆞ야嫁兄弟之孤女二人ᄒᆞ며葬其不能葬者十餘喪ᄒᆞ니盖其天性이如此ᄒᆞ더라

◉壽昌이두번郡守ᄒᆞ엿더니이예니르러엄의연고로ᄡᅥ河中府에通判을ᄒᆞ야그엄이ᄒᆞᆫ가지아이며누의를마자ᄡᅥ도라왓더니이션디두어ᄒᆡ예어미이죽거늘우러거의눈이멀리러라그아ᄋᆞ와누의를에엿비너김을더욱두터이ᄒᆞ야위ᄒᆞ야받과집을사살니고그宗族의게더욱恩意를곡진히ᄒᆞ야兄弟의아비업ᄉᆞᆫᄯᆞᆯ두사ᄅᆞᆷ을혼인ᄒᆞ며그能히영장몯ᄒᆞᆫ여람은상ᄉᆞ를영장ᄒᆞ니그天性이이러ᄐᆞᆺᄒᆞ더라

(集說)陳氏曰河中府、今蒲州也、近同州、壽昌、嘗爲閬州、廣德、二郡守 至是、以便於養母之故、乃辭郡守而爲河中府通判也、拊、安慰也、宗族、壽昌、父族也

○伊川先生家ㅣ治喪애不用浮屠ᄒᆞ시니在洛애亦有一二人家ㅣ化之ᄒᆞ니라

◉伊川先生의집이상ᄉᆞ를다ᄉᆞ림애부텨의일을ᄡᅳ디아니ᄒᆞ시니락양의겨실제ᄯᅩᄒᆞᆫ두어사ᄅᆞᆷ의집이化ᄒᆞ리잇더니라

(集說)陳氏曰浮屠、佛氏也、洛、水名、在河南、或、問治喪、不用浮屠、親在而親意、

欲用之、不知、當如何、朱子曰且以委曲開釋、爲先、如不可回、則又不可咈親意也

○霍光이出入禁闥二十餘年에小心謹愼ᄒᆞ야未嘗有過ᄒᆞ더라爲人이沈靜詳審ᄒᆞ야每出入下殿門에進止有常處ᄒᆞ니郞僕射夜ㅣ竊識志視之ᄒᆞ니不失尺寸ᄒᆞ더라

●霍光이대궐의나들옴이스므남은ᄒᆡ예죠심ᄒᆞ고삼가일쯕허믈이잇디아니ᄒᆞ더라사ᄅᆞᆷ이론디심딤ᄒᆞ고안졍ᄒᆞ며ᄌᆞ셔ᄒᆞ고ᄉᆞᆯ펴미양나들어殿門에ᄂᆞ릴제나으며그침이뎡뎡ᄒᆞᆫ곧이잇더니郞과僕射ㅣᄀᆞ만이보람ᄒᆞ여서보니자히며치도일티아니ᄒᆞ더라

(集解)光、字、子孟、平陽人、官至大將軍、禁闥、宮中小門也、沈靜、謂不浮躁也、詳審、謂不麤率也、郞、僕射、皆官名、不失尺寸、言其步履有常而不易也

○汲黯이景帝時에然太子洗蘇典反馬ᄒᆞ야以嚴見憚이러니武帝ㅣ卽位ᄒᆞ사召爲主爵都尉ᄒᆞ시니以數朔直諫으로不得久居位ᄒᆞ니라是時에太后弟武安侯田蚡忿이爲丞相이라中二千石이拜謁이어든蚡이弗爲禮ᄒᆞ더

니 黯은見蚡에未嘗拜ᄒᆞ고揖之ᄒᆞ더라

●汲黯이景帝시절의太子洗馬ㅣ되여셔嚴홈으로ᄡᅥᄶᅥ림을보더니武帝位에卽ᄒᆞ샤블러主爵都尉를ᄒᆞ이시니ᄌᆞ조곧게諫홈으로ᄡᅥ시러곰오래벼슬에잇디몯ᄒᆞ니라이시절의太后의아ᄋᆞ武安侯田蚡이丞相이되연ᄂᆞᆫ디라中二千石이절ᄒᆞ여뵈여든蚡이禮를ᄒᆞ디아니ᄒᆞ더니黯은蚡을봄애일즉절을아니ᄒᆞ고揖ᄒᆞ더라

(集說)陳氏曰黯、字長孺 濮陽人、太子洗馬、官名、(陳氏曰洗之言先也太子出見前導也) 以嚴見憚、以正直、爲景帝、所敬憚也、主爵都尉、亦官名、中、滿也、中二千石、謂九卿之官、歲俸、滿二千石也、蚡、貪貴而驕人、黯、獨不爲之屈、但揖之而已

上이方招文學儒者ㅣ러시니上이曰吾欲云云ᄒᆞ노라黯이對曰陛下ㅣ內多欲而外施仁義ᄒᆞ시나니奈何欲效唐虞之治(去聲)ㅣ잇가上이怒變色而罷朝ᄒᆞ시니公卿이皆爲(去聲)黯懼ᄒᆞ더니上이退謂人曰甚矣라汲黯之戇(撞)也여

●上이뵈야흐로글ᄒᆞᄂᆞᆫ션비를블으더시니上이ᄀᆞᆯᄋᆞ샤ᄃᆡ내이리이리ᄒᆞ고져ᄒᆞ노라黯이對ᄒᆞ여ᄀᆞᆯ오ᄃᆡ陛下ㅣ안호론욕심이하시고밧고로仁義를베프시니엇디唐虞ㅅ적다ᄉᆞ림을법받고져ᄒᆞ시ᄂᆞ니잇고上이怒ᄒᆞ샤色을變ᄒᆞ시고됴회를罷ᄒᆞ시니

公 이다黯을爲ᄒᆞ여두려ᄒᆞ더니上이믈너와사ᄅᆞᆷᄃᆞ려닐러ᄀᆞᆯᄋᆞ샤ᄃᆡ甚ᄒᆞ다汲黯의어림이여

(集解)云云、猶言如此如此也、戇、愚也、黯、直言、公卿、皆恐獲罪、帝不之罪、而止以爲愚、然則武帝之賢、豈當時公卿、所能知哉

羣臣이或數(上聲)黯ᄒᆞᆫ대黯曰天子ㅣ置公卿輔弼之臣은寧令從諛承意ᄒᆞ야陷主於不義乎ㅣ리오且已在其位ᄒᆞ니縱愛身奈辱朝廷에何오

●모든신하ㅣ或黯을외다ᄒᆞᆫ대黯이ᄀᆞᆯ오ᄃᆡ天子ㅣ公卿이며도을신하ᄅᆞᆯ두샴은엇디ᄒᆞ여곰슌죵ᄒᆞ야아당ᄒᆞ며ᄠᅳᆮ을바다님금을올티아닌ᄃᆡ빠디게홈이리오ᄯᅩ이믜그벼슬에이시니비록몸을앗기나朝廷을수욕홈애엇디료

(集說)陳氏曰數、責也、輔弼、輔德而弼違也、從諛承意、順從阿諛以奉承上意也、已、既也

黯이多病ᄒᆞ야病且滿三月이어늘上이常賜告者ㅣ數(朔)호ᄃᆡ終不瘉(愈)ㅣ러니最後에嚴助ㅣ爲(去聲)請告ᄒᆞᆫ대上이曰汲黯은何如人也오曰使黯으로任職居官ᄒᆞ면亡(無)以瘉(愈)人이어니와然이나至其輔少(去聲)主守成ᄒᆞ야雖自謂賁

奔
育이라도 弗能奪也ㅣ리이다 上이 曰然ᄒᆞ다 古有社稷之臣이러니 至如汲黯ᄒᆞ얀
近之矣로다

●黯이 病이 하病ᄒᆞ연디 거의 석ᄃᆞᆯ이 ᄎᆞ거늘 上이 샹해 말미 주심이 ᄌᆞ조ᄃᆡ 내종내 됴
티 몯ᄒᆞ엿더니 민 후에 嚴助ㅣ 爲ᄒᆞ여 말미ᄅᆞᆯ 請ᄒᆞᆫ대 上이 ᄀᆞᆯᄋᆞ샤ᄃᆡ 汲黯은 엇던 사ᄅᆞᆷ
고 ᄀᆞᆯ오ᄃᆡ 黯오로 ᄒᆡ여곰 벼ᄉᆞᆯ을 맛ᄃᆞ며 벼ᄉᆞᆯ에 이시면 ᄡᅥ 사ᄅᆞᆷ의게 넘디 몯ᄒᆞ려니와
그러나 그 졈은 님금을 도와 인 것 ᄃᆡ희옴애 니ᄅᆞ러ᄂᆞᆫ 비록 스스로 닐오ᄃᆡ 賁育이로라
ᄒᆞ여도 能히 앗디 몯ᄒᆞ리이다 上이 ᄀᆞᆯᄋᆞ샤ᄃᆡ 그러ᄒᆞ다 녜 社稷ㅅ 臣이 잇더니 汲黯 ᄀᆞᆺ
ᄒᆞᆫ이 예 니르러ᄂᆞᆫ 갓갑도다

(集說)陳氏曰漢法、病滿三月、當免官、告、休暇也、瘉、通作愈、病瘳也、嚴助、人
姓名、時爲侍中、瘉、當作愈、過也、孟賁、夏育、皆古之有力者、言、黯之正直、若託
之擁輔幼君、以保守成業、雖自謂有賁育之勇者、亦不能奪其大節也、然、是其言
也、社稷臣、能安社稷者也、

大將軍靑이 侍中애 上이 踞厠視之ᄒᆞ시고 丞相弘이 宴見現이어든 上이 或
時不冠ᄒᆞ샤ᄃᆡ 至如見黯ᄒᆞ샤ᄂᆞᆫ 不冠不見也ㅣ러시다 上이 嘗坐武帳이어시ᄂᆞᆯ 黯이
前奏事ㅣ러니 上이 不冠이라가 望見黯ᄒᆞ시고 避帷中ᄒᆞ야 使人可其奏ᄒᆞ시니 其

見敬禮ㅣ如此ᄒᆞ더라

●大將軍靑이안해뫼셔이실쌔上이상ᄉᆞ애걸안자셔보시고丞相弘이샹해뵈ᄋᆞᆸ거든上이或잇다감冠티아니ᄒᆞ샤ᄃᆡ黯을보심애니르러ᄂᆞᆫ冠티아니ᄒᆞ여셔ᄂᆞᆫ보디아니ᄒᆞ더시다上이일즉武帳에안자겨시거ᄂᆞᆯ黯이나아가일을엳ᄌᆞ오려ᄒᆞ더니上이冠티아녀겨시다가黯을ᄇᆞ라보시고댱안해避ᄒᆞ야사ᄅᆞᆷ으로ᄒᆡ여곰그엳ᄌᆞ옴을可라ᄒᆞ시니그공경ᄒᆞ여禮홈을봄이이려ᄐᆞᆺᄒᆞ더라

(集說)陳氏曰靑、衛靑、侍中、侍於禁中也、踞、蹲坐也、厠、牀邊側、弘、公孫弘、宴見、宴閑時進見也、嘗、曾也、武帳、帳中置兵衛者、可、猶是也、從其奏則稱制曰可

○初애魏遼東公翟黑子ㅣ有寵於太武ᄒᆞ더니奉使去聲幷州ᄒᆞ야受布千疋이러니事覺이어ᄂᆞᆯ黑子ㅣ謀於著作郞高允曰主上이問我ㅣ어시든當以實告아爲去聲當諱之아允이曰公은帷幄寵臣이니有罪首實이면庶或見原이어니와不可重爲欺罔也ㅣ니라中書侍郞崔鑑公孫質이曰若首實이면罪不可測이니不如姑諱之니라黑子ㅣ怨允曰君은奈何로誘人就死地오ᄒᆞ고入見帝ᄒᆞ야不以實對ᄒᆞᆫ대帝ㅣ怒ᄒᆞ야殺之ᄒᆞ다

●처엄의魏遼東公翟黑子ㅣ太武의게고임이잇더니幷州예브림을맛다가셔뵈일쳔疋을바닷더니일이ᄡᅵ뎌늘黑子ㅣ著作郎高允의게ᄭᅬᄒᆞ야ᄀᆞᆯ오ᄃᆡ님금이날ᄃᆞ려무로셔든맛당히實로ᄡᅥ告ᄒᆞ랴爲ᄒᆞ야맛당히그이랴允이ᄀᆞᆯ오ᄃᆡ그ᄃᆡ는帷幄에괴이는신해니罪잇거든올ᄒᆞᆫ대로엳ᄌᆞ오면거의或노힘을보려니와可히다시곰소기기를ᄒᆞ디몯ᄒᆞᆯ거시니라中書侍郎崔鑒과公孫質이ᄀᆞᆯ오ᄃᆡ만일을ᄒᆞᆫ대로엳ᄌᆞ오면罪를可히측량티몯ᄒᆞ리니아즉그임만ᄀᆞᆮ디몯ᄒᆞ니라黑子ㅣ允을怨ᄒᆞ야ᄀᆞᆯ오ᄃᆡ그ᄃᆡ는엇디홈으로사ᄅᆞᆷ을ᄃᆞᆯ애여죽을ᄯᅡ해나아가게ᄒᆞᄂᆞ뇨ᄒᆞ고들어가帝ᄭᅴ뵈오아實로ᄡᅥᄃᆡ답디아니ᄒᆞᆫ대帝ㅣ怒ᄒᆞ야죽이다

(集說)陳氏曰魏、元魏、太武、魏帝、幷州、今太原府、允、字伯恭、宥罪曰原、重、再也、言、己受賄、若更隱諱、是、再造欺罔之罪也

帝ㅣ使允으로授太子經ᄒᆞ더니 及崔浩ㅣ以史事被收ᄒᆞ얀 太子ㅣ謂允曰入見至尊ᄒᆞ야吾自導卿ᄒᆞ리니 脫至尊이有問이어시든但依吾語ᄒᆞ라

●帝ㅣ允으로ᄒᆡ여곰太子를글을ᄀᆞᄅᆞ치더니밋崔浩ㅣ ᄉᆞ긔일로ᄡᅥ잡피믈닙어ᄂᆞᆯ 太子ㅣ允ᄃᆞ려닐너ᄀᆞᆯ오ᄃᆡ들어가至尊ᄭᅴ뵈ᄋᆞ와내스스로그ᄃᆡ를인도호리니만일至尊이무르심이잇거든다만내말을의지ᄒᆞ야ᄒᆞ라

(集解 太子、太武、長子、晃也、崔浩、位司徒、與允等、脩國書、刻石以彰直筆、太

武、怒其暴揚國惡、收浩誅之、將及於允故、太子、敎允入對、欲指導其生路也、脫、儻也、○按此段、太子、欲欺君而脫高允、允、必諫止、而無一言、恐史氏、記錄之誤也

太子ㅣ見帝言호ᄃᆡ高允은小心愼密ᄒᆞ고且微賤이라制由崔浩ᄒᆞ니請赦其死ᄒᆞ쇼셔帝ㅣ召允ᄒᆞ야問曰國書ㅣ皆浩所爲乎아對曰臣與浩ㅣ共爲之호니然이나浩ᄂᆞᆫ所領事多라總裁而已어니와至於著述ᄒᆞ얀臣多於浩호이다帝ㅣ怒曰允罪ㅣ甚於浩ㅣ로소니何以得生이리오太子ㅣ懼曰天威嚴重ᄒᆞ시니允은小臣이라迷亂失次耳로소이다臣이曏問ᄒᆞ니皆云浩所爲라ᄒᆞ더이다帝ㅣ問允호ᄃᆡ信如東宮所言乎아對曰臣이罪當滅族이라不敢虛妄이니이다殿下ㅣ以臣이侍講日久ㅣ라哀臣ᄒᆞ샤欲丐盖其生耳언뎡實不問臣ᄒᆞ시며臣亦無此言ᄒᆞ니不敢迷亂이로이다

(諺)太子ㅣ帝ᄭᅴ뵈ᄋᆞ와ᄉᆞᆯ오ᄃᆡ高允은조심ᄒᆞ며삼가며딘밀ᄒᆞ고ᄯᅩ微賤ᄒᆞᆫ디라지음이崔浩로말미암으니請컨댄그죽음을赦ᄒᆞ쇼셔帝ㅣ允을블러무러ᄀᆞᆯ오ᄃᆡ나랏글이다浩의ᄒᆞ온바가ᄃᆡ답ᄒᆞ야ᄀᆞᆯ오ᄃᆡ臣과다ᄆᆞᆺ浩ㅣᄒᆞᆫ가지로호니 그러나浩ᄂᆞᆫ領ᄒᆞᆫ

바일이 한디라 모도 잡아 ᄌᆞ단홀 ᄯᆞ롬이어니와 글지음애 닐으려 ᄂᆞᆫ 臣이 浩의게셔 하니이다 帝ㅣ 怒ᄒᆞ야 ᄀᆞᆯ오ᄃᆡ 允의 罪ㅣ 浩의게셔 甚ᄒᆞ도소니 엇디 ᄲᅧ시려 곰 살리오 太子ㅣ 저허 ᄀᆞᆯ오ᄃᆡ 하ᄂᆞᆯ 위엄이 嚴ᄒᆞ고 重ᄒᆞ시니 允은 져근 신해라 아ᄃᆞᆨᄒᆞ고 어즐ᄒᆞ야 ᄎᆞ례ᄅᆞᆯ 일토송이다 臣이 더져의 물오니ᄃᆡ 닐오ᄃᆡ 浩의 ᄒᆞᆫ 배라 ᄒᆞ더이다 帝ㅣ 允다려 무로ᄃᆡ 진실로 東宮의 닐으ᄂᆞᆫ 바 ᄀᆞᆮᄐᆞ냐 ᄃᆡ답ᄒᆞ야 ᄀᆞᆯ오ᄃᆡ 臣이 罪ㅣ 몯당히 결에ᄅᆞᆯ 滅홀ᄯᆡ라 敢히 거즛되며 망녕되이 몯ᄒᆞ노이다 殿下ㅣ ᄲᅧ 臣이 侍講ᄒᆞ욤이 날이 오란디라 臣을 에엿비 너기샤 그 사ᄅᆞᆷ을 빌고져 ᄒᆞ실ᄲᅮᆫ이언뎡 진실로 臣ᄃᆞ려 믇도 아니ᄒᆞ시며 臣도 ᄯᅩ 이 말ᄉᆞᆷ이 업ᄉᆞ니 敢히 아ᄃᆞᆨᄒᆞ고 어즐홈이 아니롱이다

(集說)陳氏曰微賤、言其職之卑、制、著述也、總裁、謂總其大綱而裁正之、紀事曰著、纂言曰述、失次、謂所對失其次序、曩、猶昔也、東宮、太子之宮

帝ㅣ顧謂太子曰直哉라 此ㅣ人情所難이어ᄂᆞᆯ 而允이 能爲之ᄒᆞ니 臨死不易辭ᄂᆞᆫ 信也ㅣ오 爲臣不欺君은 貞也ㅣ니 宜特除其罪ᄒᆞ야 以旌之ᄒᆞ라ᄒᆞ고 遂赦之ᄒᆞ다

●帝ㅣ 太子ᄃᆞ려 도라 닐러 ᄀᆞᆯ오ᄃᆡ 直ᄒᆞ다 이 人情의 어려운 배어ᄂᆞᆯ 允이 能히 ᄒᆞ니 죽음의 다ᄃᆞ라 말ᄉᆞᆷ을 밧고디 아니홈은 믿븜이오 신해 되여 님금을 소기디 아니홈은 고ᄃᆞᆷ이니 맛당히 특별이 그 罪ㅣᄅᆞᆯ 더러 ᄲᅧ 졍표홀새시라 ᄒᆞ고 드듸여 赦ᄒᆞ다

(增註)直哉、贊其直也、旌之、表其善也

他日에太子ㅣ讓允曰吾欲爲(去聲)卿脫死ㅣ어늘而卿이不從은何也오允이曰臣이與崔浩로實同史事ᄒᆞ니死生榮辱에義無獨殊ㅣ니誠荷(去聲)殿下再造之慈ㅣ어니와違心苟免은非臣所願也ㅣ니이다太子ㅣ動容稱嘆ᄒᆞ더라

●다ᄅᆞᆫ날애太子ㅣ允을ᄭᅮ지저ᄀᆞᆯ오ᄃᆡ내그ᄃᆡ를爲ᄒᆞ여죽음을벗기고져ᄒᆞ거늘그ᄃᆡ좃디아니홈은엇디오允이ᄀᆞᆯ오ᄃᆡ臣이崔浩로더브러진실로ᄉᆞ긔일을ᄒᆞᆫ가지로ᄒᆞ니죽으며살며영화로으며辱도욤애義예ᄒᆞᆫ자달리홈이업ᄉᆞ거시니진실로殿下의다시살오신어엿비너기심을닙ᄉᆞ엇거니와ᄆᆞᄋᆞᆷ을어긔우쳐구챠히免홈은臣의願ᄒᆞᄂᆞᆫ배아니니이다太子ㅣ용모를動ᄒᆞ야일ᄏᆞ라차탄ᄒᆞ더라

(集說)陳氏曰言當與浩同之、再造、猶言再生

允이退謂人曰我ㅣ不奉東宮指導者ᄂᆞᆫ恐負翟黑子故也ㅣ니라

●允이믈너와사ᄅᆞᆷ드려닐너ᄀᆞᆯ오ᄃᆡ내東宮의ᄀᆞᄅᆞ쳐인도홈을받ᄌᆞᆸ디아니홈은翟黑子를저ᄇᆞ릴가저헤연괴니라

(正誤)致當胡氏曰高允、不欺之君子也、與崔浩、同爲國史、浩旣被罪、允、義不可

苟免、自陳於君父之前、內不欺其心、外不欺其友、上不欺其君、若高允、可謂仁矣

○李君行先生의名은潛이니虔州人이라入京師홀서至泗州ᄒᆞ야留止러니其子弟ㅣ請先往이어늘君行이問其故ᄒᆞᆫ대曰科場이近ᄒᆞ니欲先至京師ᄒᆞ야貫開封戶籍ᄒᆞ야取應ᄒᆞ노이다君行이不許曰汝ㅣ虔州人而貫開封戶籍ᄒᆞ면欲求事君而先君欺이니可乎아寧遲緩數年이언뎡不可行也ㅣ니라

●李君行先生의일홈은潛이니虔州ㅅ사름이라셔울드러올ᄉᆡ泗州예니르러머믈어잇더니그子弟몬져가믈請ᄒᆞ거ᄂᆞᆯ君行이그연고ᄅᆞᆯ무른대ᄀᆞᆯ오ᄃᆡ科場이갓가오니몬져셔울니르러셔開封戶籍에貫ᄒᆞ여應홈을取코져ᄒᆞ노이다君行이許티아녀ᄀᆞᆯ오ᄃᆡ네虔州ㅅ사름으로開封戶籍에貫ᄒᆞ면님금셤김을求코뎌ᄒᆞ며몬져그님금을소김이니可ᄒᆞ냐출하리두어ᄒᆡᄅᆞᆯ더딀ᄯᅵ언뎡可히가디몯홀거시니라

(集說)陳氏曰君行、字、虔州、今贛州府、泗、郡名、宋之京師、在開封府、貫、猶係也、冒籍以應擧、是欺君矣

○崔玄暐偉의母盧氏ㅣ嘗誡玄暐曰吾見姨兄屯田郎中辛玄馭호니曰兒子從宦者ᄅᆞᆯ有人이來云貧乏之不能存이라ᄒᆞ면此는是好

消息이어니와若聞貲(음자)貨ㅣ充足ᄒᆞ며衣馬ㅣ輕肥ᄒᆞ라면此는惡消息이라ᄒᆞ니吾ㅣ嘗以爲確論이라ᄒᆞ노라

● 崔玄暐의어미盧氏ㅣ일즉玄暐를경계ᄒᆞ야ᄀᆞᆯ오ᄃᆡ내姨兄屯田郞中辛玄馭를보니ᄀᆞᆯ오ᄃᆡ ᄌᆞ식이벼슬ᄒᆞ여든니ᄂᆞᆫ이롤사ᄅᆞᆷ이이셔와닐오ᄃᆡ가난ᄒᆞ며군핍ᄒᆞ야能히보존티몯ᄒᆞ더라ᄒᆞ면이ᄂᆞᆫ이됴ᄒᆞᆫ긔별이어니와만일ᄌᆡ믈이차足ᄒᆞ며 옷과 ᄆᆞᆯ이가비얍고ᄉᆞᆯ지다 홈을드르면이ᄂᆞᆫ사오나온긔별이라ᄒᆞ니 내常해ᄡᅥ확실ᄒᆞᆫ의론이라ᄒᆞ노라

(集說)陳氏曰玄暐、名曄、博陵人、仕至宰相、姨兄、姨之子(姨乃父之姨 即從母也)長於我者也、貧必廉故、曰好消息、富必貪故、曰惡消息、

此見親表中에仕宦者ㅣ將錢物ᄒᆞ야上其父母ㅣ어든父母ㅣ但知喜悅ᄒᆞ고竟不問此物이從何而來ᄒᆞᄂᆞ니必是祿俸餘資ㅣㄴ댄誠亦善事ㅣ어니와如其非理所得이면이此ㅣ與盜賊何別이리오縱無大咎ㅣ나獨不內愧於心가ᄒᆞᆫ대玄暐ㅣ遵奉教誡ᄒᆞ야以淸謹으로見稱ᄒᆞ니라

● 요ᄉᆞ이보니親表둥에벼슬ᄒᆞᆫ이錢物을가져다가 그父母ㅅ긔올려든父母ㅣ다만깃거ᄒᆞᆯ줄만알고내죵내이거시어 드러조차오뇨묻디아니ᄒᆞᄂᆞ니 반ᄃᆞ시이祿俸에

남은지믈인댄진실로또됴흔일이어니와만일그非理예어든배면이盜賊으로더블어엇디골히리오비록큰죄업스나홀로안흐로므옴에븟그럽디아니ᄒᆞ라ᄒᆞᆫ딕玄暐ㅣᄀᆞᄅᆞ쳐경계홈을조차받드러쳥렴ᄒᆞ고삼감으로ᄡᅥ일ᄏᆞ롬은보니라

(集說)陳氏曰比、近也、親、同姓、表、外姓、非理所得、如竊官物、剝民財、皆是、咎、罪也、言、罪雖幸免、心實有愧矣

○劉器之待制ㅣ初登科ᄒᆞ야與二同年으로謁張觀叅政이러니三人이同起身ᄒᆞ야請教ᄒᆞᆫ딕張이曰某ㅣ自守官以來로常持四字ᄒᆞ노니勤謹和緩이니라中間一後生이應聲曰勤謹和는既聞命矣어니와緩之一字는某所未聞이로소이다張이正色作氣曰何嘗教賢緩不及事ㅣ리오且道世間甚(슴)事ㅣ不因忙後錯了오

●劉器之待制ㅣ처엄급뎨ᄒᆞ야두同年으로더블어張觀叅政ᄭᅴ뵈더니세사ᄅᆞᆷ이ᄒᆞᆫ가지로몸을니ᄅᆞ혀ᄀᆞᄅᆞ침을請ᄒᆞᆫ대張이ᄀᆞᆯ오딕내벼슬딕희욤으로브터ᄡᅥ옴으로샹해네字ᄅᆞᆯ잡앗노니브즈런홈과삼감과和홈과날회여홈이니라中間의ᄒᆞᆫ後生이소리ᄅᆞᆯ應ᄒᆞ여ᄀᆞᆯ오딕브즈런홈과삼감과和홈은이믜命을듣ᄌᆞ왓거니와날호예라ᄒᆞ논ᄒᆞᆫ字ᄂᆞᆫ내듣디몯ᄒᆞ엿던배로소이다　張이正色ᄒᆞ고긔운ᄂᆞᆯ지어ᄀᆞᆯ오딕엇디일

즉그ᄃᆡ로ᄒᆡ여곰느저일에밋디못ᄒᆞ라ᄒᆞ리오또니ᄅᆞ라世間에므ᄉᆞ일이밧분後를
因ᄒᆞ야셔그르디아니ᄒᆞᄂᆞ뇨
(集解)嚚之、名安世、大名府人、世稱元城先生、勤、謂勤於從政、謹、謂謹於持身、
和、謂和以待人、緩、謂緩以處事、然、緩非迂緩、蓋欲遇事、從容而詳審也

○伊川先生이曰安定之門人이往往애知稽古愛民矣니則於
爲政也애何有ㅣ리오
●伊川先生이ᄀᆞᆯᄋᆞ샤ᄃᆡ安定의門人이잇다감녜일을샹고ᄒᆞ며ᄇᆡᆨ셩ᄉᆞ랑홈을아ᄂᆞ
니곧졍ᄉᆞᄒᆞ욤애므ᄉᆞ거시이시리오
(增註)門人、如劉彝、錢藻、孫覺、范純仁、錢公輔、是也、何有、言不難也

○呂滎公이自少로官守處에未嘗干人擧薦ᄒᆞ더니其子舜從이守
官會稽여人或識其不求知者ㅣ어늘舜從이對曰勤於職事ᄒᆞ고其
他를不敢不愼ᄒᆞ노다乃所以求知也ㅣ니다
●呂滎公이졈은제브터벼슬ᄃᆞ힌곳애일즉사ᄅᆞᆷ의게擧薦홈을간구티아니ᄒᆞ더니
그아ᄃᆞᆯ舜從이會稽에벼슬을ᄃᆞ회여실제사ᄅᆞᆷ이或그알옴을求티아니ᄒᆞ는줄을긔
롱ᄒᆞ거늘舜從이ᄃᆡ답ᄒᆞ야ᄀᆞᆯ오ᄃᆡ소임앳일을브즈런이ᄒᆞ고그다ᄅᆞᆫ일을敢히삼가

디아니티아니ᄒᆞ노니써알옴을求ᄒᆞᄂᆞᆫ배니라

(集解)舜從、榮公、第二子、名、疑問、舜從、字也、榮公、生平、未嘗求擧於人、故、舜從、克紹父志、嘗曰職事、不敢不勤、他事、不敢不愼、此雖不求知、而人必自知也、孔子曰不患莫己知、求爲可知也、舜從、似之

○漢陳孝婦ㅣ年이十六而嫁ᄒᆞ야未有子ㅣ러니其夫ㅣ當行戍(슈)ᄒᆞ야且行時에屬孝婦曰我生死를未可知ㅣ니幸有老母ㅣ오無他兄弟備養ᄒᆞ니吾不還이라도汝ㅣ肯養吾母乎아婦ㅣ應曰諾다

●漢적陳따孝婦ㅣ나히열여스신제嫁ᄒᆞ야ᄌᆞ식을두디몯ᄒᆞ엿더니그지아비부방가게當ᄒᆞ야장ᄎᆞᆺ갈재孝婦의게屬ᄒᆞ여골오ᄃᆡ내의살며죽음을可히아디몯ᄒᆞᆯ거시니힝혀늘근어미잇고녀ᄂᆞᆫ兄弟공양을ᄀᆞ초리업스니내도라오디몯ᄒᆞᆯ띠라도네즐겨내어미를공양ᄒᆞᆯ따婦ㅣ되답ᄒᆞ야골오ᄃᆡ그리호마

(集解)孝婦、後漢時人、守邊曰戍、屬、付託也

夫ㅣ果死不還이어늘婦ㅣ養姑不衰ᄒᆞ야慈愛愈固ᄒᆞ야紡績織紝ᄒᆞ야以爲家業ᄒᆞ고終無嫁意ᄒᆞ더라

●집아비과연죽어도라오디몯ᄒᆞ야ᄂᆞᆯ婦ㅣ싀어미효양홈을衰티아니ᄒᆞ야어엿비

녀기며ᄉᆞ랑ᄒᆞᆷ이더욱구더질삼ᄒᆞ며뵈ᄶᅡ뻐家業을ᄒᆞ고내죵내嫁ᄒᆞᆯᄠᅳ디업더라

(集解)慈愛愈固、謂姑慈、婦愛、愈牢固也、紡績織紝、謂治絲枲而織布帛也

居喪三年ᄒᆞ야늘其父母ㅣ哀其少無子而早寡也ᄒᆞ야將取嫁之ᄒᆞ더니孝婦ㅣ曰夫ㅣ去時예屬妾以供養老母ㅣ어늘妾이既許諾之ᄒᆞ니夫養人老母而不能卒ᄒᆞ며許人以諾而不能信ᄒᆞ면將何以立於世리오ᄒᆞ고欲自殺ᄒᆞᆫ대其父母ㅣ懼而不敢嫁也ᄒᆞ야遂使養其姑ᄒᆞ니二十八年에姑ㅣ八十餘ㅣ다以天年으로終커늘盡賣其田宅財物ᄒᆞ야以葬之ᄒᆞ고終奉祭祀ᄒᆞ니라

●三年居喪닙어늘그어버이그졈어셔ᄌᆞ식업고일홀어미된줄을슬피녀겨쟝ᄎᆞ다려다가嫁ᄒᆞ려ᄒᆞ더니孝婦ㅣ골오ᄃᆡ지아비갈적의내게늘근어미供養ᄒᆞ기로뻐맛더놀내이믜許諾호니사ᄅᆞᆷ의늘근어미를치다가能히ᄆᆞᆺ디몯ᄒᆞ며사ᄅᆞᆷ을그리호마ᄒᆞᆷ으로뻐許ᄒᆞ고能히믿비몯ᄒᆞ면장ᄎᆞᆺ엇다뻐셰샹의셔시리오ᄒᆞ고스ᄉᆞ로죽고져ᄒᆞᆫ대그어버이저허구틔여嫁티아니ᄒᆞ야드듸여히여곰그싀어미를치게ᄒᆞ니스믈여듧힛만애싀어미여ᄃᆞᆫ남은이라天年으로뻐죽거늘그밧이며집이며財物을다ᄑᆞ

라써영장ᄒᆞ고ᄆᆞᄎᆞᆷ내祭祀를밧드러ᄒᆞ니라

(增註)卒、終也、夫死不嫁、節也、養姑而生事葬祭、必盡力、孝也

淮陽太守ㅣ以聞ᄒᆞᆫ대聞使使(시)去聲者ᄒᆞ야賜黃金四十斤ᄒᆞ시고復(복)之ᄒᆞ야終身無所與去聲ᄒᆞ니號曰孝婦ㅣ라ᄒᆞ더라

●淮陽太守ㅣ써들리온ᄃᆡ使者를브려黃金마은斤을주시고복호ᄒᆞ야몸이ᄆᆞᆺ도록참예ᄒᆞᆯ배업게ᄒᆞ니일홈ᄒᆞ야ᄀᆞᆯ오ᄃᆡ효도로온며느리라ᄒᆞ니라

(集解)淮陽、卽今陳州、太守、以孝婦、聞之於朝、因遣使賜金、且復除其家之戶役、終孝婦之身、無所干與、號曰孝婦云

○漢鮑宣의妻桓氏의字ᄂᆞᆫ少君이라宣이嘗就少君父學ᄒᆞ더니父ㅣ奇其淸苦ᄒᆞ야故로以女妻去聲之ᄒᆞ니裝送資賄ㅣ甚盛이어늘宣이不悅ᄒᆞ야謂妻曰少君이生富驕ᄒᆞ야習美飾ᄒᆞ니而吾ㅣ實貧賤이라不敢當禮로다妻曰大人이以先生이脩德守約故로使賤妾으로侍執巾櫛ᄒᆞ시니旣奉承君子ㅣ댄惟命是從호리이다宣이笑曰能如是면是吾志也ㅣ로다妻ㅣ乃悉歸侍御服飾ᄒᆞ고更平聲著(탹)短布裳ᄒᆞ야與宣으로共挽鹿車ᄒᆞ야歸

鄕里ᄒᆞ야拜姑禮畢ᄒᆞ고提甕出汲ᄒᆞ야脩行婦道ᄒᆞ니鄕邦이稱之ᄒᆞ더라

●漢鮑宣의안해桓氏의字ᄂᆞᆫ少君이라宣이일즉少君의아븨게나아가비호더니아비그ᄆᆞᆰ고고로오믈긔특이너겨그러모로ᄯᆞᆯ로ᄡᅥ안해삼으니결속ᄒᆞ야보내ᄂᆞᆫ지믈이ᄀᆞ쟝盛ᄒᆞ거ᄂᆞᆯ宣이깃거아니ᄒᆞ야안해ᄃᆞ려닐너ᄀᆞᆯ오ᄃᆡ少君이가옴열어교종ᄒᆞᆫᄃᆡ나셔아름다온단장을냑여시니내진실로가난코미쳔ᄒᆞᆫ다라敢히禮ᄅᆞᆯ감당티몯ᄒᆞ리로다안해ᄀᆞᆯ오ᄃᆡ아비ᄡᅥ先生이德을닷가검약을딕희연ᄂᆞᆫ연고로賤ᄒᆞᆫ妾으로ᄒᆞ여곰뫼셔슈건과비슬잡게ᄒᆞ시니이믜君子ᄅᆞᆯ받ᄌᆞ와시란ᄃᆡ오직命ᄒᆞ신대로이존ᄎᆞ리이다宣이웃고ᄀᆞᆯ오ᄃᆡ能히이러ᄐᆞ시ᄒᆞ면이내ᄠᅳᆮ이로다안해뫼신이과服飾읫거ᄉᆞᆯ다도라보내고고텨댜른뵈치마ᄅᆞᆯ미야宣으로더블어ᄒᆞᆫ가지로젹은술위ᄅᆞᆯᄭᅳ어鄕里의도라가싀어미ᄭᅴ뵈옵ᄂᆞᆫ례도ᄅᆞᆯ못고항을자바나가믈기러며ᄂᆞᆯ의도리ᄅᆞᆯ닷가行ᄒᆞ니ᄆᆞ을이며고을히일ᄏᆞᆮ더라

(集說)陳氏曰宣、字子都、渤海人、吳氏曰大人、稱其父、先生、稱其夫、約、儉約、也、

(增註)引車曰挽、鹿車、小車、可容一鹿者

○曹爽의從去聲弟文叔의妻ᄂᆞᆫ譙郡夏侯文寧之女ㅣ니名은令女ㅣ라

文叔이蚤死커ᄂᆞᆯ服闋ᄒᆞ고自以年少無子ᄒᆞ니恐家ㅣ必嫁己ᄒᆞ야乃斷髮

爲信이러니 其後에 家ㅣ果欲嫁之어늘 令女ㅣ聞ᄒᆞ고 卽復(扶又反)以刀로 截兩耳ᄒᆞ고 居止를 常依爽ᄒᆞ더니 及爽이 被誅ᄒᆞ야 曹氏盡死커늘 令女叔父ㅣ上書ᄒᆞ야 與曹氏絶婚ᄒᆞ고 彊(上聲)迎令女歸ᄒᆞ니라

◐曹爽의사촌아ᄋᆞ文叔의안해는譙郡夏侯文寧의ᄯᆞᆯ이니일홈은令女ㅣ라文叔이일죽거늘거상ᄆᆞᆺ고스스로뻐나희졈고ᄌᆞ식이업스니집이반다시저를嫁홀가저허머리털을버혀밍세ᄒᆞ엿더니그후의집이과연嫁코져ᄒᆞ거늘令女ㅣ들고죽셰다시칼로뻐두귀를버히고살기를샹해爽의게의지ᄒᆞ얏더니밋爽이버히믈닙어曹氏다죽거늘令女의아잡이글을올려曹氏로더불어혼인을긋고구틔여令女를마자도라오니라

(集說)吳氏曰曹爽、魏宗室、從弟、同祖之弟、譙郡、今亳縣、夏侯、覆姓、文寧、名也

時에 文寧이 爲梁相(一作州)이러니 憐其少執義ᄒᆞ고 又曹氏無遺類ㅣ라 冀其意阻ᄒᆞ야 乃微使人風(去聲)之ᄒᆞᆫ대 令女ㅣ 嘆且泣曰吾亦惟之ᄒᆞ니 許之是也ㅣ라ᄒᆞ야늘 家ㅣ以爲信ᄒᆞ야 防之少懈ᄒᆞᆫ대 令女ㅣ 於是에 竊入寢室ᄒᆞ야

以刀斷鼻ᄒᆞ고蒙被而臥ᄒᆞ야其母ㅣ呼與語ᄒᆞ되不應이어늘發被視之ᄒᆞ니

血流滿床席이어늘擧家ㅣ驚惶ᄒᆞ야往視之ᄒᆞ고莫不酸鼻ᄒᆞ더라

●이ᄯᅢ의文寧이梁相이도얏더니그졈고졀의를자바ᄂᆞᆫ줄을에엿비녀기고ᄯᅩ曹氏가딘類ㅣ업슨지라그ᄯᅳᆺ이그츰을바다ᄀᆞ만이사ᄅᆞᆷ으로ᄒᆡ여곰알왼ᄃᆡ令女ㅣ탄식ᄒᆞ고ᄯᅩ울어ᄀᆞᆯ오ᄃᆡ내ᄯᅩᄉᆡᆼ각ᄒᆞ니許홈이올타ᄒᆞ야ᄂᆞᆫ집이ᄡᅥ믿비녀겨막찰음을져이게을이ᄒᆞᆫᄃᆡ令女ㅣ이예ᄀᆞ만이자ᄂᆞᆫ방의들어가갈로ᄡᅥ코ᄒᆞᆯ버히고니불을무릅ᄡᅳ고누어셔그어미불러더불어말ᄒᆞ되ᄃᆡ답아니커ᄂᆞᆯ니불을혜텨보니피ᄒᆞᆯ녀床과돗긔ᄀᆞ득ᄒᆞ얏거ᄂᆞᆯ온집이놀라두려가보고코ᄒᆞᆯ싀여아니리업더라

(集說)陳氏曰無遺類、盡死也、冀其意阻、幸其阻守義之意而攻適也、諷謂以言動之、惟之、思之也

或이謂之曰人生世間이如輕塵棲弱草耳니何辛苦乃爾오且夫家ㅣ夷滅已盡ᄒᆞ니守此欲誰爲去聲哉오令女ㅣ曰聞仁者ᄂᆞᆫ不以盛衰로改節ᄒᆞ고義者ᄂᆞᆫ不以存亡으로易心ᄒᆞᄂᆞ니曹氏全盛之時라도尙欲保終이어든況今衰亡ᄒᆞ니何忍棄之리오禽獸之行去聲을吾豈爲乎ㅣ리오

●諺或이닐너ᄀᆞᆯ오ᄃᆡ사ᄅᆞᆷ이世間의사라심이가ᄇᆡ야온ᄃᆞᆺ글이弱ᄒᆞᆫ플에브터심ᄀᆞᄐᆞ니엇디辛苦홈을이리ᄒᆞᄂᆞ뇨ᄯᅩ지아비가문이夷滅ᄒᆞ여이믜盡ᄒᆞ여시니이를디킈여셔눈을위코져ᄒᆞᄂᆞ뇨令女ㅣᄀᆞᆯ오ᄃᆡ들으니仁ᄒᆞᆫ이ᄂᆞᆫ盛ᄒᆞ며衰홈으로ᄡᅥ졀개를고티디아니ᄒᆞ고義ᄒᆞᆫ이ᄂᆞᆫ이시며업ᄉᆞ모로ᄡᅥᄆᆞᄋᆞᆷ을밧고디아니ᄒᆞᄂᆞ니曹氏全盛ᄒᆞᆫ시졀의도오히려내죵을보젼코져ᄒᆞ거든ᄒᆞ믈며이제衰亡ᄒᆞ야시니엇디ᄎᆞ마ᄇᆞ리리오짐승의ᄒᆡᆼ실을내엇디ᄒᆞ리오

(集說)熊氏曰輕塵、易散、弱草、難依、非有纏固也、吳氏曰人之所以異於禽獸者、以其有仁義也、若以盛衰存亡、而改節易心、則不仁不義、禽獸之行也、令女之所以不爲者、其有見於此也、夫魏晉之際、廉恥道喪、背君父而事仇讎者、比肩接跡、聞令女之言、觀令女之行、寧不愧乎、後、司馬懿聞而嘉之、聽令女養子、爲曹氏後

○唐鄭義宗의妻盧氏ㅣ略涉書史ᄒᆞ고事舅姑ᄒᆞᄃᆡ甚得婦道ᄒᆞ더니嘗夜애有强盜數十이持杖鼓噪ᄒᆞ야踰垣而入ᄒᆞ니家人이悉奔竄ᄒᆞ고唯有姑ㅣ自在室이어늘盧ㅣ冒白刃ᄒᆞ야往至姑側ᄒᆞ야爲去聲賊捶擊ᄒᆞ야幾平聲死ㅣ러라

●唐鄭義宗의안해盧氏글과ᄉᆞ긔를잠ᄭᆞᆫᄉᆞᆺ치고싀어버이를셤교ᄃᆡᄀᆞ장며ᄂᆞᆯ의道

물어덧더니일즉밤의强盜두어열히막대가지고놀ᄂᆞ며들레여담넘어드니집사ᄅᆞᆷ이다ᄃᆞ라나숨고오직싀어미스스로방의잇거늘盧氏白刃을무릅서가스어미겻희니르러도적의게티임을되여거의죽을이러라

(集解)鼓噪、鼓舞呼噪也、奔竄、奔走竄匿也、姑、老不能出避、盧、冒白刃而往者、義欲救姑、不顧其身也、幾、近也

賊去後에**家人**이**問何獨不懼**오**盧氏曰人所以異於禽獸者**는**以其有仁義也**ㅣ니**鄰里有急**이라도**尙相赴救**온ㅣ**況在於姑而可委棄乎**아**若萬一危禍**ㅣ면**豈宜獨生**이리오

●도적이간후에집사ᄅᆞᆷ이무로티엇디혼자저티아니ᄒᆞ더뇨盧氏ᄀᆞᆯ오ᄃᆡ사ᄅᆞᆷ이벼즘승의게다ᄅᆞᆫ바ᄂᆞᆫ그仁과義이심으론벼니ᄆᆞ을히急홈이이셔도오히려서르ᄃᆞ라가救홀재시온ᄒᆞ믈며싀엄의게이셔미히ᄇᆞ릴셧가힝혀萬一위ᄐᆡ혼禍ㅣ이시면엇디맛당히혼자사라사리오

(集解)仁義者、人性之所固有、其所以異乎禽獸者、此也、盧氏、惟其知之明、見之審、於是、捐生以赴、而不顧其身、誦其言、千載之下、凜然猶有生氣、嗚呼、天理民彝之在人心、終古而不泯滅者、於此可見矣

○唐奉天竇氏二女ㅣ生長草野호되幼有志操ㅣ러니永泰中에羣盜數千人이剽掠其村落호대二女ㅣ皆有容色ᄒᆞ야長者는年十九ㅣ오幼者는年十六이러니匿巖穴間이어늘曳出之ᄒᆞ야驅迫以前ᄒᆞᆯ서臨壑谷深數百尺ᄒᆞ야其姊ㅣ先曰吾寧就死ㅣ언뎡義不受辱이라ᄒᆞ고卽投崖下而死커늘盜方驚駭ᄒᆞ더니其姊ㅣ繼之自投ᄒᆞ야折足破面流血이어늘羣盜ㅣ乃捨之而去ᄒᆞ니라

●唐奉天竇氏의두ᄯᆞᆯ이草野의셔나ᄌᆞ라되어려셔브터ᄠᅳᆮ과절쇠잇더니永泰ᄯᅢ온대모든도적數千人이그ᄆᆞᄋᆞᆯ을ᄒᆞᆯ려후린대두ᄯᆞᆯ이다ᄌᆞ식이이셔ᄆᆞᄉᆞᆫ나히열아홉이오아ᄋᆞᆫ나히열여ᄉᆞ시러니바회구무ᄉᆞ이예숨엇거늘ᄭᅳ어내야驅迫ᄒᆞ야ᄲᅧ앏셔갈ᄉᆡ굴헝이깁픠두어百자히나ᄒᆞᆫ듸를臨ᄒᆞ여셔그ᄆᆞᆮ이ᄆᆞᆫ져ᄀᆞᆯ오대내츌하리죽으매나아갈ᄯᅵ언뎡義예辱을받디몯ᄒᆞᆯ새.시라ᄒᆞ고즉제빙애아래ᄯᅥ러뎌죽거늘도적이뵈야호로놀라더니그아이니어ᄉᆞᄉᆞ로ᄲᅧ러뎌발이것거디고ᄂᆞᆺ치ᄒᆞ야뎌피흘으거늘모든도적이ᄇᆞ리고가니라

(集解)奉天、縣名、永泰、代宗、年號

京兆尹第五琦ㅣ 嘉其貞烈ᄒᆞ야奏之ᄒᆞᆫ대詔旌表其門閭ᄒᆞ시고 永蠲其家丁役ᄒᆞ시다

●京兆尹第五琦ㅣ 그貞烈홈을아름다이너겨엳ᄌᆞ온대 詔ᄒᆞ샤 그門과ᄆᆞ울ᄒᆞᆯ旌表ᄒᆞ시고영영히그집ᄉᆞ나히구실을더 르시다

(集解)京兆、郡名、今西安府、尹、官也、第五、複姓、琦、名、蠲、除也

○繆(木)彤(容)이 少孤ᄒᆞ야兄弟四人이 皆同財業ᄒᆞ더니 及各取(娶)妻ᄒᆞ야諸婦ㅣ 遂求分異ᄒᆞ고又數(朔)有鬪爭之言이어ᄂᆞᆯ 彤이 深懷忿嘆ᄒᆞ야乃掩戶自撾曰繆彤아 汝ㅣ 修身謹行(去聲)ᄒᆞ야學聖人之法은 將以齊整風俗이니 奈何로 不能正其家乎오ᄒᆞᆫ대 弟及諸婦ㅣ 聞之ᄒᆞ고悉叩頭謝罪ᄒᆞ야遂更(平聲)爲敦睦之行(去聲)ᄒᆞ더다

●繆彤이졈어서孤ᄒᆞ야兄弟네사ᄅᆞᆷ이다 셰간을ᄒᆞᆫ가지로ᄒᆞ더니 믿각각안해어더는모든겨집ᄃᆞᆯ히 드듸여 논화닷살기ᄅᆞᆯ求ᄒᆞ고또ᄌᆞ조싸화ᄃᆞ토ᄂᆞᆫ말이 잇거ᄂᆞᆯ彤이忿ᄒᆞ야애ᄃᆞ롬을깁피픔어문을닷고ᄉᆞᄉᆞ로티며ᄀᆞᆯ오ᄃᆡ繆彤아 네몸을닷고힝실을삼가聖人의法을비홈은쟝ᄎᆞᆺ뻐風俗ᄋᆞᆯ졍제호려홈이니 엇디홈으로能히 그집을正

케몯ᄒᆞᄂᆞ뇨ᄒᆞᆫ대아ᄋᆞ와믿모ᄃᆞᆫ겨집ᄃᆞᆯ히듣고다머리ᄅᆞᆯ좃고謝罪ᄒᆞ야드듸여고텨도탑고화동ᄒᆞᆫ힝실을ᄒᆞ니라

(集說)吳氏曰漢、繆肜、字豫公、幼而無父曰孤、撾、擊也、肜、恐諸弟求分財異居、乃閉戶自責、於是、諸弟諸婦、聞之、悉俯地擊首、以謝、遂改爲敦睦之行、嗚呼、肜之德、固有以感動諸弟、而諸弟、亦可謂善改過者矣

○蘇瓊이除南淸河太守ᄒᆞ니有百姓乙普明兄弟ㅣ爭田ᄒᆞ야積年不斷ᄒᆞ야各相援據ᄒᆞ니乃至百人이러니瓊이召普明兄弟ᄒᆞ야諭之曰天下애難得者ᄂᆞᆫ兄弟오易求者ᄂᆞᆫ田地니假令得田地라도失兄弟心ᄒᆞ면如何오ᄒᆞ고因而下淚ᄒᆞᆫ대諸證人이莫不灑泣ᄒᆞ더니普明兄弟ㅣ叩頭ᄒᆞ야乞外更思ᄒᆞ야分異十年애遂還同住ᄒᆞ니라

●蘇瓊이南淸河太守ᄅᆞᆯᄒᆞ니百姓乙普明의兄弟받ᄒᆞᆯᄃᆞ토아여러ᄒᆡᄅᆞᆯ결티몯ᄒᆞ야각각서르혀증거ᄒᆞ니일ᄇᆡᆨ사ᄅᆞᆷ에니르럿더니瓊이普明의兄弟ᄅᆞᆯ블너긔유ᄒᆞ여골오ᄃᆡ天下애얻기어려온거ᄉᆞᆫ兄弟오求키쉬운거ᄉᆞᆫ田地니가셜히여곰田地ᄅᆞᆯ어더도兄弟의ᄆᆞᄋᆞᆷ을일흐면엇더ᄒᆞ료ᄒᆞ고因ᄒᆞ야눈믈을딘대모ᄃᆞᆫ본증엣사ᄅᆞᆷ이눈믈ᄲᅳ리디아니리업더니普明의兄弟머리ᄅᆞᆯ두드려밧긔가다시ᄉᆡᆼ각ᄒᆞ여지라빌어ᄂᆞᆫ

화닫난디얼히만의드듸여도로흔되사니라

（集說）陳氏曰、瓊、字、珍之、北朝人(北齊人)、南淸河、郡名、乙、姓、普明、名也、援據、攀援他人、爲證據也、諭、曉也、太守下淚、而諸證人灑泣、普明兄弟悔過、可以見人心之天矣

○王祥의弟覽의母朱氏ㅣ遇祥無道ㅣ러더覽이年數歲에見祥의被楚撻ᄒᆞ고輒涕泣抱持ᄒᆞ더니至于成童ᄒᆞ야每諫其母ᄒᆞ니其母ㅣ少止凶虐ᄒᆞ니라朱ㅣ屢以非理로使祥이어든覽이與祥俱ᄒᆞ고又虐使祥妻ㅣ어든覽妻ㅣ亦趨而共之ᄒᆞ니朱ㅣ患之ᄒᆞ야乃止ᄒᆞ니라

●王祥의아ᄋᆞ覽의어미朱氏ㅣ祥ᄃᆡ졉홈을無道히ᄒᆞ더니覽의나히두어설의祥의楚撻닙음을보고믄득울고안아븓드더니成童홈애닐으러ᄆᆡ양그어미ᄅᆞᆯ諫ᄒᆞ니그어미凶虐홈을적이그치니라朱ㅣᄌᆞ조非理로ᄡᅥ祥을브리거든覽이祥으로더브러홈ᄭᅴᄒᆞ고ᄯᅩ祥의안해ᄅᆞᆯ보채여브리거든覽의안해ᄯᅩᄃᆞ라가ᄒᆞᆫ가지로ᄒᆞ니朱氏ㅣ병되이녀겨그치니라

（集解）王覽、字、玄通、覽、年幼、見兄被楚撻、抱持泣諫、其友愛、出於天性、至於祥妻受虐、覽妻、亦趨共之、則非得於觀感之深者、其能然乎、由是、其母、亦止凶

虐也

○晉右僕射(夜)鄧攸ㅣ永嘉末애沒于石勒ᄒᆞ야過泗水ᄒᆞᆯ서攸ㅣ以牛馬ㅣ負妻子而逃ᄒᆞ다가又遇賊ᄒᆞ야掠其牛馬ᄒᆞ고步走ᄒᆞ야擔其兒及其弟子綏ㅣ러니度(鐸)不能兩全ᄒᆞ고乃謂其妻曰吾弟早亡ᄒᆞ고唯有一息ᄒᆞ니理不可絕이라止應(去聲)自棄我兒耳로다幸而得存ᄒᆞ면我ᄂᆞᆫ後當有子ㅣ어니ᄯᅡ녀妻ㅣ泣而從之어늘乃棄其子而去之러니卒以無嗣ᄒᆞ니라

●晉右僕射鄧攸ㅣ永嘉ㅅ긋히石勒의게ᄡᅡ디여泗水를디나갈석攸ㅣ쇼와ᄆᆞᆯ로ᄡᅥ妻子를신고도망ᄒᆞ다가ᄯᅩ도적을만나그쇼와ᄆᆞᆯ을아이고거러ᄃᆞᄅᆞ며그ᄌᆞ식과밋아ᄋᆞ의아ᄃᆞᆯ綏를메고가더니能히다보젼티몯ᄒᆞᆯ줄을혜아리고그안해ᄃᆞ려닐너ᄀᆞᆯ오ᄃᆡ내아ᄋᆞ이일죽고다만ᄒᆞᆫᄌᆞ식이이시니理예可히긋디몯ᄒᆞᆯ새시니라오직응당히ᄉᆞᄉᆞ로내ᄌᆞ식을ᄇᆞ릴새시로다힝혀시러곰보존ᄒᆞ면나ᄂᆞᆫ후에맛당히ᄌᆞ식이이시려니ᄯᅡ녀안해울고조차늘그아ᄃᆞᆯ을ᄇᆞ리고갓더니ᄆᆞᄎᆞᆷ내ᄡᅥᄌᆞ식이업스니라

(集解)僕射、官名、攸、字伯道、平陽人、永嘉、懷帝、年號、石勒、胡人、僭據自立、爲後趙、泗水、在淮南、熊氏曰旣不能兩全、則寧棄己之兒、毋絕亡弟後、卒以無子、命也

時人이義而哀之ᄒᆞ야爲去聲之語曰天道ㅣ無知ᄒᆞ야使鄧伯道로無兒ㅣ로다弟子綏ㅣ服攸喪三年ᄒᆞ니라

●시절사ᄅᆞᆷ이올히녀기고슬허위ᄒᆞ야말ᄉᆞᆷᄋᆞᆯᄒᆞ여ᄀᆞᆯ오ᄃᆡ天道ㅣ無知ᄒᆞ야 鄧伯道로ᄒᆡ여곰ᄌᆞ식이업게ᄒᆞ도다아ᄋᆞ의아ᄃᆞᆯ綏ㅣ攸의거상을三年을닙으니라

(增註)義者、義其能存姪也、服喪三年、如喪父也

○晉咸寧中에大疫이러니庾袞의二兄이俱亡ᄒᆞ고次兄毗ㅣ復扶又切下同危殆ᄒᆞ야厲氣ㅣ方熾어늘父母諸弟ㅣ皆出次于外호ᄃᆡ袞이獨留不去ㅣ어늘諸父兄이强上聲之ᄒᆞᆫ대乃曰袞이性不畏病이라ᄒᆞ고遂親自扶持ᄒᆞ야晝夜不眠ᄒᆞ며其間凋에復撫柩ᄒᆞ야哀臨去聲不輟ᄒᆞ더니如此十有餘旬에疫勢ㅣ旣歇이어늘家人이乃反ᄒᆞ니毗病이得差ᄒᆞ고袞亦無恙ᄒᆞ니라

●晉咸寧ᄊᆡ온대큰려역이러니庾袞의두兄이홈ᄭᅴ죽고버근兄毗ㅣ또危殆ᄒᆞ야厲氣뵈야ᄒᆞ로셩ᄒᆞ거늘父母와모ᄃᆞᆫ아ᄋᆞᄃᆞᆯ히다나가밧ᄭᅴ이쇼ᄃᆡ袞이혼자머믈어나가디아니ᄒᆞ거늘모ᄃᆞᆫ父兄이세운ᄃᆡᄀᆞᆯ오ᄃᆡ내性이病을저티아니ᄒᆞ노라ᄒᆞ고드듸여친히스스로븓들어晝夜를자디아니ᄒᆞ며그ᄉᆞ이에또관ᄋᆞᆯ믄지며슬피울기를그치

디아니ᄒᆞ더니이러ᄐᆞ시ᄒᆞ기를열람은열ᄒᆞᆯ에병셰아믜혈ᄒᆞ거ᄂᆞᆯ집사ᄅᆞᆷ이도라어니毗의病이시리곰됴코衮도또병이업스니라

(集解)咸寧、武帝、年號、衮、字叔褒、毗、次兄名、次、舍也、間、空隙也

父老ㅣ咸曰異哉라 此子ㅣ여 守人所不能守ᄒᆞ며 行人所不能行ᄒᆞ니 歲寒然後에아 知松栢之後凋ㅣ니 始知疫癘之不能相染也ㅣ와라

●늘근이ᄃᆞᆯ히다ᄀᆞᆯ오ᄃᆡ괴이ᄒᆞ다이子여사ᄅᆞᆷ의能히딕히디몯ᄒᆞᄂᆞᆫ바ᄅᆞᆯ딕히며사ᄅᆞᆷ의能히行ᄒᆞ디몯ᄒᆞᄂᆞᆫ바ᄅᆞᆯ行ᄒᆞ니ᄒᆡ치운후에아솔과측ᄇᆡᆨ의후에디ᄂᆞᆫ줄을아ᄂᆞ니비로소녀역의能히서르뎐염티몯ᄒᆞᄂᆞᆫ줄을알과라

(增註)父老、鄕之高年者、異哉、稱其所守、所行、異於人也、後凋、謂後於衆木之凋

○楊播의 家世純厚ᄒᆞ야 並敦義讓ᄒᆞ야 昆季相事호ᄃᆡ 有如父子ᄒᆞ더니 椿津이 恭謙ᄒᆞ야 兄弟ㅣ 旦則聚於廳堂ᄒᆞ야 終日相對ᄒᆞ야 未嘗入內ᄒᆞ며 有一美味어든 不集不食ᄒᆞ더라 廳堂間에 往往애 幃幔隔障ᄒᆞ야 爲寢息之所ᄒᆞ야 時就休偃ᄒᆞ고 還共談笑ᄒᆞ더라

●楊播의가문이셰셰로純厚ᄒᆞ야다녜의와겸양ᄒᆞᆷ을두터이ᄒᆞ야형뎨서르섬기되

아비ᄌᆞ식ᄀᆞᆺ티ᄒᆞ더니椿과津이온공ᄒᆞ고겸손ᄒᆞ야兄弟아ᄎᆞᆷ이어든廳과堂에모다
날이ᄆᆞᆺ도록서르對ᄒᆞ야일즉안해드디아니ᄒᆞ며ᄒᆞᆫ됴ᄒᆞᆫ마시잇거든몬뎌아니ᄒᆞ여
셔ᄂᆞᆫ먹디아니ᄒᆞ더라廳堂ᄉᆞ이예잇다감댱으로ᄀᆞᆯ이막아자며쉴쳐쇼를ᄆᆡᆼᄀᆞ라시
시에나아가쉬여히즐이고도로와ᄒᆞᆫ가지로말ᄒᆞ며웃더라

(集說)陳氏曰播、字延慶 北朝人、昆季、兄弟也、椿、字延壽、津、字羅漢、偃、猶臥也

椿이年老ᄒᆞ야曾他處醉歸어늘津이扶持還室ᄒᆞ야假寢閤前ᄒᆞ야承候安否ᄒᆞ더라

●椿이나하ᄂᆞᆯ거일즉다ᄅᆞᆫ곧에가醉ᄒᆞ야도라오거늘津이븓잡아방의도라와지게알픠셔假寢ᄒᆞ며안부를ᄉᆞᆯ피더라

(增註)假寢、不脫衣冠而寢也、閤、謂室之門也

椿津이年過六十ᄒᆞ야並登台鼎而津이常日莫(暮)參問이어든子姪이羅列階下ㅣ러니椿이不命坐ㅣ어든津이不敢坐ᄒᆞ더라

●椿과津이나히여슌이넘어갈와台鼎의올나시되津이샹해아ᄎᆞᆷ나죄로뵈고문안ᄒᆞ거든子姪이섬아래버려셧더니椿이안좀을命티아니커든津이敢히ᄯᅵ안몯ᄒᆞ더

라

(增註)台鼎、三公之稱、如星之有三台、鼎之有三足也、椿、爲司徒、津、爲司空、故、曰並登台鼎

椿이每近出ᄒᆞ야或日斜不至어든津이不先飯ᄒᆞ야椿이還然後에共食ᄒᆞ더니食則津이親授匙箸ᄒᆞ며味皆先嘗ᄒᆞ고椿이命食然後에食ᄒᆞ더라津이爲肆州에椿이在京宅이러니每有四時嘉味어든輒因使去聲次ᄒᆞ야附之ᄒᆞ고若或未寄면不先入口ᄒᆞ더라一家之內에男女ㅣ百口ㅣ러니緦服이同爨取亂反ᄒᆞ되庭無間去聲言ᄒᆞ더라

●椿이미양갓가이나가或힛기우도록닐으디아니커든津이몬져밥먹디아니ᄒᆞ야椿이도라온후에ᄒᆞᆷᄢᅴ먹더니밥먹을적이면津이술과 져를친히받ᄌᆞ오며마슬다몬져맛보고椿이먹음을命ᄒᆞᆫ후에먹더라津이肆州ㅣ를ᄒᆞ여실제椿이셔울집의잇더니미양ᄉᆞ졀에아롬다온마셋거시잇거든믄득가리를因ᄒᆞ야붙텨보내고만일或보내디몯ᄒᆞ야사면몬져입에들이디아니ᄒᆞ더라ᄒᆞᆫ집안해 男女ㅣ白口ㅣ나ᄒᆞ더니緦服이ᄒᆞᆫ디셔밥지오ᄃᆡ집안히ᄉᆞ잇말이업더라

(增註)京宅、宅在京也、嘉味、美味也、未寄于兄、則不先食、緦麻之服、同炊爨、四

世不分異也

○隋吏部尙書牛弘의弟弼이好酒而酗ᄒᆞ더니嘗醉ᄒᆞ야射殺弘의駕車牛ᄒᆞᆫ대弘이還宅이어늘其妻ㅣ迎謂弘曰叔이射殺牛ㅣ라ᄒᆞ야늘弘이聞ᄒᆞ고無所恠問이오直答曰作脯ᄒᆞ라坐定커늘其妻ㅣ又曰叔이射殺牛ᄒᆞ니大是異事ㅣ로다弘이曰已知라ᄒᆞ고顔色이自若ᄒᆞ야讀書不輟ᄒᆞ더라

●隋吏部尙書牛弘의아ᄋᆞ弼이술즐기고쥬졍ᄒᆞ더니일즉醉ᄒᆞ야弘의술위메ᄂᆞᆫ쇼ᄅᆞᆯ쏘와죽인대弘이집의도라오거늘그안해마조弘ᄃᆞ려닐너ᄀᆞᆯ오ᄃᆡ아자비쇼ᄅᆞᆯ쏘와죽이다ᄒᆞ야늘弘이듣고괴이히너겨묻ᄂᆞᆫ배업고다만ᄃᆡ답ᄒᆞ야ᄀᆞᆯ오ᄃᆡ포육ᄆᆡᆼᄀᆞᆯ나안좀을定커늘그안해ᄯᅩᄀᆞᆯ오ᄃᆡ아자비쇼ᄅᆞᆯ쏘와죽이니큰이고이ᄒᆞᆫ일이로다弘이ᄀᆞᆯ오ᄃᆡ이믜알과라ᄒᆞ고ᄂᆞᆺ빗치自若ᄒᆞ야글닑기ᄅᆞᆯ그치디아니ᄒᆞ더라

(集說)陳氏曰弘、字里仁、安定人、以酒爲凶曰酗、直、猶但也

○唐英公李勣迹이貴爲僕射夜ㅣ로ᄃᆡ其姊ㅣ病이어든必親爲去聲下同然火煑粥ᄒᆞ더니火焚其鬚어늘姊ㅣ曰僕妾이多矣니何爲自苦如此오勣이曰豈爲無人耶ㅣ리오顧今에姊ㅣ年老ᄒᆞ고勣이亦老ᄒᆞ니雖欲數朔爲

姊煮粥인들復去聲可得乎아

●唐英公李勣이貴ᄒᆞ야僕射ㅣ되여시되그姊ㅣ病ᄒᆞ거든반ᄃᆞ시친히위ᄒᆞ야블디더粥을ᄡᆞᆯ히더니블이그날오재븓거늘누의ᄀᆞᆯ오ᄃᆡ죵이며쳡이하니엇디스스로수고ᄅᆞᆯ이러ᄐᆞ시ᄒᆞᄂᆞ뇨勣이ᄀᆞᆯ오ᄃᆡ엇디사ᄅᆞᆷ업슴을위ᄒᆞ예리오도라보건댄이제슈의나히늙고勣이ᄯᅩ늘그니비록ᄌᆞ조누의ᄅᆞᆯ위ᄒᆞ야粥을ᄡᆞᆯ히고져ᄒᆞᆫ들다시可히어드랴

(集說)吳氏曰勣、本姓、徐、爲唐相、封英公、賜姓、李、字懋功、曹州人、顧、猶念也

○司馬溫公이與其兄伯康으로友愛尤篤이러니伯康이年將八十이라公이奉之如嚴父ᄒᆞ며保之如嬰兒ᄒᆞ야每食少頃則問曰得無饑乎아ᄒᆞ며天이少冷則拊其背曰衣ㅣ得無薄乎아ᄒᆞ더라

●司馬溫公이그兄伯康으로더브러ᄉᆞ랑홈을더옥도타이ᄒᆞ더니伯康이나히쟝ᄎᆞᆺ여든이라公이밧들믈嚴ᄒᆞᆫ아비ᄀᆞᆺ티ᄒᆞ며보호홈을어린아ᄒᆡᄀᆞᆮ티ᄒᆞ야미양밥먹고이윽ᄒᆞ면무러ᄀᆞᆯ오ᄃᆡ아니비골ᄑᆞᆫ가ᄒᆞ며날이져기ᄎᆞ면그등을ᄆᆞᆫ져ᄀᆞᆯ오ᄃᆡ오시아니열운가ᄒᆞ더라

(集解)公、兄名、旦、字伯康、奉之如嚴父、敬之至也、保之如嬰兒、愛之至也、老人

腸胃弱、易飽易饑、氣體虛、易寒易熱、故、公撫問之勤、如此、

○近世故家ㅣ惟晁氏ㅣ 因以道의 申戒子弟ᄒᆞ야皆有法度ᄒᆞ니羣居相呼애外姓尊長으란必曰某姓第幾叔若兄이라ᄒᆞ며諸姑尊姑之夫란必曰某姓姑夫某姓尊姑夫ㅣ라ᄒᆞ고未嘗敢呼字也ᄒᆞ며其言父黨交遊애必曰某姓幾丈이라ᄒᆞ고亦未嘗敢呼字也ᄒᆞ니當時故家舊族이皆不能若是ᄒᆞ더라

●요ᄉᆞ이故家ㅣ오직晁氏ㅣ以道의子弟를다지곰경계홈을因ᄒᆞ야다法度이시니모다살며셔르블롬애外姓열운으란반ᄃᆞ시골오ᄃᆡ아모姓현재아잡이며밋兄이라ᄒᆞ며모ᄃᆞᆫ아좀이며녓할미남편으란반ᄃᆞ시골오ᄃᆡ아모姓아좀의남편이며아모姓녓할믜남편이라ᄒᆞ고일즉敢히字를브르디아니ᄒᆞ며그아븨물에사괴여ᄃᆞᆫ니ᄂᆞᆫ이ᄅᆞᆯ니ᄅᆞᆯ제반ᄃᆞ시골오ᄃᆡ아모姓현잿얼운이라ᄒᆞ고또일즉敢히字를브르디아니ᄒᆞ그시절녯가문과오란겨레들이다能히이ᄀᆞᆮ디몯ᄒᆞ더라

(集說)陳氏曰故家、舊家、惟、獨也、以道、名、說之、澶淵人、若、及也、尊者曰某姓第幾叔、長者曰某姓第幾兄、姑、父之姊妹也、尊姑、祖之姊妹也、父黨交遊、父之友也、稱姓、稱行、稱位、而不呼字、皆謙厚之道

○包孝肅公이 尹京時예 民有自言호되 以白金百兩으로 寄我者ㅣ死矣어늘 予其子上聲與下同호니 不肯受호니 願召其子호야 予之호쇼셔 尹이 召其子호대 辭曰 亡父ㅣ 未嘗以白金으로 委人也ㅣ라호고 兩人이 相讓久之호더라

●包孝肅公이셔울을尹호여실제빅셩이스스로니르리이쇼되은일빅량으로뻐내게브린이죽거늘그아들을주니즐겨받디아니호느니願컨댄그아들을불너주쇼셔尹이그아들을브른대ᄉ양호야골오듸죽은아비일즉은으로뻐사름을맛기디아년느니라호고두사름이서르ᄉ양호기를오래호더라

(集說)吳氏曰公、名拯、字希仁、孝肅、諡也、廬州人、尹京、時爲京尹之時也、委寄於人也、

呂滎公이 聞之호고 曰世人이 喜言無好人三字者는 可謂自賊者矣로다 古人이 言人皆可以爲堯舜이라호니 蓋觀於此而知之로다

●呂滎公이듣고골오듸세샹사름이됴흔사름업다호는세字를즐겨닐으는이는可히스스로해호는이라닐으리로다녯사름이닐오듸사름이다可히뻐堯舜이되리라호니이예보아알니로다

(集解)賊、害也

○萬石君石奮이 歸老于家ᄒᆞ더니 過宮門闕ᄒᆞᆯ시 必下車趨ᄒᆞ며 見路馬ᄒᆞ고 必軾焉ᄒᆞ더라 子孫이 爲小吏來歸謁이어든 萬石君이 必朝服見之ᄒᆞ고 不名ᄒᆞ더라 子孫이 有過失이어든 不誚讓ᄒᆞ고 爲(去聲)便坐ᄒᆞ야 對案不食이어든 然後에아 諸子ㅣ 相責ᄒᆞ야 因長老ᄒᆞ야 肉袒ᄒᆞ고 固謝罪改之ᄒᆞ여야 乃許ᄒᆞ더라

●萬石君石奮이도라와집의셔늙더니대궐문을디날ᄉᆡ반ᄃᆞ시술위예 ᄂᆞ려ᄃᆞᆮ으며路馬ᄅᆞᆯ보고반ᄃᆞ시軾ᄒᆞ더라子孫이져근관원이되여와뵈여ᄂᆞᆫ萬石君이반ᄃᆞ시朝服으로보고일홈블으디아니ᄒᆞ더라子孫이過失이 잇거든ᄭᅮ짓디아니ᄒᆞ고위ᄒᆞ야ᄒᆞᆫᄀᆞ애안자상을對ᄒᆞ여먹디아니ᄒᆞ거든그린후에아모든ᄌᆞ식들이서로責ᄒᆞ야얼운을因ᄒᆞ야ᄉᆞᆯ나게메왓고ᄀᆞ장謝罪ᄒᆞ야고텨지라ᄒᆞ여야許ᄒᆞ더라

(集解)漢、石奮、四子、長建、次甲、次乙、次慶、奮與四子、皆官至二千石故、號萬石君、歸老、致仕也、路馬、駕路車之馬也、下君門、式路馬、敬之至也、子孫歸謁、必朝服以見、禮以接下也、誚、以言責之也、便坐、謂坐於便側之處也、對案不食、謂飮食設於案、對之而不食也、長老、族之高年者、肉袒、袒衣露肉也、固、再三也

子孫勝(升)冠者ㅣ 在側이어든 雖燕이나 必冠ᄒᆞ야 申申如也ᄒᆞ며 僮僕앤 訢訢(銀)如也호ᄃᆡ 唯謹ᄒᆞ더라

●子孫이勝冠혼이견틔잇거든비록燕이나반ᄃᆞ시冠ᄒᆞ야申申ᄃᆞᆺᄒᆞ며죵ᄃᆞ히게ᄂᆞᆫ
訴訴ᄃᆞᆺ호ᄃᆡ오직삼가ᄒᆞ더라
(增註)勝冠、謂年及冠者、燕、謂燕居也、申申、和順也、訴訴、和悅也

上이時賜食於家ㅣ어시든必稽(啓)首俯伏而食ᄒᆞ야如在上前ᄒᆞ며其執喪
哀戚이甚ᄒᆞ니子孫이遵敎ᄒᆞ야亦如之ᄒᆞ더라萬石君家ㅣ以孝謹으로聞
乎郡國이라雖齊魯諸儒ㅣ라도質行(去聲)은皆自以爲不及也ㅣ라ᄒᆞ더라
●上이시시로음식을집의주어시든반ᄃᆞ시머리를좃고업더여셔먹어上의ᄉᆞ랍피이
심ᄀᆞᆺ티ᄒᆞ며그거상닙어실제슬허셜워홈이甚ᄒᆞ니子孫이ᄀᆞᄅᆞ침을조차ᄯᅩᄀᆞᆮ티ᄒᆞ
더라萬石君의집이효도ᄒᆞ며죠심홈으로고을히며나라해들리ᄂᆞᆫ디라 비록齊와魯
ㅅ모단선비ᄃᆞᆯ히라도質行은다ᄉᆞᄉᆞ로ᄡᅥ밋디몯ᄒᆞ리로다ᄒᆞ더라
(集解)質行、質朴行實也

長子建은爲郞中令이오少子慶은爲內史ㅣ러니建이老白首호ᄃᆡ萬石
君이尙無恙ᄒᆞ더라每五日洗沐에歸謁ᄒᆞ고親入子舍ᄒᆞ야竊問侍者ᄒᆞ야
取親中帬(裙)厠牏(投)ᄒᆞ야身自浣滌ᄒᆞ야每與侍者言호ᄃᆡ不敢令萬石
君知之ᄒᆞ야以爲常ᄒᆞ더라

●ᄆᆞᆮ아ᄃᆞᆯ建은郞中令이되얏고졈은아ᄃᆞᆯ慶은內史ㅣ되얏더니建이늘거머리셰요ᄃᆡ萬石君이오히려병이업더라미양닷쇗만의모욕말미ᄒᆞᆯ졔도라와뵈고親히곁방의드러가뫼션ᄂᆞᆫ이ᄃᆞ려가만이무러어버의中帬과厠牏ᄅᆞᆯ가져다가몸소ᄉᆞ스로ᄲᆞᆯ며시서도로뫼신이ᄅᆞᆯ주ᄃᆡ敢히萬石君으로히여곰알게아니ᄒᆞ야ᄲᅧ샹ᄉᆞᄅᆞᆯ삼더라

(集解)郎中令、內史、皆官名、恙、病也、漢法、在官五日、則休假一日以洗身沐首、子舍、寢室邊小房也、躬自洗濯、而不欲親知者、盡己之心、而又欲親心安也、

(集成)中帬、今中衣也、厠牏者、近身之小衫、若今汗衫也、

內史慶이醉歸ᄒᆞ야入外門ᄒᆞ야不下車ᄒᆞᆫ대萬石君이聞之ᄒᆞ고不食이어늘慶이恐ᄒᆞ야肉袒謝罪ᄒᆞᆫ대不許ㅣ어늘擧宗及兄建이肉袒ᄒᆞᆫ대萬石君이讓曰內史ᄂᆞᆫ貴人이라入閭里어든里中長老ㅣ皆走匿이어늘而內史ㅣ坐車中自如ᄒᆞ니固當이로다ᄒᆞ고乃謝罷慶ᄒᆞ니慶及諸子ㅣ入里門ᄒᆞ야趨至家ᄒᆞ더라

●內史慶이醉ᄒᆞ야도라와밧門의들어술위ᄅᆞᆯᄂᆞ리디아니ᄒᆞᆫ대萬石君이듣고음식먹디아니커ᄂᆞᆯ慶이두려ᄉᆞᆯ라게메와ᄃᆞᆫ대許티아니ᄒᆞ거ᄂᆞᆯ온결네과밋兄建이ᄉᆞᆯ라게메와ᄃᆞᆫ대萬石君이ᄭᅮ죵ᄒᆞ야ᄀᆞᆯ오ᄃᆡ內史ᄂᆞᆫ貴ᄒᆞᆫ사ᄅᆞᆷ이라ᄆᆞ을희ᄃᆞᆯ거든

ᄆᆞ을ᄡᅡ온대늘근아ᄃᆞᆯ이다ᄃᆞ라들어숨거늘內史ㅣ술위ᄡᅡ온대안자심을ᄌᆞ약히ᄒᆞ니진실로맛당ᄒᆞ도다ᄒᆞ고이에慶을謝罷ᄒᆞ니慶과밋모ᄃᆞᆫ아ᄃᆞᆯ이里門에들어ᄌᆞ조걸어집의닐으더라

(集說)陳氏曰外門、家之外門、擧宗、猶言闔族、讓、責也、固當者、反辭以深責之也、謝罷、顔師古曰告令去也、里門、卽巷門、言自是以後、入巷門則下車也

○疏廣이爲太子太傅ㅣ러니上疏乞骸(諧)骨ᄒᆞᆫ대加賜黃金二十斤ᄒᆞ시고太子ㅣ贈五十斤이어시ᄂᆞᆯ歸鄕里ᄒᆞ야日令家로供具設酒食ᄒᆞ야請族人故舊賓客ᄒᆞ야相與娛樂(洛)ᄒᆞ며數(朔)問其家ᄒᆞ되金餘ㅣ尙有幾斤고趣(促)賣以共(共)具ᄒᆞ라ᄒᆞ더라

●疏廣이太子太傅ㅣ되엿더니上疏ᄒᆞ야骸骨을빈대黃金스므근을더주시고太子ㅣ쉰근을주어시ᄂᆞᆯ鄕里에도라가날마다집으로ᄒᆡ여곰供具ᄒᆞ야술음식을베퍼권당읫사ᄅᆞᆷ과故舊와손ᄃᆞᆯ을請ᄒᆞ야서르더블어즐기며ᄌᆞ조그집의무로ᄃᆡ金남은이오히려멋근이나인ᄂᆞᆫ고섈리ᄑᆞ라ᄡᅥ긔구ᄅᆞᆯ가초라ᄒᆞ더라

(集說)陳氏曰廣、字仲翁、東海蘭陵人、太傅、官名、上疏乞骸骨、猶今之告老也、娛、歡也、趣、與促同、供與共同、言、促賣餘金、以供酒食之具也

居歲餘에廣의子孫이竊謂其昆弟老人廣所信愛者ᄒᆞ야曰子孫

冀及君時ᄒᆞ야頗立産業基址ᄒᆞ더니今日에飮食費且盡ᄒᆞ니宜從丈人所ᄒᆞ야勸說(稅)君ᄒᆞ야置田宅ᄒᆞ라老人이卽以閒暇時로爲(去聲)廣言此計ᄒᆞᆫ대

●이션ᄃᆡ히남음애廣의子孫이그형뎨예늘근사ᄅᆞᆷ이廣의믿고ᄉᆞ랑ᄒᆞᄂᆞᆫ바ᄃᆞ려가만히닐너ᄀᆞᆯ오ᄃᆡ子孫이君의시졀을믿처ᄌᆞᄆᆞᆺ싱계홀터홀셰가ᄇᆞᆯ아더니오ᄂᆞᆯ날애飮食ᄒᆞᄂᆞᆫ허비예쟝ᄎᆞᆺ盡ᄒᆞ야가니맛당히丈人의고ᄃᆞᆯ조차君ᄭᅴ勸ᄒᆞ야달아여田宅을두게ᄒᆞ라늘근사ᄅᆞᆷ이즉제閒暇ᄒᆞᆫ ᄣᅢ로ᄡᅥ廣을爲ᄒᆞ야이계교ᄅᆞᆯ닐은대

(增註)冀、欲也、丈人、卽廣、所愛信之高年兄弟也、(集解)君、謂疏廣所處也、說、誘也

廣이曰吾豈老悖ᄒᆞ야不念子孫哉리오顧自有舊田廬ᄒᆞ니令(平聲)子孫勤力其中ᄒᆞ면足以共(供)衣食ᄒᆞ야與凡人齊ᄒᆞ리니今復(扶又反)增益之ᄒᆞ야以爲贏餘ㅣ면但教子孫怠惰耳ㅣ라

●廣이ᄀᆞᆯ오ᄃᆡ내엇디늙고망패ᄒᆞ야子孫을렴려티아니ᄒᆞ리오도라보건댄ᄉᆞᄉᆞ로녯받과집이이시니子孫으로ᄒᆡ여곰그가온대셔브즈런이힘ᄡᅥᄒᆞ면足히ᄡᅥ옷밥을장만ᄒᆞ야년으사ᄅᆞᆷ으로더블어ᄀᆞᄐᆞ리니이졔다시더으게ᄒᆞ야ᄡᅥ남을거슬ᄒᆞ면다

만子孫을게을옴을ᄀᆞᄅᆞ침이니라

(集解　老悖、年老而乖悖也、贏、亦餘也、衣食有餘、則子孫、倚之而怠惰矣

賢而多財則損其志ᄒᆞ고愚而多財則益其過ᄒᆞᄂᆞ니　且夫富者ᄂᆞᆫ衆之怨也ㅣ니吾ㅣ　既無以教化子孫이라不欲益其過而生怨ᄒᆞ노라　又此金者ᄂᆞᆫ　聖主所以惠養老臣也ㅣ니故로樂洛　與鄕黨宗族으로共享其賜ᄒᆞ야以盡吾餘日ᄒᆞ노니不亦可乎이

●어딜고지물이하면그ᄠᅳᆮ을손상ᄒᆞ고 어리고지물이하면그허믈을더ᄋᆞᄂᆞ니또가옴열옴은모ᄃᆞᆫ의원망이니내이믜ᄡᅥ子孫을敎化홈이업ᄉᆞᆫ디라 그허믈을더어원망이나게ᄒᆞ고져아니ᄒᆞ노라또이金은님금의ᄡᅥ늘근신하를은혜 도치신배니 그러모로즐겨鄕黨과宗族ᄃᆞᆯ로더블어그주신거슬ᄒᆞᆫ가지로안향ᄒᆞ야ᄡᅥ 내나믄날을다호려ᄒᆞ노니또可타아니ᄒᆞ나

(集解)熊氏曰世之人、但知營私較計、增益田宅、以貽子孫、而不知教之德義、以爲長世之道、則其多貲、徒以重其淫侈、長其愚騃、所謂田宅貲財者、卒亦不可保也、蹉廣此言、豈非爲人父祖之鑑乎

○龐公이未嘗入城府ᄒᆞ고夫妻ㅣ　相敬如賓ᄒᆞ니더　劉表ㅣ　候之ᄒᆞ니龐

公이釋耕於壠上ᄒᆞ고而妻子ㅣ耘於前이어ᄂᆞᆯ表ㅣ指而問曰先生이苦居畎畝而不肯官祿ᄒᆞᄂᆞ니後世예何以遺子孫乎오龐公이曰世人은皆遺之以危어ᄂᆞᆯ今獨遺之以安ᄒᆞᄂᆞ니雖所遺ㅣ不同ᄒᆞ나未爲無所遺也ㅣ라ᄒᆞᆫ대表ㅣ嘆息而去ᄒᆞ다

●龐公이일즉城府애돌어가디아니ᄒᆞ고夫妻ㅣ셔ᄅᆞ공경홈을손ᄀᆞᆺ티ᄒᆞ더니劉表ㅣᄎᆞ자니龐公이두던우희가받가던거ᄉᆞᆯ그치고妻子ㅣ앏픠셔 기음미거늘表ㅣᄀᆞᆯ오ᄃᆡ先生이슈고로이畎畝의이셔官祿을즐겨아니ᄒᆞᄂᆞ니홋ᄃᆡ예므서스로뻐子孫을기티리오龐公이ᄀᆞᆯ오ᄃᆡ셰상사ᄅᆞᆷ은다위ᄐᆡᄒᆞᆫ거스로뻐 기티거늘이제혼자편안ᄒᆞᆫ거스로뻐기티노니비록기티ᄂᆞᆫ배ᄀᆞᆺ디아니ᄒᆞ나기티ᄂᆞᆫ배 업ᄉᆞ미아니라ᄒᆞᆫᄃᆡ表ㅣ嘆息ᄒᆞ고가다

(集解)龐公、字德公、襄陽人、劉表、漢宗室、爲荊州刺史、遺之以危、謂、富貴、多危機也、遺之以安、謂、自食其力、而無後患也、(增註)候、猶訪也、壠、田間高處也、畎、田間水道也

○陶淵明이爲彭澤令ᄒᆞ야不以家累로自隨ㅣ러니送一力ᄒᆞ야給其子ᄒᆞ고書曰汝ㅣ旦夕之費예自給이爲難ᄒᆞᆯ시今遺此力ᄒᆞ야助汝薪水之

勞ᄒᆞ노니 此亦人子也ㅣ니 可善遇之니라

●陶淵明이彭澤令을ᄒᆞ야가속으로ᄡᅥ스스로좃디아녓더니ᄒᆞᆫ종을보내여그아ᄃᆞᆯ을주고유무ᄒᆞ여ᄀᆞᆯ오ᄃᆡ네아ᄎᆞᆷ나죄ᄇᆞᆯ거서스스로쟝만홈이어려울서이제이종을보내여네나모ᄒᆞ며믈길이예ᄀᆞᆺ브믈돕노니이ᄯᅩ사ᄅᆞᆷ의ᄌᆞ식이니可히됴히ᄃᆡ졉ᄒᆞᆯᄯᅵ니라

(集解)淵明、字元亮、家累、妻子也、力、僕也

○崔孝芬兄弟ㅣ孝義慈厚ᄒᆞ더니 弟孝暐等이 奉孝芬호ᄃᆡ 盡恭順之禮ᄒᆞ야 坐食進退예 孝芬이 不命則不敢也ᄒᆞ며 雞鳴而起ᄒᆞ야 且溫顏色ᄒᆞ며 一錢尺帛을 不入私房ᄒᆞ고 吉凶有須에 聚對分給ᄒᆞ더니 諸婦亦相親愛ᄒᆞ야 有無를 共之ᄒᆞ더라

●崔孝芬의兄弟효도로오며義ᄒᆞ며ᄌᆞ샹ᄒᆞ며슌후ᄒᆞ더니아ᄋᆞ孝暐等이孝芬을밧드로ᄃᆡ恭順ᄒᆞᆫ례도ᄅᆞᆯ다ᄒᆞ야안ᄌᆞ며음식먹으며나ᄋᆞ며믈옴애孝芬이命티아니ᄒᆞ면敢히아니ᄒᆞ며ᄃᆞᆰ울어든니러ᄯᅩᄂᆞᆺ빗ᄎᆞᆯ온화히ᄒᆞ며ᄒᆞᆫ돈이며ᄌᆞᆺ깁을ᄉᆞᄉᆞᆺ房의들이디아니ᄒᆞ고吉ᄒᆞ며凶ᄒᆞᆫᄃᆡᄡᅳᆯ거시이심애모다마조안자ᄂᆞᆫ화주더니모든며ᄂᆞ리ᄯᅩ서ᄅᆞ親ᄒᆞ며ᄉᆞ랑ᄒᆞ야이시며업숨을ᄒᆞᆫ가지로ᄒᆞ더라

(集說)陳氏曰、孝芬、北朝、博陵人 孝芬元魏時人

孝芬의叔振이旣亡後에孝芬等이承奉叔母李氏호되若事所生ᄒᆞ야旦夕溫凊七正反ᄒᆞ며出入啓覲ᄒᆞ며家事巨細를一以咨決ᄒᆞ며每兄弟出行애有獲則尺寸以上을皆入李之庫ᄒᆞ고四時分賚를李氏自裁之ᄒᆞ더니如此ㅣ二十餘歲러라

●孝芬의아잡이振이이믜죽은後에孝芬等이아ᄌᆞᆷ이李氏ᄅᆞᆯ밧들오ᄃᆡ나흔바ᄅᆞᆯ셤김ᄀᆞᆺ티ᄒᆞ야아ᄎᆞᆷ나조히ᄃᆞᄉᆞ며서늘케ᄒᆞ며나며들옴애ᄉᆞᆲ고뵈며집일이크며젹은이ᄅᆞᆯᄒᆞᆫᄀᆞᆯᄀᆞᆺ티무러決ᄒᆞ며ᄆᆡ양兄弟나ᄃᆞᆫ닐제어든거시잇거든재며치로ᄡᅥ우힛거슬다李시의庫애들이고ᄉᆞ절의논화줌을李氏스스로지단ᄒᆞ더니이ᄀᆞᆺ티홈이스므남은ᄒᆡ러라

(增註)溫、謂冬溫、凊、謂夏凊、賚、與也、(集解)啓、謂出必告、覲、謂反必面

○王凝이常居애慄栗如也ᄒᆞ더니子弟ㅣ非公服이면不見ᄒᆞ야閨門之內ㅣ若朝廷焉ᄒᆞ더라

●王凝이샹해이솜애식식ᄒᆞ더니子弟公服아녀시면뵈디몯ᄒᆞ야閨門안히朝廷ᄀᆞᆺ더라

(集解)凝、字叔恬、文中子之弟、慄、嚴謹貌、子弟、非公服不敢見、處閨門、如處朝廷、其嚴謹、可知矣

御家以四教ᄒᆞ니勤儉恭恕ㅣ오正家以四禮ᄒᆞ니冠昏喪祭러라

●집다ᄉᆞ림을네가짓ᄀᆞᄅᆞ침으로ᄡᅥ ᄒᆞ니브즈런ᄒᆞ며검박ᄒᆞ며공슌ᄒᆞ며 인셔홈이오집正ᄒᆞ욤을네가짓禮로ᄡᅥ ᄒᆞ니가관ᄒᆞ기며혼인ᄒᆞ기며상ᄉᆞ며졔ᄉᆞ러라

(增註)御、治也

聖人之書와及公服禮器를不假ᄒᆞ며垣屋什物을必堅朴ᄒᆞ야曰無苟費也ㅣ라ᄒᆞ며門巷果木을必方列ᄒᆞ야曰無苟亂也ㅣ라ᄒᆞ더다

●聖人의글과밋公服과禮器를비디아니ᄒᆞ며담이며 집이며온갓긔믈을반ᄃᆞ시굳고검박게ᄒᆞ야ᄀᆞᆯ오ᄃᆡ구챠히허비티아닐셰시라ᄒᆞ며문과골이며과 실남글반ᄃᆞ시방졍ᄒᆞ고버럿게ᄒᆞ야ᄀᆞᆯ오ᄃᆡ구챠히어즐업게아닐셰시라ᄒᆞ더라

(增註)假、借也、不假、阮氏曰皆自足也、營築垣屋、造設什物、必渾堅朴素、經畫門巷、種植果木、必方整成列、蓋其爲人、不苟故、每事、亦不苟如此

○張公藝ㅣ九世同居ᄒᆞ더니北齊隋唐이皆旌表其門ᄒᆞ니라 麟德中애高宗이封泰山ᄒᆞ고幸其宅ᄒᆞ야召見公藝ᄒᆞ야問其所以能睦族之

道ᄒᆞᆫ대公藝ㅣ請紙筆以對ᄒᆞ되乃書忍字百餘ᄒᆞ야以進ᄒᆞ니其意ㅣ以爲宗族所以不協은由尊長衣食이或有不均ᄒᆞ며卑幼禮節이或有不備어든更(平聲)相責望ᄒᆞ야遂爲乖爭ᄒᆞᄂᆞ니苟能相與忍之則家道ㅣ雍睦矣라ᄒᆞ니라

●張公藝ㅣ아홉ᄃᆡᄅᆞᆯᄒᆞᆫᄃᆡ사더니北齊와隋와唐이다그門에旌表ᄒᆞ니라鱗德가온대高宗이泰山애봉션ᄒᆞ고그집의가公藝ᄅᆞᆯ블러보아그써能히결네화동ᄒᆞᄂᆞᆫ밧도리ᄅᆞᆯ무ᄅᆞ신ᄃᆡ公藝죠히와붇을請ᄒᆞ야써ᄃᆡ답호ᄃᆡ忍字일빅남은이ᄅᆞᆯ써써들이오니그ᄠᅳ디써호ᄃᆡ결네써화티몯ᄒᆞᄂᆞᆫ바ᄂᆞᆫ얼운의옷과밥을홈이或고로아니홈이이시며ᄂᆞ즌이며졈은의禮節이或ᄀᆞᆺ디아님이잇거든ᄀᆞᆯ와설으責望홈을말믜암아드ᄃᆡ여어긔여ᄃᆞ톰이되ᄂᆞ니진실로能히설으더블어ᄎᆞᆷ으면家道ㅣ화목ᄒᆞ리라ᄒᆞ니라

(集說)陳氏曰公藝、東平人、北齊、北朝、高齊也、(增註)封、謂封土爲壇以祭也、泰山、山名、天子所至曰幸、忍、耐也、協、和也、卑幼、責望尊長之不均、尊長、責望卑幼之不備、是、更相責望也、乖、戾也、雍、和也

○韓文公이作董生行曰淮水ㅣ出桐栢山ᄒᆞ야東馳遙遙ᄒᆞ야千里

不能休든 淝水어 出其側ᄒᆞ야 不能千里ᄒᆞ야 百里入淮流ㅣ로다 壽州屬縣有安豐ᄒᆞ니 唐貞元年時예 縣人董生召南이 隱居行義於其中이로다 刺史ㅣ 不能薦ᄒᆞ니 天子ㅣ 不聞名聲이라 爵祿不及門이오 門外예 惟有吏ㅣ 日來徵租更索色錢이로다

●韓文公이董生行을지어ᄀᆞᆯ오ᄃᆡ淮水ㅣ桐栢山의셔나동녁흐로ᄃᆞᆮ니기ᄅᆞᆯ멀고멀리ᄒᆞ야千里예能히쉬디못ᄒᆞ거든淝水ㅣ그겻희셔나能히千里ᄅᆞᆯ몯ᄒᆞ야百里예淮슈로드러흐르놋다壽州ㅣ屬ᄒᆞᆫ고을히安豐이이시니唐貞元시절의縣사ᄅᆞᆷ董生召南이그가온대숨어살며義ᄅᆞᆯ行ᄒᆞ놋다刺史ㅣ能히천거티몯ᄒᆞ니天子ㅣ일홈과소리ᄅᆞᆯ듣디몯ᄒᆞ신디라벼슬와祿이門의미ᄎᆞ디몯ᄒᆞ고門밧긔오직아전이날로와조셰ᄅᆞᆯ물리며또돈을내라ᄒᆞ놋다

(集說)陳氏曰公、名愈、字退之、謚文、昌黎人、董生、名邵南、行、歌類、桐栢山、在唐縣、淝水、在合肥縣、安豐、縣名、貞元、德宗、年號、董生、隱居行義於淮淝之間、時之人、不能與儔、韓子、爲作此詩、蓋賦而興也

嗟哉董生여 朝出耕ᄒᆞ고 夜歸讀古人書ㅣ로다 盡日不得息ᄒᆞ야 或山而樵ᄒᆞ며 或水而漁ㅣ로다 入廚具甘旨ᄒᆞ고 上堂問起居ᄒᆞ니 父母ㅣ 不慼

慼ᄒᆞ며妻子ㅣ不咨咨ㅣ로다

●슬프다董生이여아ᄎᆞᆷ의나가받갈고밤의도라와녯사ᄅᆞᆷ의글을닑ᄂᆞᆫ도다 날이다ᄒᆞ도록시러곰쉬디몯ᄒᆞ야或뫼헤남오ᄒᆞ며或믈에고기잡ᄂᆞᆫ또다廚에들어ᄃᆞᆯ고만난거ᄉᆞᆯᄆᆞ초고堂의올라起居를묻ᄌᆞ오니父母ㅣ 시름아니ᄒᆞ며妻子ㅣ 원탄안이ᄒᆞ놋다

(集解)朝耕、暮讀、山樵、水漁、言其固窮守道、以養父母而育妻子也、慼慼、憂愁也、咨咨、嗟怨也、父母安其孝故、不憂、妻子樂其慈故、不怨

嗟哉董生이여孝且慈를人不識ᄒᆞ고唯有天翁知ᄒᆞ야生祥下瑞無時期로다家有狗乳(去聲)出求食이어ᄂᆞᆯ雞來哺其兒호ᄃᆡ啄啄庭中拾蟲蟻ᄒᆞ야哺之不食鳴聲悲ᄒᆞ야彷徨躑躅久不去ᄒᆞ고以翼來覆(敷救反)待狗歸로다

●슬프다董生이여효도롭고ᄯᅩ인ᄌᆞ로옴을사ᄅᆞᆷ은아디몯ᄒᆞ고 오직하ᄂᆞᆯ히아라뎡샹을ᄂᆞ리며샹셔를ᄂᆞ리옴을ᄣᅢ와긔약을업시ᄒᆞᄂᆞᆫ또다집의개 이셔삿기나코나가먹음을求ᄒᆞ거ᄂᆞᆯ ᄃᆞᆰ이와그삿기를먹이되ᄠᅳᆯ가온대닥조와벌어지며개얌이를주어머기니먹디아니커ᄂᆞᆯ우ᄂᆞᆫ소ᄅᆡ슬허ᄒᆞ야 두루건니며ᄩᅱ놀아오래ᄣᅧ나디아니ᄒᆞ고ᄂᆞᆯ

개로ᄡᅥ와뎝펴서개도라옴을기들오ᄂᆞᆫ또다

(集解)乳、生子也、此、言董生孝慈之行、人雖不知、而天知之故、祥瑞ㆍ見於異類、如此

嗟哉董生이여誰將與儔오 時之人은 夫妻相虐ᄒᆞ며兄弟爲讎ᄒᆞ야食君之祿而令父母愁ᄒᆞᄂᆞ니 亦獨何心고 嗟哉董生이여無與儔ㅣ로다

●슯프다董生이여뉘쟝ᄎᆞᆺ더블어ᄧᆞᆨᄒᆞ리오시졀사ᄅᆞᆷ은夫妻ㅣ싀으보채며兄弟ㅣ원슈ㅣ되여님금祿을먹오ᄃᆡ父母로ᄒᆡ여곰시름케ᄒᆞᄂᆞ니ᄯᅩᄒᆞ올로어ᄂᆞ던ᄆᆞ음고슯프다董生이여더불어ᄧᆞᆨᄒᆞ리업도다

(集說)陳氏曰儔 匹也、朱子曰上句、誰將與儔、疑而問之之辭也、下句、無與儔、答而決之之辭也

○唐河東節度使柳公綽尺約反이 在公卿間ᄒᆞ야最名有家法ᄒᆞ더라

●唐河東節度使柳公綽이公卿씨이예이셔ᄀᆞ장家法이잇다일ᄏᆞᄅᆞ나더라

(集解)公綽、字子寬

中門東애 有小齋러니 自非朝謁之日이면每平旦애 輒出至小齋ᄒᆞ고諸子仲郢이 皆束帶ᄒᆞ야晨省於中門之北ᄒᆞ더라 公綽이 決私事ᄒᆞ며

接賓客ᄒᆞ고與弟公權及羣從去聲弟로再會食ᄒᆞ야自朝至莫暮히不離小去聲齋ᄒᆞ고獨至則命一人子弟ᄒᆞ야執經史ᄒᆞ야躬讀一過訖ᄒᆞ고乃講議居官治家之法ᄒᆞ며或論文ᄒᆞ며或聽琴ᄒᆞ다가至人定鍾然後에歸寢이어든諸子ㅣ復昏定於中門之北ᄒᆞ더니凡二十餘年에未嘗一日變易ᄒᆞ더라

●中門東녁회자근집이잇더니ᄉᆞᄉᆞ로됴회ᄒᆞ는날이아니면미양ᄀᆞᆺ밝이예믄득나가쟈근집의니르고모ᄃᆞᆫ아달仲郢ᄃᆞᆯ히다ᄯᅴᄯᅴ여中門복녁희가재벽의省ᄒᆞ더라公綽이ᄉᆞᄉᆞ일결단ᄒᆞ며손ᄃᆡ졉ᄒᆞ고아ᄋᆞ公權과밋모단ᄉᆞ촌ᄋᆞ달로더불어두번모다음식먹어아참브터나죄닐으히작은집의뼈나디아니ᄒᆞ고불혀오나ᄃᆞᆫ子弟ᄒᆞᆫ사롬을命ᄒᆞ야경뎐이나ᄉᆞ긔나잡혀몸소닑어ᄒᆞᆫ번지냄을ᄆᆞᆺ고벼살에이시며집다ᄉᆞ릴法을강논ᄒᆞ며或글을의론ᄒᆞ며或거문고를들다가人定북다달은후에자는ᄃᆡ도라가거든모단아ᄃᆞᆯᄃᆞᆯ히또中門북녁희가어올미定ᄒᆞ더니믈읫스므남은희예일쥭ᄒᆞ로도고티디아니ᄒᆞ더라

(集說)陳氏曰仲郢、節度之子、字諭蒙、公權、節度之弟、字誠懸

其遇飢歲則諸子ㅣ皆蔬食似ᄒᆞ더니曰昔吾兄弟ㅣ侍先君爲丹

州刺史에以學業未成으로不聽食肉ᄒᆞ더시니吾ㅣ不敢忘也ᄒᆞ노라

●그주리ᄂᆞᆫ희를만나면모ᄃᆞᆫᄌᆞ식이다ᄂᆞ물음식을ᄒᆞ더니골오ᄃᆡ네우리兄弟ㅣ先君이丹州刺史ᄒᆞ야겨실제뫼와시매學業이이지못ᄒᆞ여시모로써고기먹음을허티아니ᄒᆞ더시니내敢히닛지못ᄒᆞ노라

(增註)曰、節度言也、聽、猶許也

姑姊妹姪이有孤嫠(離)者ㅣ어든雖疎遠이라도必爲(去聲)擇婿嫁之호ᄃᆡ皆用刻木粧奩(廉)ᄒᆞ며纈(胡結反)文絹으로爲資裝ᄒᆞ더니常言必待資粧豐備론何如嫁不失時오ᄒᆞ더라

●아잠이며몯누의며아ᄋᆞ누의며아찬ᄯᆞᆯ이孤嫠잇거단비록疎ᄒᆞ고먼이라도반다시위ᄒᆞ야사회를골ᄒᆡ야혼인호ᄃᆡ다남그로사긴셩뎍그라슬쓰며미자문노ᄒᆞᆫ깁으로資裝하더니샹해닐오ᄃᆡ반ᄃᆞ시資裝이豐備홈을기ᄃᆞ롬으론혼인홈을ᄯᆡ를일티아니홈과엇더뇨하러라

(集說)陳氏曰姪、謂兄弟之女、孤、無父者、嫠、無夫者、奩、鏡臺也、纈文絹、繫絹染爲文者

及公綽이卒ᄒᆞ야ᄂᆞᆫ仲郢이一遵其法ᄒᆞ야事公權호ᄃᆡ如事公綽ᄒᆞ야非甚

病이어든 見公權애 未嘗不束帶ᄒᆞ더라 爲京兆尹鹽鐵使ᄒᆞ야 出遇公權
於通衢에 必下馬端笏立ᄒᆞ야 候公權過ᄒᆞ야 乃上馬ᄒᆞ며 公權이 莫(暮)歸
어든 必束帶迎候於馬首ᄒᆞ더니 公權이 屢以爲言호ᄃᆡ 中郢이 終不以官
達로 有小改ᄒᆞ더라

●公綽이죽음애미쳐ᄂᆞᆫ仲郢이ᄒᆞᆫ골ᄀᆞ티그法를조차公權을섬기되公綽셤김ᄀᆞᆺ티
ᄒᆞ야甚히病든적이아니어든公權을볼제일즉ᄯᅴᄯᅴ디아니티아니ᄒᆞ더라京兆尹鹽
鐵使ㅣ되야셔나가公權를通ᄒᆞᆫ거리예만나ᄆᆞ반다시말브려笏을단정히ᄒᆞ고셔公
權이디남을기ᄃᆞ려말타며公權이저믈게야도라올제어든반다시ᄯᅴᄯᅴ고말머리예
마조기ᄃᆞᆯ우더니公權이ᄌᆞ조ᄡᅧ닐오ᄃᆡ仲郢이내종내벼슬이현달호모로ᄡᅥ죠곰애
도고티미잇디아니ᄒᆞ더라

(增註)其、指節度也、已上、言家法之在外者

公綽의 妻韓氏는 相國休之曾孫이니 家法이 嚴肅儉約ᄒᆞ야 爲搢紳
家楷(口駭反)範이러니 歸柳氏三年에 無少(去聲)長히 未嘗見其啓齒ᄒᆞ며 常
衣(去聲)絹素ᄒᆞ고 不用綾羅錦繡ᄒᆞ며 每歸覲에 不乘金碧輿ᄒᆞ고 祗(支)乘竹

兜子ᄒᆞ야一一靑衣ㅣ步屣以隨ᄒᆞ더라常命粉苦蔘黃連熊膽ᄒᆞ야和去聲爲丸ᄒᆞ야賜諸子ᄒᆞ야每永夜習學에含之ᄒᆞ야以資勤苦ᄒᆞ더라

●公綽의안해韓氏ᄂᆞᆫ相國休의曾孫이니家法이엄졍ᄒᆞ고싁싁ᄒᆞ며검박ᄒᆞ고간약ᄒᆞ야搢紳의집법이되엿더니柳氏의게간三年에아희어룬업시일즉그니드러닐ᄯᅢ을보디몯ᄒᆞ며샹해깁을닙고綾과羅와錦과繡ᄅᆞᆯᄡᅳ디아니하며미양도라가근친할졔金碧으로한수뢰ᄅᆞᆯ타지아니ᄒᆞ고오직대교자ᄅᆞᆯ타두프른옷닙은이거러ᄡᅧ좃더라샹해괴결ᄒᆞ야苦蔘과黃連과熊膽을가라셧거丸밍가라모단아달ᄋᆞᆯ주어미양긴밤의學을니길졔머굼어ᄡᅧ브즈런코고로옴ᄋᆞᆯ돕게ᄒᆞ더라

(集說)陳氏曰搢紳、搢笏垂紳也、楷範、猶言法式、婦人謂嫁曰歸、啓齒、笑也、歸覲、歸寧父母也、金碧輿、唐時、命婦所乘者、竹兜子、竹轎也、資、助也、此、言家法之在內者

○江州陳氏ㅣ宗族이七百口ㅣ러니每食에設廣席ᄒᆞ고長幼ㅣ以次坐而共食之ᄒᆞ더라有畜許六反이犬百餘ᄒᆞ되共一牢食ᄒᆞ더니一犬이不至면諸犬이爲去聲之不食ᄒᆞ더라

●江州陳氏결닉七百사ᄅᆞᆷ이러니ᄆᆡ양밥머글제너븐돗셜고어룬과아ᄒᆡᄎᆞ례로벼안자ᄒᆞᆫ가지로먹더라치ᄂᆞᆫ개일ᄇᆡᆨ남은이이쇼ᄃᆡᄒᆞᆫ그르세ᄒᆞᆫ가지로먹더니ᄒᆞᆫ개닐으디아니ᄒᆞ면모ᄃᆞᆫ개爲ᄒᆞ여먹디아니ᄒᆞ더라

(集說)陳氏曰江州、今九江府、陳氏、名褒、南唐人、十世同居、犬知愛其類 和順之所感也

○溫公이曰國朝公卿이能守先法ᄒᆞ야久而不衰者ᄂᆞᆫ唯故李相家ㅣ니子孫이數世예至二百餘口ㅣ로ᄃᆡ猶同居共爨ᄒᆞ야田園邸舍所收와及有官者俸祿을皆聚之一庫ᄒᆞ야計口日給ᄒᆞ며婚姻喪葬所費ㅣ皆有常數ᄒᆞ야分命子弟ᄒᆞ야掌其事ᄒᆞ니其規模ㅣ大抵出於翰林學士宗諤所制也ㅣ니라

●溫公이ᄀᆞᆯ오ᄃᆡ國朝人公卿이能히션셰예法을딕희여오라되衰티아니ᄒᆞᄂᆞᆫ이ᄂᆞᆫ오직녯李相집이니子孫이두어ᄃᆡ예二百남은사ᄅᆞᆷ에닐으러시되오히려ᄒᆞᆫᄃᆡ살며ᄒᆞᆫ가지로밥지어뎐디며집셰거ᄃᆞᆫ바와믿벼슬ᄃᆞᆫᄂᆞᆫ이의월봉과祿을다ᄒᆞᆫ庫애뫼화입을혜여날로먹일거ᄉᆞᆯ공급ᄒᆞ며婚姻이며喪葬의ᄡᅳᆯ배다덛덛ᄒᆞᆫ數ㅣ잇게ᄒᆞ야ᄂᆞᆫ화子弟를ᄀᆞ리결ᄒᆞ야그일을ᄀᆞ옴알게ᄒᆞ니그법이大抵ᄒᆞᆫᄃᆡ翰林學士宗諤의민ᄃᆞᆫ바

애니이라

(集說)陳氏曰國朝、温公、自謂當朝也、李相、名昉、字明遠、滁州人、爲宰相、故稱李相、邸舍、客店也、宗譔、李相之子、字昌武

右는 實明倫이니라

●이우ᄒᆞᆫ인륜ᄇᆞᆰ히ᄆᆞᆯ實히ᄒᆞ니라

或이 問第五倫曰公이 有私乎아 對曰昔에 人이 有與吾千里馬者ㅣ어늘 吾雖不受ᄒᆞ나 每三公이 有所選擧애 心不能忘ᄒᆞ되 而亦終不用也ᄒᆞ며 吾兄子ㅣ 嘗病이어늘 一夜十往ᄒᆞ되 退而安寢ᄒᆞ고 吾子ㅣ 有疾이어늘 雖不省視ᄒᆞ나 而竟夕不眠ᄒᆞ니 若是者ㅣ 豈可謂無私乎ㅣ리오

●或이 第五倫ᄃᆞ려 무러 ᄀᆞᆯ오ᄃᆡ 公이 ᄉᆞᄉᆞ로옴이 인ᄂᆞ냐 ᄃᆡ답ᄒᆞ야 ᄀᆞᆯ오ᄃᆡ 녜 사ᄅᆞᆷ이 나ᄅᆞᆯ 千里馬 주리 잇거늘 내 비록 받디 아니ᄒᆞ나 미양 三公이 싸쳔거ᄒᆞ는 배 이실제 ᄆᆞ옴애 能히 닛디 몯ᄒᆞ되 ᄯᅩ ᄆᆞᄎᆞᆷ내 ᄡᅳ디 아니ᄒᆞ며 내 형의 아ᄃᆞᆯ이 일ᄌᆞᆨ 病ᄒᆞ엿거늘 ᄒᆞᄅᆞᆺ 밤의 열번 가되 믈너와 편히 자고 내 아ᄃᆞᆯ이 병이 잇거늘 비록 ᄉᆞᆯ펴 보디 아니ᄒᆞ나 밤이 ᄆᆞᆺ도록 자디 몯ᄒᆞ니 이러ᄐᆞᆺᄒᆞᆷ이 엇디 可히 ᄉᆞᄉᆞ 업다 니ᄅᆞ리오

(集說)陳氏曰第五、姓、倫、名、字伯魚、京兆人、爲司空、以公正稱、周、以太師、太

傳、太保、爲三公、東漢、以太尉、司徒、司空、爲三公、朱子曰不薦、自是好、然、於心終不忘、便是喫他取擧意思不過、這便是私意、又曰如十起與不起、便是私、這便是避嫌、只是他、見得這意思、已是大段做工夫、大段會省察也

○劉寬이雖居倉卒(平聲 倉沒反)ᄒᆞ나未嘗疾言遽色ᄒᆞ더니夫人이欲試寬令恚ᄒᆞ야伺(似)當朝(潮)會ᄒᆞ야裝嚴已訖이어늘使侍婢로奉肉羹ᄒᆞ야翻汚(去聲)朝服ᄒᆞ고婢ㅣ遽收之러니寬이神色不異ᄒᆞ야乃徐言曰羹爛汝手乎아ᄒᆞ니其性度ㅣ如此ᄒᆞ더라

●劉寬이비록밧븐제이시나일즉ᄲᆞ른말이며과ᄀᆞ른빗ᄎᆞᆯ아니ᄒᆞ더니夫人이寬을시험ᄒᆞ야ᄒᆡ여곰노케ᄒᆞ고쟈ᄒᆞ야朝會예다ᄃᆞ론적을기ᄃᆞᆯ워裝嚴홈을이믜다ᄒᆞ엿거ᄂᆞᆯ뫼신죵으로ᄒᆡ여곰고깃국을받드러업텨됴복애더러이고죵이믄득거두더니寬이神色이다르디아니ᄒᆞ야날회여닐러ᄀᆞᆯ오ᄃᆡ국이네손을데거냐ᄒᆞ니그性度ㅣ이러ᄐᆞᆺᄒᆞ더라

(集解)寬、字文饒、弘農人、恚、怒也、裝嚴、猶言裝飾也

○張湛이矜嚴好(去聲)禮ᄒᆞ야動止有則ᄒᆞ야居處(上聲)幽室ᄒᆞ되必自修整ᄒᆞ며雖遇妻子ㅣ라도若嚴君焉ᄒᆞ더니及在鄕黨ᄒᆞ야詳言正色ᄒᆞ니三輔ㅣ以

爲儀表ᄒᆞ더라

●張湛이공장ᄒᆞ며엄정ᄒᆞ고禮를됴히너겨움즉이며그침애법이이셔그윽ᄒᆞᆫ집의이쇼ᄃᆡ반ᄃᆞ시ᄉᆞᄉᆞ로닷가정제히ᄒᆞ며비록妻子ᄃᆡ졉ᄒᆞ기라도존엄ᄒᆞᆫ얼운ᄀᆞᆺ티ᄒᆞ더니민鄕黨의이셔말ᄉᆞᆷ을ᄌᆞ셔히ᄒᆞ고ᄂᆞᆺ빗출정다이ᄒᆞ니三輔ㅣᄡᅥ법ᄒᆞ야表를삼더라

(集說)陳氏曰湛、字子孝、平陵人、矜嚴、矜莊而嚴厲也、嚴君、卽易、所謂家人有嚴君焉、朱子曰所尊嚴之君長也、漢、以京兆尹、左馮翊、右扶風、爲三輔、共治長安城中、儀、範也、表、率也

建武初애爲左馮(빙)翊이러니告歸平陵ᄒᆞ야望寺(시)門而步ᄒᆞᆫ대主簿ㅣ進曰明府ᄂᆞᆫ位尊德重ᄒᆞ니不宜自輕이니이다湛이曰禮예下公門ᄒᆞ며軾路馬ᄒᆞ고孔子ㅣ於鄕黨애恂恂如也ᄒᆞ시니父母之國앤所宜盡禮니何謂輕哉오

●建武처엄애左馮翊이되엿더니말믜ᄒᆞ야平陵의가마을門을ᄇᆞ라보고거른대主簿ㅣ나아가ᄀᆞᆯ오ᄃᆡ明府ᄂᆞᆫ벼슬이놉고德이重ᄒᆞ니ᄉᆞᄉᆞ로가븨야이홈이맛당티아니ᄒᆞ니이다湛이ᄀᆞᆯ오ᄃᆡ禮예구의門의ᄂᆞ리며路馬를軾ᄒᆞ고孔子ㅣ鄕黨에셔恂恂ᄃᆞᆺ

ᄒᆞ시니父母의나라ᄒᆡᄂᆞᆫ맛당이禮를다ᄒᆞᆯ배니엇디가ᄇᆡ야이ᄒᆞᆫ다니ᄅᆞᄂᆞ뇨

(集解) 建武、光武、年號、寺、官吏所止之處、盖湛、鄕郡官府之居、主簿、湛屬吏也、

(增註)恂恂、信實之貌

○楊震의所擧荊州茂才王密이爲昌邑令이라謁見ᄒᆞᆯ시懷金十斤ᄒᆞ야以遺震ᄒᆞᆫ대震이曰故人은知君이어ᄂᆞᆯ君不知故人은何也오密이曰莫暮夜ㅣ라無知者ㅣ니라震이曰天知神知我知子知니何謂無知오密이愧而去ᄒᆞ니라

●楊震의천거ᄒᆞᆫ바荊州茂才王密이昌邑슈을ᄒᆞ연ᄂᆞᆫ디라청ᄒᆞ야뵐시金열斤을품어써震을준대震이ᄀᆞᆯ오ᄃᆡ故人은그ᄃᆡ를알거ᄂᆞᆯ그ᄃᆡᄂᆞᆫ故人을아디몯홈은엇디오密이ᄀᆞᆯ오ᄃᆡ밤이라알리업스니라震이ᄀᆞᆯ오ᄃᆡ하ᄂᆞᆯ히알고귀신이알고내알고그ᄃᆡ아니어ᄃᆡ알리업다니ᄅᆞ료密이븟그려가니라

(集說)陳氏曰震、字伯起、弘農人、嘗爲荊州刺史、故人、震、自謂、君、謂密也、熊氏曰君子、明不欺天、幽不欺神、內不欺心、心外不欺人

○茅容이與等輩로避雨樹下ᄒᆞᆯ시衆皆夷本作跠踞據相對호ᄃᆡ容이獨危

坐愈恭이어늘 郭林宗이 行見之而奇其異ᄒᆞ야 遂與共言ᄒᆞ고 因請寓宿ᄒᆞ더니 旦日에 容이 殺雞爲饌이어늘 林宗이 謂爲(去聲)己設이러니 既而以供其母ᄒᆞ고 自以草蔬로 與客同飯ᄒᆞᆫ대 林宗이 起ᄒᆞ야 拜之曰卿이 賢乎哉ㄴ뎌ᄒᆞ고 因勸令(平聲)學ᄒᆞ야 卒以成德ᄒᆞ니라

●茅容이동류로더브러비를나모아래셔避ᄒᆞᆯ식모다다편히걸안자서ᄅᆞ對ᄒᆞ여쇼되容이홀로ᄭᅮᆯ어안자더욱공슌ᄒᆞ거늘郭林宗이가다가보고 그다ᄅᆞᆫ줄을긔특이너겨드듸여더브러ᄒᆞᆫ가지로말ᄒᆞ고인ᄒᆞ야請ᄒᆞ야자리브텨자더니ᄇᆞᆰᄂᆞᆫ날애容이ᄃᆞᆰ을주겨차반을ᄒᆞ거늘林宗이녀기되저를爲ᄒᆞ야쟝만ᄒᆞᄂᆞ니라ᄒᆞ더니이윽고그어미ᄅᆞᆯ이받고ᄉᆞᄉᆞ로ᄎᆡ소를뻐손과더브러ᄒᆞᆫ가지로밥먹은대林宗이니러절ᄒᆞ고ᄀᆞᆯ오되그듸어딘뎌ᄒᆞ고인ᄒᆞ야勸ᄒᆞ야ᄒᆡ여곰글ᄇᆡ호라ᄒᆞ야ᄆᆞᄎᆞᆷ내德을일우니라

(集解)容、字季偉、陳留人、夷踞、蹲踞也、危坐、以尻(苦高反)著蹠(隻)而坐也、林宗、名泰、太原人、(增註)異、謂異於衆

○陶侃이 爲廣州刺史ᄒᆞ야 在州無事ㅣ어든 輒朝運百甓(闢)於齋外ᄒᆞ고 莫(暮)運於齋內ᄒᆞ더니 人이 問其故ᄒᆞᆫ대 答曰吾ㅣ 方致力中原ᄒᆞ노니 過爾

優逸이면恐不堪事ㅣ라ᄒᆞ니其勵志勤力이皆此類也ㅣ러라

●陶侃이廣州刺史ㅣ되여서고을ᄒᆡ이서일이업거든믄득아ᄎᆞᆷ의일ᄇᆡᆨ甓을집밧긔옴기고나죠ᄒᆡ잡안해옴기더니사ᄅᆞᆷ이그연고를무른대ᄃᆡ답ᄒᆞ야ᄀᆞᆯ오ᄃᆡ내보야ᄒᆞ로中原에힘은닐위려ᄒᆞ노니너모눅노라편안ᄒᆞ면일을이긔디몯ᄒᆞᆯ가저허ᄒᆞ노라ᄒᆞ니그ᄠᅳᆮ을면려ᄒᆞ야힘을브즈런이홈이다이類ㅣ러라

(集說)陳氏曰侃、字士行、鄱陽人、仕至太尉、甓、甎也、時、中原之地、爲劉石所據、侃、欲致力興復故、朝夕運甓、以習勞也

後爲荊州刺史ᄒᆞ니侃性이聰敏ᄒᆞ야勤於吏職ᄒᆞ며恭而近禮ᄒᆞ며愛好人倫ᄒᆞ더라終日斂膝危坐ᄒᆞ야閫(苦本反)外多事ᄒᆞ야千緒萬端이로ᄃᆡ罔有遺漏ᄒᆞ며遠近書疏(去聲)를莫不手答ᄒᆞᄃᆡ筆翰如流ᄒᆞ야未嘗壅滯ᄒᆞ며引接疏(平聲)遠ᄒᆞᄃᆡ門無停客ᄒᆞ더라

●後에荊州刺史를ᄒᆞ니侃의性이총명ᄒᆞ고민쳡ᄒᆞ야관원의소임에브즈런ᄒᆞ며온공ᄒᆞ야禮예갓가오며人倫을ᄉᆞ랑코됴히너기더라날이ᄆᆞᆺ도록무룹흘가다샬어안자閫外예일이만하일쳔근티며일만근티로ᄃᆡ遺漏홈이잇디아니ᄒᆞ며멀며갓가온ᄃᆡ書疏를손조ᄃᆡ답디아니티아니호ᄃᆡ붇이흐르ᄂᆞᆫᄃᆞᆺᄒᆞ야일즉막혀머믈우디아니

ᄒᆞ며소ᄒᆞ고머니라도나오혀ᄃᆡ졉ᄒᆞᄃᆡ門의머므런ᄂᆞᆫ손이업더라

(增註)愛好人倫、尙名敎也、(集解)閫、門限也、古者、人君、命將之辭、閫以外、將軍制之、時、侃、都督荊州故、曰閫外也

常語(去聲)人曰大禹ᄂᆞᆫ聖人이샤ᄃᆡ乃惜寸陰ᄒᆞ시니至於衆人ᄒᆞ야ᄂᆞᆫ當惜分陰이니豈可逸遊荒醉ᄒᆞ야生無益於時ᄒᆞ며死無聞於後ㅣ리오是自棄也ㅣ니라諸參佐ㅣ或以談戲廢事者ㅣ어든乃命取其酒器蒱(蒲)博之具ᄒᆞ야悉投之于江ᄒᆞ며吏將則加鞭扑ᄒᆞ고樗蒱者ᄂᆞᆫ牧猪奴戲耳오老莊浮華ᄂᆞᆫ非先王之法言이니不可行也ㅣ라君子ᄂᆞᆫ當正其衣冠ᄒᆞ며攝其威儀니何有亂頭養望ᄒᆞ야自謂弘達耶ㅣ리오

●상해사ᄅᆞᆷᄃᆞ려닐러ᄀᆞᆯ오ᄃᆡ大禹ᄂᆞᆫ聖人이샤ᄃᆡ치만ᄒᆞᆫ힛그늘ᄒᆞᆯ앗기시니모ᄃᆞᆫ사ᄅᆞᆷ애니르러ᄂᆞᆫ맛당히분만ᄒᆞᆫ힛그늘ᄒᆞᆯ앗길거시니엇디可히편안히놀며황난이醉ᄒᆞ야사라셔시졀더의음이업스며죽어후에들림이업게ᄒᆞ리오이ᄂᆞᆫᄉᆞᄉᆞ로ᄇᆞ림이니라모ᄃᆞᆫ參佐ㅣ或말ᄒᆞ며희롱으로ᄡᅥ일을廢ᄒᆞ리어든命ᄒᆞ야그술ᄭᆞ릇과상뉵장긔ᄭᅴ구를가져다가다江의드리티며吏將이어든매를더으고ᄀᆞᆯ오ᄃᆡ샹뉵장긔ᄂᆞᆫ돗

치는좃의노로시오老莊의부허코빗난거슨先王의법다온말이아니니可히行티몯홀거시라君子는맛당히그衣冠을正히ᄒᆞ며그威儀를검속홀거시니엇디머리를헌글우고명망을쳐스스로어그롬고통달호라니롬이이시리오

(集說)陳氏曰摴、樗蒱也、博、局戲也、浮華、謂老聃莊周之言、虛而無實也、攝、檢束也、亂頭養望、吳氏、謂蓬頭放肆、養其虛望也、逸遊荒醉、談戲廢事、亂頭養望、皆老莊 尙玄虛、棄禮法之流弊也

○王勃楊炯盧照鄰駱賓王이 皆有文名이라謂之四傑이라ᄒᆞ더니 裴行儉이曰士之致遠은先器識而後文藝니勃等이雖有文才而浮躁淺露ᄒᆞ니 豈享爵祿之器耶ㅣ리오 楊子는沈靜ᄒᆞ니應得令長이어니와餘得令終이 爲幸이라ᄒᆞ더니 其後애勃은溺南海ᄒᆞ고 照鄰은投潁水ᄒᆞ고 賓王은被誅ᄒᆞ고 炯은終盈川令ᄒᆞ니 皆如行儉之言ᄒᆞ니라

●(諺)王勃과楊炯과盧照鄰과駱賓王이다글ᄒᆞ는일홈이인는디라닐오디네호걸이라ᄒᆞ더니裴行儉이글오디선비멀리닐위는이는그릇과디식을몬져ᄒᆞ고글과ᄌᆡ조를後에ᄒᆞᄂᆞ니勃의류비록글ᄶᆡ죄이시나부경ᄒᆞ고조급ᄒᆞ고엳고드러나니엇디벼슬이며祿을누릴그릇시리오楊子는심뒴ᄒᆞ고안졍ᄒᆞ니응당히令이며長은어드려니

와남은이는됴히주금을어돔이다힝ᄒᆞ니라ᄒᆞ더니그후에勃은南海에ᄲᅡ디고照隣은潁水에들어죽고賓王ᄒᆞᆫ주김을닙고炯은盈川令에ᄆᆞᄎᆞ니다行儉의말ᄀᆞᄐᆞ니라

(集解)行儉、字守約、絳州人、器識、器局識量也、令終、善終也

○孔戡堪이於爲義에는若嗜慾ᄒᆞ야不顧前後ᄒᆞ고於利與祿則畏避退怯ᄒᆞ야如懦糯夫然ᄒᆞ더라

●孔戡이올ᄒᆞᆫ일ᄒᆞ기에는嗜慾ᄀᆞᆺᄒᆞ야앏뒤ᄒᆞᆯ돌보디아니ᄒᆞ고利와다ᄆᆞᆺ祿애는저허避ᄒᆞ며믈러나며怯ᄒᆞ야懦夫ᄀᆞᆮᄒᆞᆫ듯ᄒᆞ더라

(集解)戡、字君勝、孔子、三十八世孫、(增註)懦、柔弱也、言其勇於爲義、而怯於趍利祿也

○柳公綽이居外藩ᄒᆞᆯ서其子ㅣ每入境에郡邑이未嘗知ᄒᆞ고旣至ᄒᆞ야每出入애常於戟門外에下馬ᄒᆞ며呼幕賓爲丈ᄒᆞ유皆許納拜ᄒᆞ고未嘗笑語款洽ᄒᆞ더라

●柳公綽이밧번딘에이실제그아ᄃᆞᆯ이미양디경에들옴애고을ᄃᆞᆯ히일즉아디몯ᄒᆞ고이믜니르러미양나들ᄯᅢ예상해살門밧긔셔ᄆᆞᆯ브리며막하읫손ᄃᆞᆯᄒᆞᆯ블오ᄃᆡ얼운

이라ᄒᆞ야다절을받게ᄒᆞ고일ᄶᅳᆨ우움옷고말ᄉᆞᆷᄒᆞ기를관곡ᄒᆞ야흐므ᄉᆞᆺᄒᆞ게아니ᄒᆞ더라

(集說)陳氏曰外藩、謂節度使、取屏蔽之義也、其門、得列戟故、曰戟門、納、受也

○柳仲郢이以禮律身ᄒᆞ야居家애無事ㅣ라두亦端坐拱手ᄒᆞ며出內齋예未嘗不束帶ᄒᆞ더라 三爲大鎭ᄒᆞ되廐無良馬ᄒᆞ며 衣不薰香ᄒᆞ고公退예必讀書ᄒᆞ야手不釋卷ᄒᆞ더라

●柳仲郢이禮로ᄡᅥ몸을다ᄉᆞ려집의이심애일이업서도ᄯᅩ단정히안자ᄑᆞᆯ뎡고ᄌᆞ며안셔지예날ᄶᅥᆨ의일ᄶᅳᆨ띄ᄯᅴ디아니티아니ᄒᆞ더라세번큰번딘을호티오양의됴ᄒᆞᆫ몰이업스며오재香품기디아니ᄒᆞ고구의로셔물너오미반ᄃᆞ시글을읽어손애칙을노티아니ᄒᆞ더라

(集解)仲郢、嘗爲山南、劒南、天平、三道節度使故、曰三爲大鎭

家法句에 在官ᄒᆞ야不奏祥瑞ᄒᆞ며不度僧道ᄒᆞ며不貸贓吏法ᄒᆞ며凡理藩府에急於濟貧卹孤ᄒᆞ며有水旱이어든必先期假貸ᄒᆞ며廩軍食호티必精豐ᄒᆞ며逋租를必貰免ᄒᆞ며館傳을必增飾ᄒᆞ며宴賓犒口到反軍을必華盛ᄒᆞ고而交代之際예食儲帑藏去聲이必盈溢於始至ᄒᆞ며境內예有孤貧

衣纓家女ㅣ及笄者ㅣ어든皆爲(去聲)選婿ᄒᆞ야出俸金爲資裝ᄒᆞ야嫁之ᄒᆞ더라

●家法에벼슬에이셔祥瑞를奏티아니ᄒᆞ며즁과도류를度티아니ᄒᆞ며贓吏ㅅ法을용티아니ᄒᆞ며믈읫藩府롤다ᄉᆞ림애가난ᄒᆞᆫ이를건디며어버이업슨이를어엿비너기기를急히ᄒᆞ며믈디며ᄀᆞ믈이잇거든반ᄃᆞ시젼괴ᄒᆞ여삭이며군ᄉᆞ먹을새슬廩ᄒᆞᄃᆡ반ᄃᆞ시精ᄒᆞ고만케ᄒᆞ며몯밧틴공셰를반ᄃᆞ시용ᄃᆡᄒᆞ야免케ᄒᆞ며ᄀᆡᆨ샤와여집을반ᄃᆞ시더ᄭᅳᆷ이며손을잔치ᄒᆞ며군ᄉᆞ머김을반ᄃᆞ시빗나며盛케ᄒᆞ고交代ᄉᆞ이예머글셋녜듁과고옛거시반ᄃᆞ시비로소니를ᄶᅥᆨ의셔차넘어디게ᄒᆞ며디경안히어버이업고가난ᄒᆞᆫ됴관의집ᄯᆞᆯ이빈혀고좀애다ᄃᆞ른니잇거든다爲ᄒᆞ야사회롤골히여록봉앳金을내여資裝ᄒᆞ야혼인ᄒᆞ더라

(集說)陳氏曰假貸、謂以錢穀借之也、逋、負欠也、蠲、除也、館、館舍、傳、驛遞也、犒、勞也、儲、蓄也、帑、藏、皆庫名、所以貯金帛者、衣纓、猶簪纓也、及笄、年十五者也、吳氏曰不奏祥瑞、恐獻諛於上也、不度僧道、恐異端惑世也、不貸贓吏、恐貽害於民也、食儲帑藏、盈溢於始至者、出納有稽、用無所私而致也

○柳(변)玭이曰王相國涯ㅣ方居相位ᄒᆞ야掌利權이러니竇氏女ㅣ歸ᄒᆞ야請曰玉工이貨一釵ᄒᆞ니奇巧ㅣ라須七十萬錢이러이다王ㅣ曰七十萬錢

我一月俸金耳니 豈於女汝惜이리오 但一釵七十萬이니 此ㅣ妖物
也ㅣ라 必與禍相隨ㅣ라ᄒᆞᄃᆡ 女子ㅣ不復扶又反敢言ᄒᆞ니라

◉柳玭이ᄀᆞᆯ오ᄃᆡ王相國涯ㅣ바야흐로졍승位예이셔지릿權을가옴아랏더니竇氏
의게간ᄂᆞᆫᄯᆞᆯ이도라와셔請ᄒᆞ야ᄀᆞᆯ오ᄃᆡ玉바치ᄒᆞᆫ빈혀ᄅᆞᆯ파니긔특고공교로온다라
七十萬돈을바 드려ᄒᆞ더이다王이ᄀᆞᆯ오ᄃᆡ七十萬돈 은내ᄒᆞᆫ달록봉앳金이니엇지네
게앗기리오다만ᄒᆞᆫ빈혀에七十萬이아요괴로온거시라반다시화란으로더브러서
로조ᄎᆞ리라ᄒᆞᆫ대ᄯᆞᆯ이다시敢히니르지몯ᄒᆞ니라

〔集解〕涯、字廣津、唐、文宗朝、拜相、掌利權、謂居相位、又兼度支、鹽鐵、榷茶等
使也、竇氏女、涯女、嫁竇訓、爲妻也、歸、謂歸寧、熊氏曰妖物、必與禍隨、名言也、
蓋妖巧之物、人必貪競、固有召禍之道也

數月에 女ㅣ自婚姻會로 歸ᄒᆞ야 告王曰前時釵ㅣ爲馮外郞妻首
飾矣라ᄒᆞ니 乃馮球求也ㅣ라 王이嘆曰馮이爲郞吏ᄒᆞ야 妻之首飾이有七
十萬錢ᄒᆞ니 其可久乎아 馮이爲賈相餗速의門人이라最密ᄒᆞ더니 賈有蒼
頭ㅣ 頗張威福이어늘 馮이召而勗旭之러니 未浹旬에 馮이晨謁賈ㅣ어늘 有

二青衣ㅣ俸地黃酒ᄒᆞ야出飮去聲之ᄒᆞᄃᆡ食頃而終ᄒᆞ니賈爲去聲出涕ᄒᆞᄃᆡ竟不知其由ᄒᆞ니라

●두어ᄃᆞᆯ만에ᄯᆞᆯ이婚姻몯가지로브터도라와王의게告ᄒᆞ야갈오ᄃᆡ젼읫빈혜馮外郞안해의머릿단쟝이되엿더라ᄒᆞ니馮球ㅣ라王이차탄ᄒᆞ야갈오ᄃᆡ馮이랑관벼슬을ᄒᆞ여셔안ᄒᆡ의머릿단쟝이七十萬돈ᄊᆞᆫ거시이시니그可히오라랴馮이賈相餗門人이되연ᄂᆞᆫ지라가쟝친밀ᄒᆞ더니賈의蒼頭ㅣᄌᆞ못威福을쥬쟝ᄒᆞᆯ이잇거늘馮이블러다가경계ᄒᆞ엿더니열흘이ᄎᆞ지몯ᄒᆞ야셔이새벽의賈의게뵈려ᄒᆞ거늘두靑衣ㅣ地黃술을받들어내여다가먹긴대밥먹을덛은ᄒᆞ여셔죽으니賈ㅣ爲ᄒᆞ야눈믈을내요ᄃᆡ마ᄎᆞᆷ니그연유를아지몯ᄒᆞ니라

(集說)陳氏曰馮外郞、員外郞、球也、賈餗、亦宰相、密、親密也、奴僕、以蒼爲巾、故曰蒼頭、勗、勉也、浹、周也、十日爲旬、球、以奴、張威福、恐爲主累故、戒之、奴恐球告主故、毒殺之也、○置毒於地黃酒也

又明年에王賈ㅣ皆遘垢禍ᄒᆞ니噫라王이以珍玩奇貨로爲物之妖ᄒᆞ니信知言矣어니와徒知物之妖而不知恩權隆赫之妖ㅣ甚於物耶아馮이以卑位貪寶貨ᄒᆞ야已不能正其家ᄒᆞ고盡忠所事而不能

保其身ᄒᆞ니斯亦不足言矣로다賈之臧獲이害門客于廧廡武之間而不知ᄒᆞ니欲終始富貴ㅣ돌其可得乎아

●ᄯᅩ이듬히예王과賈ㅣ다화을만나니슬프다王이보비예보암즉ᄒᆞᆫ긔특ᄒᆞᆫ보화로ᄡᅥ物의요괴를삼으니진실로말을아라ᄒᆞ얏거니와ᄒᆞᆫ갓物의요괴로안쥴을알고은룡과권세셩ᄒᆞ며빗남의요괴로옴이物도곤甚ᄒᆞᆫ줄을아디몯ᄒᆞ냐馮이ᄂᆞᆫ잔벼슬로ᄡᅥ寶貨엣거슬貪ᄒᆞ야이믜能히그집을正히못ᄒᆞ고섬기ᄂᆞᆫ바애듕셩을다ᄒᆞ다가能히그몸을보젼치못ᄒᆞ나이ᄂᆞᆫᄯᅩ足히닐념즉지아ᄒᆞ도다賈의臧獲이門읫손을담과잡기슭ᄉᆞ이예셔害호ᄃᆡ아지못ᄒᆞ니終始히富貴코져ᄒᆞᆫ돌그可히어드랴

(集說)陳氏曰遘、遇也、涯、餗、皆爲宦者仇士良、所殺、恩權之隆赫、禍機所伏也、故、謂之妖、盡忠所事、謂盡心於餗也、奴曰臧、婢曰獲、指蒼頭、門客、指馮球

此ㅣ雖一事ㅣ나戒臧數端이로다

●이비록ᄒᆞᆫ일이나경계되욤은여러긋히로다

(集說)熊氏曰珍玩奇貨、不可貪、一戒也、恩權隆赫、不可恃、二戒也、溺愛而不能正家、三戒也、失言而不能保身、四戒也、嬖臧獲、張威福、害門客而不知、五戒也

○王文正公이發解去聲南省(셩)廷試예皆爲首冠去聲이러니或이戲之

曰狀元試三塲ᄒᆞ니一生喫著(착)이不盡이로다公이正色曰曾의平生之志ㅣ不在溫飽ㅣ니라

●王文公이發解와南省과廷試에다읏듬이되엿더니或이희롱ᄒᆞ야ᄀᆞᆯ오ᄃᆡ세場을試홈의狀元을ᄒᆞ여시니一生애먹으며닙음이다ᄒᆞ지못ᄒᆞ리로다公이正色ᄒᆞ고ᄀᆞᆯ오ᄃᆡ曾의平生ᄠᅳᆺ이덥고ᄇᆡ브롬이잇지아니ᄒᆞ니라

(集解)公、名曾、字孝先、青州人、宋、眞宗朝、鄕試、省試、廷試、皆第一、劉子儀、學士、戲之、公、答之以此、後、仕至宰相、卒謚文正、石氏曰士之積道德、富仁義於旣身、蓋假權位、以布諸行事、利於天下也、豈屑屑然、謀於衣食歟

○范文正公이少去聲有大節ᄒᆞ야其於富貴貧賤毁譽平聲歡戚에不一動其心而慨然有志於天下ᄒᆞ더니嘗自誦曰士ㅣ當先天下之憂而憂ᄒᆞ고後天下之樂洛下同而樂也ㅣ라ᄒᆞ더라

●范文正公이졈어셔브터큰절개이셔그가옴열며貴ᄒᆞ며가난ᄒᆞ며賤ᄒᆞ며삭지즈며기리며즐기며슬허홈의ᄒᆞᆫ일도그마ᄋᆞᆷ을움즉이지아니ᄒᆞ고慨然히天下의ᄠᅳᆮ을두더니일즉스스로외와ᄀᆞᆯ오ᄃᆡ션비당히天下읫근심에몬져ᄒᆞ여근심ᄒᆞ고天下읫즐김애후에ᄒᆞ여즐길셰시ᄒᆞ더라

(增註)不一動其心、謂富貴不慕、貧賤不厭、毁之不怒、譽之不喜、得而不歡、失而不戚也、天下、未憂而先憂、天下、已樂而後樂

其事上遇人에 一以自信ᄒᆞ야 不擇利害爲趨捨ᄒᆞ고 其有所爲에 必盡其方ᄒᆞ야 曰爲之自我者는 當如是니 其成與否는 有不在我者ㅣ라 雖聖賢이샤도 不能必이시니 吾豈苟哉리오ᄒᆞ더라

●그우ᄒᆞᆯ셤기며사ᄅᆞᆷ을ᄃᆡ졉홈애ᄒᆞᆫ갈갓치스스로맏ᄂᆞᆫ거스로ᄡᅥᄒᆞ야利며害ᄅᆞᆯ골히히야나아가며발임을ᄒᆞ디아니ᄒᆞ고그ᄒᆞᆯ배이솜애반다시그方을다ᄒᆞ야골오ᄃᆡᄒᆞ기ᄅᆞᆯ날로브터ᄒᆞᆯ쟈ᄂᆞᆫ맛당히이러타시ᄒᆞᆯ거시니그일며다맛못홈은ᄂᆡ게잇지아님이인ᄂᆞᆫ지라비록聖賢이샤도能히긔필치못ᄒᆞ시리니ᄂᆡ엇지구ᄎᆞ히ᄒᆞ리오ᄒᆞ더라

(增註)自信、守其正也

○司馬溫公이 嘗言吾無過人者ㅣ어니와 但平生所爲ㅣ 未嘗有不可對人言者耳로라

●司馬溫公이일즉닐오ᄃᆡᄂᆡ사ᄅᆞᆷ의게서넘은거시업거니와다만平生애ᄒᆞ욘배일즉可히사ᄅᆞᆷ對ᄒᆞ야셔니라지못ᄒᆞᆯ거시잇지아니호라

(集解)公、平生、誠實不欺故、不可對人言者則不爲也

○管寧이嘗坐一木榻ᄒᆞ더니 積五十餘年이로ᄃᆡ 未嘗箕股古ᄒᆞ니其榻上當膝處ㅣ皆穿ᄒᆞ니라

●管寧이일쯕ᄒᆞᆫ나모榻의안ᄶᅧ니오람이쉰남은ᄒᆡ로ᄃᆡ일쯕다리ᄅᆞᆯ벗지아니ᄒᆞ니그榻우희무롭단ᄂᆞᆫ곳이다ᄠᅮᆯ워지니라

(集解)寧、字幼安漢末、避亂、依公孫度於遼東、日講詩書、所居成邑、民化其德、魏文帝、立、召、寧、浮海以還、文帝、明帝、皆召之、使仕、寧、陳情、不仕而終

○呂正獻公이自少로講學ᄒᆞᄃᆡ即以治心養性으로爲本ᄒᆞ야寡嗜慾ᄒᆞ며薄滋味ᄒᆞ며無疾言遽色ᄒᆞ며無窘步ᄒᆞ며無惰容ᄒᆞ며凡嬉笑俚里近之語ᄅᆞᆯ未嘗出諸口ᄒᆞ며於世利紛華聲伎游宴과以至於博奕奇玩하淡然無所好ᄒᆞ더라

●呂正獻公이점은제브터학문을강구호ᄃᆡ곧ᄆᆞ옴다ᄉᆞ리며性치기로ᄡᅧ근본을삼아즐기ᄂᆞᆫ거시며욕심을적게ᄒᆞ며滋味옛거슬여게ᄒᆞ며ᄲᅡ란말과급거ᄒᆞᆫ낫빗치업스며군급ᄒᆞᆫ거름이업스며게으른얼굴이업스며물읫희롱앳우움과俚近ᄒᆞᆫ말ᄉᆞᆷ을

일즉입에 내지아니ᄒᆞ며셰간이利ᄒᆞᆫ일과어즈러이번화ᄒᆞᆫ일과풍류며노로시며놀며잔치와벼 바독장긔과긔특ᄒᆞᆫ보암즉ᄒᆞᆫ거싀니르히淡然ᄒᆞ야됴히녀기ᄂᆞᆫ배업더라

(集說)吳氏曰治心、收其放心也、養性、養其德性也、自寡嗜慾以下、皆治心養性之事、遽、急遽也、窘、迫促也、俚、鄙俗也、聲伎、歌樂巧戱也

○明道先生이終日端坐에如泥塑素人이러시니及至接人ᄒᆞ얀則渾是一團和氣러시다

●明道先生이날이맛도록단정히안자겨심이흙으로밍근사ᄅᆞᆷᄀᆞᆺ더시니밋사ᄅᆞᆷ디접홈애닐으러ᄂᆞᆫ오로이ᄒᆞᆫ덩이화ᄒᆞᆫ긔운이러시다

(正誤)終日端坐如泥塑人、敬也、(集解)所謂望之儼然、卽之溫也

○明道先生이作字時에甚敬ᄒᆞ더시니嘗謂人曰非欲字好ㅣ라卽此ㅣ是學이니라

●明道先生이글쓰실쎠긔가장조심ᄒᆞ시더니일즉사ᄅᆞᆷ드려닐러갈ᄋᆞ샤ᄃᆡ字ᄅᆞᆯ됴코져홈이아니라곳이거시이學이니라

(集說)朱子曰此亦可以收放心

○劉忠定公이見溫公ᄒᆞ야問盡心行己之要ㅣ可以終身行之者ᄒᆞᆫ듸公이曰其誠乎인뎌劉公이問行之何先이니잇고公이曰自不妄語始니라

●劉忠定公이溫公을보ᄋᆞ와마암을다ᄒᆞ며몸을行ᄒᆞᆯ종요可히ᄡᅧ몸이맛도록行ᄒᆞᆯ재슬무른듸公이갈오듸그셩실홈인뎌劉公이무로듸行홈애므어슬몬져ᄒᆞ링잇고公이갈오듸거즛말아니말홈으로브터비르슬ᄯᅵ니라

(集說)陳氏曰忠定、元城先生、謚也、朱子曰溫公、所謂誠、卽大學所謂誠其意者、指人之實其心而不自欺也

劉公이初甚易之러니及退而自檃括日之所行과與凡所言ᄒᆞ니自相掣肘矛盾者ㅣ多矣러니力行七年以後에成ᄒᆞ니自此로言行(去聲)이一致라表裏相應ᄒᆞ야遇事坦然ᄒᆞ야常有餘裕ㅣ러라

●劉公이쳐엄의가쟝수이너기더니믈러와스스로날마다行ᄒᆞᆫ는바와다믓믈읫니르는바를檃栝ᄒᆞ여보니스스로掣肘ᄒᆞ며矛盾홈이하더니힘ᄡᅧ힝ᄒᆞᆫ닐곱ᄒᆡ후에이니일로브터말삼과힝실이ᄒᆞᆫ가지라안과밧기서로應ᄒᆞ야일을만남의훤츨ᄒᆞ야

샹해남아녁녁홈이잇더라

(集說)陳氏曰易之、以不妄語、爲易也、揉曲者曰檃、正方者曰栝、皆制木之器也、自相掣肘矛盾、喩言行相違也、吳氏曰掣、挽也、肘、臂節也、掣肘、謂肘欲運動而人挽之、不能運也、矛、有鉤之兵、盾、卽今傍牌也、矛盾、謂矛欲傷人而盾蔽之、不能傷也

○劉公이見賓客애談論踰時ᄒᆞ되體無欹側ᄒᆞ야肩背竦直ᄒᆞ며身不少動ᄒᆞ야至手足애도亦不移ᄒᆞ더라

●劉公이손볼적의말ᄉᆞᆷᄒᆞ기를ᄣᅢ계계호ᄃᆡ얼굴이기우롬이업서엇게과등이고죡ᄒᆞ고바ᄅᆞ며몸을죠곰애도움ᄌᆞ기디아니ᄒᆞ야손발에니르러도ᄯᅩ옴기디아니ᄒᆞ더라

(集說)吳氏曰劉公、卽忠定公也、心爲一身之主、百體皆聽命、劉公、心於一誠故、見於外者、如此

○徐積仲車ㅣ初從安定胡先生學ᄒᆞ더니潛心力行ᄒᆞ야不復仕進ᄒᆞ고其學이以至誠爲本ᄒᆞ야事母至孝ᄒᆞ더라自言初見安定先生ᄒᆞ고退에頭容이少偏이러니安定이忽厲聲云頭容直이라ᄒᆞ야시늘某ㅣ因自思不

獨頭容이 直이라 心亦要直也ㅣ라ᄒᆞ야 自此로 不敢有邪心호라ᄒᆞ더라 卒커늘 諡節孝先生이라ᄒᆞ니라

●徐積仲車ㅣ처엄의安定胡先生을조차빈호더니ᄆᆞᄋᆞᆷ을ᄡᅳᆷ조ᄒᆞ야힘ᄡᅥ行ᄒᆞ야다시벼슬ᄒᆞ디아니ᄒᆞ고그學홈이至誠으로ᄡᅥ근본을삼아어미셤김을지극히효도로이ᄒᆞ더라스스로닐오ᄃᆡ처엄으로安定先生을보옵고믈너남애머리거동이잠싼기우더니安定이믄득솔의를므이ᄒᆞ야닐오ᄃᆡ머리거동을바르게ᄒᆞᆯ시라ᄒᆞ야시늘내因ᄒᆞ야스스로ᄉᆡᆼ각호ᄃᆡᄒᆞᆯ른머리거동을바르게ᄒᆞᆯ뿐이아니라ᄆᆞᄋᆞᆷ도ᄯᅩ발오고져ᄒᆞᆯ새시라ᄒᆞ야일로브터敢히샤곡ᄒᆞᆫᄆᆞᄋᆞᆷ을두디아니호라ᄒᆞ더라죽거늘시호를節孝先生이라ᄒᆞ니라

(集解)仲車、師冠、徒步往從安定學、時、門人、千數、獨以別室、處之、父、羅城君、早棄家、不知所終、盡孝於母、朱子曰這樣人、都是資質、所以 撥便轉、終身不爲惡也

○文中子之服이 儉以絜潔ᄒᆞ고 無長仗物焉ᄒᆞ더니 綺羅錦繡를 不入于室ᄒᆞ야 曰君子는 非黃白不御ㅣ오 婦人則有靑碧이시니라ᄒᆞ

●文中子의오시검박호ᄃᆡᄡᅢ조촐케ᄒᆞ고너모거시업더니綺와羅와錦과繡를집의

드리디아니ᄒᆞ야골오ᄃᆡ君子ᄂᆞᆫ누른것과흰거시아니어든닙디아니ᄒᆞ고婦人은靑
과碧이인ᄂᆞ니라ᄒᆞ니라
(集解)儉、謂不侈、潔、謂不汚、無長物、謂、稱用而已、無多餘者也、(正誤)長、剩也
○柳玭이曰高侍郎兄弟三人이俱居淸列호ᄃᆡ非速客이어든不二
羹胾(ᄌᆞ)ᄒᆞ며夕食엔齕蔔匏而已러라
●柳玭이골오ᄃᆡ高侍郎兄弟세사ᄅᆞᆷ이다몰근벼슬에이쇼ᄃᆡ손청ᄒᆞᆯ적이아니어든
羹과胾를두가지를아니ᄒᆞ며나죗밥의ᄂᆞᆫ무우와박만ᄡᅵᆸ을ᄯᆞᄅᆞᆷ이러라
(集解)高氏兄弟、唐人、長鉞亦、翰林學士、次銖殊、給事中、次鍇皆、禮部侍郎、速、
召也、不貳、無兼味也、胾、切肉也、蔔、匏、菜名
○李文靖公이治居第於封丘門外호ᄃᆡ廳事前이僅容旋馬ㅣ러니
或言其太隘ᄒᆞᆫᄃᆡ公이笑曰居第ᄂᆞᆫ當傳子孫이니此ㅣ爲宰輔廳事
엔誠隘어니와爲太祝奉禮廳事則已寬矣니라
●李文靖公이살집을封丘門밧긔지으되대텽앏ᄒᆡ계요ᄆᆞᆯ도로혐을용납ᄒᆞᆯ만ᄒᆞ더
니或이그너무좁은줄을니ᄅᆞᆫ대이公이웃고골오ᄃᆡ살집은맛당히子孫의게傳ᄒᆞᆯ새
시니이지상의대텽이됨애ᄂᆞᆫ진실로좁거니와太祝奉禮의대텽이됨애ᄂᆞᆫ너모너르

니러

(集說)陳氏曰公、名沆、字太初、位宰相、謚文靖、洛州人、封丘、宋都門名、廳、所以治事、故曰廳事、太祝、奉禮、皆典祭祀者、已、太也

○張文節公이爲相ᄒᆞ야自奉이如河陽掌書記時러니所親이或規之曰今公이受俸不少而自奉이若此ᄒᆞ니雖自信淸約이라도外人이頗有公孫布被之譏ᄒᆞ니公이宜少從衆이라公이嘆曰吾今日之俸이雖擧家錦衣玉食이라도何患不能이리오顧人之常情이由儉入奢는易ᄒᆞ고由奢入儉이難ᄒᆞ니吾今日之俸이豈能常有ㅣ며身豈能常存이라오一旦애異於今日이면家人이習奢已久ㅣ라不能頓儉ᄒᆞ야必至失所ᄒᆞ리니豈若吾居位去位에身存身亡이如一日乎ㅣ리오

●張文節公이지상되여셔스ᄉᆞ로봉양하기를河陽掌書記ㅅ적ᄀᆞ티ᄒᆞ더니친ᄒᆞᆫ벗사ᄅᆞᆷ이或규풍ᄒᆞ야ᄀᆞᆯ오ᄃᆡ이제公이록봉밧ᄂᆞᆫ거시적디아니호ᄃᆡ스ᄉᆞ로봉양ᄒᆞ기이러ᄐᆞ시ᄒᆞ니비록스ᄉᆞ로쳥념코간약ᄒᆞᆷ올미들ᄯᅵ라도밧사ᄅᆞᆷ이ᄌᆞ못公孫의뵈니블긔롱이잇시니公이맛당히져기ᄂᆞᆷ올조ᄎᆞ라公이嘆ᄒᆞ야ᄀᆞᆯ오ᄃᆡ내이제록봉이비

독온집이금슈옷과玉食을ᄒᆞ려ᄒᆞᆫ달엇지能히못홈을근심ᄒᆞ리오도라보건대사ᄅᆞᆷ의常情이검박으로말미암아샤치ᄒᆞᆫᄃᆡ들기ᄂᆞᆫ쉽고샤치로말미암아검박ᄒᆞᆫᄃᆡ들기ᄂᆞᆫ어려우니내이젯록봉이엇지能히덧덜이이시며몸이엇지能히덛덛이이시리오ᄒᆞ라아참의이젼날과다라면집사ᄅᆞᆷ이샤치예니건지이믜오란지라能히믄득검박지못ᄒᆞ야반다시失所홈에니르리니엇지내벼살에이시며벼슬에떠나며몸이이며몸이업슴애ᄒᆞᆫ날가담만가타리오

(集說)陳氏曰公名、知白、字用晦、滄州人、謚文節 漢、承相、公孫弘、爲布被、汲黯曰弘、俸祿多而爲布被、此、詐也、或人、見文節之儉約、亦疑其詐、故引是以譏之

○溫公이曰先公이爲羣牧判官에客至어든未嘗不置酒ᄒᆞ더시니或三行ᄒᆞ며或五行ᄒᆞ며不過七行호ᄃᆡ酒沽於市ᄒᆞ고果止梨栗棗柿오肴止脯醢(海)菜羹이오器用甆(慈)漆ᄒᆞ더니當時士大夫ㅣ皆然이라人不相非也ᄒᆞ니會數(朔)而禮勤ᄒᆞ며物薄而情厚ᄒᆞ더니라

●溫公이글오ᄃᆡ先公이羣牧判官을ᄒᆞ여실제손이니르러든일즉술을두지아니티아니더시니或셰슌ᄒᆞ며或다삿슌ᄒᆞ며닐곱슌에넘오지아니호ᄃᆡ술은져제가사고과실은비와밤과ᄃᆡ쵸와감만이요안쥬ᄂᆞᆫ포육과젓과ᄂᆞᄆᆞᆯ국만이오글으슨사긔와

옷거슬ᄡᅳ더니그 져士태우달이다 그런지라사ᄅᆞᆷ이서로외다아니ᄒᆞ니몯가지ᄂᆞᆫᄌᆞ
조ᄃᆡ례도ᄂᆞᆫ브즈런ᄒᆞ며 物안사오니오ᄃᆡ情은厚ᄒᆞ더니라

(集解)温公父、名池、字和中、(增註)行、猶巡也

近日士大夫家ᄂᆞᆫ酒非內法이며果非遠方珍異며食非多品이며器皿이非滿案(亦作이어 按)ᄃᆞᆫ不敢會賓友ᄒᆞ야常數日營聚然後에야敢發書ᄒᆞᄂᆞ니苟或不然이면人爭非之ᄒᆞ야以爲鄙吝ᄒᆞ니故로不隨俗奢靡者ㅣ鮮矣니라

● 요ᄉᆞ이士태우의집은술이궐ᄂᆡᆺ法이아니며과실이遠方읫귀코긔특ᄒᆞᆫ거시아니며음식이여러가지아니며그르시상의가닥지아니커든敢히손이며벗을뫼호지못ᄒᆞ야상녜여러날경영ᄒᆞ야모ᄃᆞᆫ후에ᅀᆞ敢히書를내나니진실로或그리아니ᄒᆞ면사ᄅᆞᆷ이ᄃᆞ토와외다ᄒᆞ야뼈더럽다ᄒᆞ니그러모로시속을조ᄎᆞ샤치티아니ᄒᆞ리젹으니라

(正誤)內法、謂宮造酒之法、書、謂召客之書

嗟乎ㅣ라風俗頹弊ㅣ如是ᄒᆞ니居位者ㅣ雖不能禁이나忍助之乎아

● 슬프다風俗의믈허뎌ᄒᆞ야ᄃᆞᆷ이이ᄀᆞᆺᄒᆞ니벼슬에인ᄂᆞᆫ이비록能히禁티못ᄒᆞ나ᄎᆞ

마도오라

(集說)熊氏曰溫公、時已爲相、蓋欲以淸約、爲天下先也

○溫公이曰吾家ㅣ本寒族이라世以淸白相承ᄒᆞ고吾性이不喜華靡ᄒᆞ야自爲乳兒時로長者ㅣ加以金銀華美之服이어든輒羞赧乃板反棄去之ᄒᆞ더니年二十에忝科名ᄒᆞ야聞喜宴에獨不戴花ᄒᆞ니同年이曰君賜ㅣ라不可違也ㅣ라ᄒᆞ야늘乃簪一花ᄒᆞ라平生에衣取蔽寒ᄒᆞ며食取充腹ᄒᆞ고亦不敢服垢弊ᄒᆞ야以矯俗干名이오但順吾性而已로라

解 溫公이글오ᄃᆡ우리집이본ᄃᆡ가난ᄒᆞᆫ겨레라셰셰로淸白으로ᄡᅧ서로닛고내性이빗나고샤치ᄒᆞᆫ거슬깃거아니ᄒᆞ야잘먹는아ᄒᆡ되여실쩍브터얼운이金銀과빗난조ᄒᆞᆫ오ᄉᆞ로ᄡᅧ더어든믄득붓그러내여바리더니나히스믈힌졔과명을모뎜ᄒᆞ야聞喜宴에홀로꼿을곳디아니ᄒᆞ니同年이글오ᄃᆡ님금이주신거시라可히어글웃지못ᄒᆞ리라ᄒᆞ야ᄂᆞᆯᄒᆞᆫ꼿을고조라平生에오ᄉᆞᆯ치위가리올만取ᄒᆞ며음식을ᄇᆡ에ᄎᆡ울만取ᄒᆞ고또敢히더러오며헌거슬닙어ᄡᅧ셰속에달니ᄒᆞ야일홈을간구치티아니ᄒᆞ고다만내性을順ᄒᆞᆯᄯᆞ람이로라

(正誤)忝、叨也、垢、汚也、弊、壞也、矯、拂也、干、求也、(集解)聞喜、宋、進士、宴

名也

○汪信民이 嘗言人이 常咬得菜根則百事를 可做ㅣ라ᄒᆞ여늘 胡康侯ㅣ聞之ᄒᆞ고 擊節嘆賞ᄒᆞ더라

●汪信民이일즉닐오ᄃᆡ사람이상히ᄂᆞ물뿔휘를너흘면온갓일을可히일우리라ᄒᆞ야ᄂᆞᆯ胡康侯ㅣ듯고節을擊ᄒᆞ고차탄ᄒᆞ야기리더라

(集說)陳氏曰信民、名革、臨川人、康侯、文定公、字也、人能甘淡泊、而不以外物、動心、則可以有爲矣、擊節、一說、擊手指節、一說、擊器物、爲節 皆通、嘆、嗟嘆賞、稱賞、朱子曰學者、須常以 志士不忘在溝壑、爲念 則道義重、而計較死生之心、輕矣、況衣食外物、至微末事、不得、未必便死、亦何用義犯 犯分、役心、役志、營營以求之耶、某觀今人、因不能咬菜根、而至於違其心者、衆矣、可不戒哉

右ᄂᆞᆫ實敬身이라

●이우ᄒᆞᆫ몸공경ᄒᆞᆷ을實히우니라

原本小學集註卷之六 終

小學集註跋

古者小學始敎七歲之蒙想其爲言易知而其爲敎易入也三代之盛其法必備規模條制列於職官而蓁火之餘其書不傳晦菴夫子閔人道之不立嘆爲學之無本遂以聖人立敎之遺意蒐輯經史編爲小學之書由是小學之敎復明於天下誠垂世之大訓也第次輯之書出入古今其精深簡奧之言必有訓釋無後其義可明此集註之說不得不作於後也夫子以後註家相踵各有成書然讀之者咸病其不盡合於經意也吾友德水李候叔獻謝事而歸講道海山之陽造士之規悉擧成法揭是書爲入德之門而且憂註說多門莫歸于正乃取諸家刪繁稡要集長去短一以不反乎經旨明白平實而或詳或畧又以互相發焉可謂執羣言之兩端而善於折衷者矣問送于一二執友與之詳訂雖以渾之愚亦得以反復焉嗚呼聖賢之書何莫非服膺踐實之要而小學之敎加之幼穉之初發良知而示趍向正蒙養而培本原先諸事爲無非家庭日用之常童子受一日之敎擧足之始已立於循蹈之地非如大學之方兼有玩索之功業廣而思深也然則讀是書者不雖於解其義而專於習其事不貴於說話鋪排而主於深體力行要使明倫敬身之意浹洽於中淪肌浹髓日用之間事親從兄即見孝悌之當然如着衣喫飯無待於外求則所謂涵養純熟根基深厚者可得而言也童子固宜服事純實如是至於過時而學失序追補者尤不可以不知此意也渾晩暮收拾根本不立竊有感於夫子妙敎無窮之旨每以嘗試責勉之工程自訟於心者久矣叔獻書來徵跋文於余旣不敢辭則書其說以諗之云昌寧成渾跋

小學跋

成化間有淳安程氏者治河于濟濟南多名士彬彬有伏生之遺風焉因與其徒日講小學辨質訂正爲註疏六卷以畀東使之聘上國者東人始得欣覩焉其後河吳陳氏之說稍稍出海外而學子局於井觀猶守株先入崇信程說殊不知諸家語有短長理或抹摋余嘗病之妄欲叅根會趣以便考閱一日金鐵原長生見訪因語及之金言栗谷已先宰割子何重勞遂以其所藏一帙見示余甲管曰不亦善乎儘師逸而功倍矣因繼史纂入梓以壽其傳都提調推忠奮義平難忠勳貞亮竭誠効節協策扈聖功臣大匡輔國崇祿大夫議政府左議政兼領 經筵事監春秋館事 世子傅鰲城府院君李恒福謹跋

不許
複製

原本 小學集註 (下)

初 版 發 行 ● 1973年 5月 25日
修 正 版 發 行 ● 1984年 2月 15日
修 正 重 版 發 行 ● 2021年 2月 17日

校 閱 ● 金 赫 濟
發 行 者 ● 金 東 求

發 行 處 ● 明 文 堂 (1923. 10. 1 창립)
서울특별시 종로구 안국동 17~8
우체국 010579-01-000682
전화 (영) 733-3039, 734-4798
(편) 733-4748
FAX 734-9209
Homepage www.myungmundang.net
E-mail mmdbook1@hanmail.net
등록 1977. 11. 19. 제1~148호

값 7,000원
ISBN 89-7270-060-6 94140
ISBN 89-7270-005-3 (전2권)

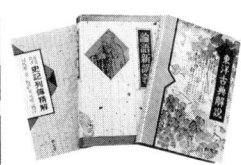